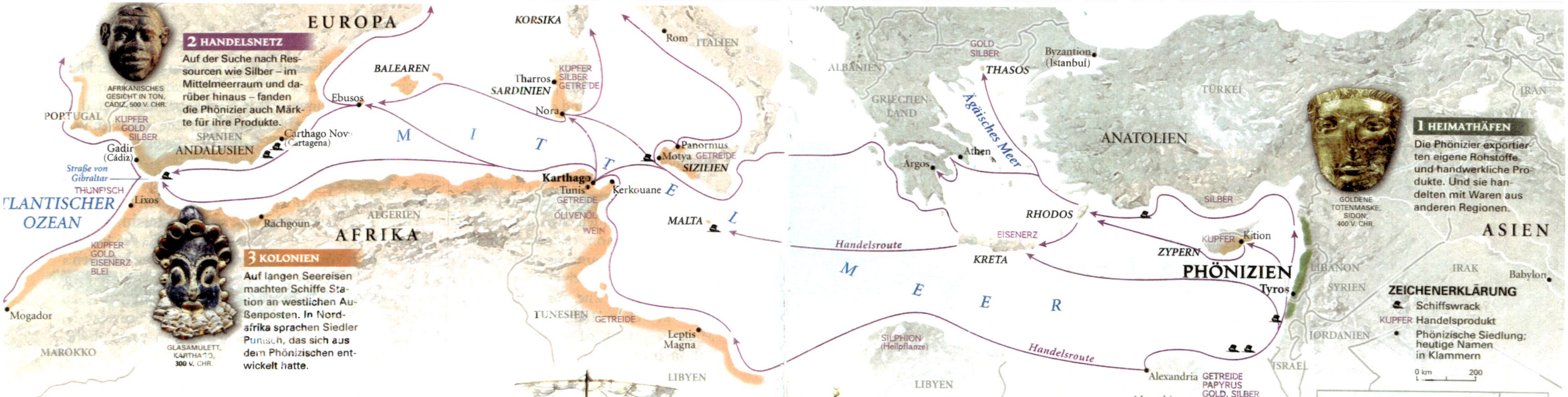

PHÖNIZIEN

FOTOS OBEN: FRANCK RAUX, LOUVRE (GOLDMASKE); BARDO MUSEUM, TUNESIEN (GLASAMULETT); MUSEO DE CÁDIZ, SPANIEN (TONGESICHT)

ILLUSTRATION:
RICHARD SCHLÉCHT
KARTEN: NG MAPS

Karte Phönizien (Nebenkarte)

Frühere Ausdehnung von Zedern

SYRIEN

MITTELMEER

Arados (Arwad)
Tripolis
LIBANON
Byblos
Beirut
Sidon
Sarepta
Akko
Adlun
Dor

HOLZ
PURPURFARBE
WOLLE
WEIN
OLIVENÖL
TONWAREN
WEIN
PARFUM

Baalbek
SYRIEN

Tyros

JORDANIEN

ISRAEL
Jaffa
Askalon
GAZA-STREIFEN
Jerusalem
Totes Meer

0 km   50

1 HEIMATHÄFEN

Die Phönizier exportierten eigene Rohstoffe und handwerkliche Produkte. Und sie handelten mit Waren aus anderen Regionen.

GOLDENE TOTENMASKE, SIDON, 400 V. CHR.

ZEICHENERKLÄRUNG

⚓ Schiffswrack

KUPFER Handelsprodukt

● Phönizische Siedlung; heutige Namen in Klammern

0 km   200

ASIEN

Babylon
IRAK
JORDANIEN
IRAN
SYRIEN
LIBANON
ISRAEL

ANATOLIEN
TÜRKEI

Byzantion (Istanbul)

GRIECHEN-LAND
ALBANIEN
Athen
Argos

Ägäisches Meer

THASOS
GOLD
SILBER

RHODOS
EISENERZ

KRETA

Handelsroute
Handelsroute

SILBER

Kition
Tyros
PHÖNIZIEN
ZYPERN
KUPFER

Alexandria
Memphis
ÄGYPTEN
LIBYEN
SILPHION (Heilpflanze)

GETREIDE
PAPYRUS
GOLD, SILBER
ELFENBEIN

M E E R

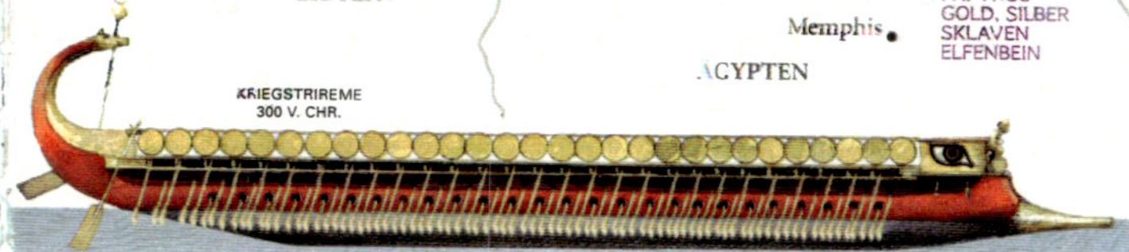

KRIEGSTRIREME 300 V. CHR.

539 v. Chr.
Der persische Großkönig Kyros der Große erobert Babylon. Phönizien wird zu einer Provinz seines riesigen Reichs.

332 v. Chr.
Alexander der Große vernichtet Tyros. Die Stadt hatte sich als Einzige seiner Eroberung Persiens widersetzt.

264 v. Chr.
Der Erste Punische Krieg: Karthago und Rom streiten um die Vorherrschaft auf Sizilien. 218 v. Chr. folgt der zweite Krieg.

146 v. Chr.
Der Dritte Punische Krieg endet. Die Römer brennen Karthago nieder, das letzte Zentrum phönizischer Kultur.

Phönizische Stadt Tyros

Alexanders Damm wurde 332 v. Chr. gebaut
Siehe Illustration Seite 122

Ägyptischer Hafen

Sidonischer Hafen

Norden

Der Maßstab variiert in dieser Perspektive. Entfernung Phönizische Stadt–Festland: ca. 1 km.

phönizischen Kolonisatoren immer wieder suchten, wenn sie sich an fremden Gestaden niederließen: eine Insellage, die gute Verteidigung ermöglichte, eine geschützte Anlegestelle und leichten Zugang zu Ackerbauflächen auf dem Festland (oben).

In Sidon fand sich ein Beweis für eine bedeutende phönizische Entwicklung: das früheste Alphabet der Welt. Im 6. Jahrhundert v. Chr. erhielt König Tabnit einen ägyptischen Sarkophag (links) und fügte eine phönizische Inschrift hinzu (ganz links).

Westliche Karte

ATLANTISCHER OZEAN

EUROPA
PORTUGAL
SPANIEN
MAROKKO
Mogador
Lixos
Rachgoun
Gadir (Cádiz)
Carthago Nova (Cartagena)
Ebusos
ANDALUSIEN
BALEAREN
Straße von Gibraltar

THUNFISCH
KUPFER GOLD SILBER BLEI
KUPFER GOLD EISENERZ BLEI
AFRIKANISCHES GESICHT IN GLAS, GEFUNDEN IN CÁDIZ, 500 V. CHR.

KORSIKA
SARDINIEN
Tharros
Nora
ITALIEN
Rom
Panormus
Motya
SIZILIEN
MALTA
KUPFER SILBER GETREIDE
GETREIDE

Karthago
Tunis
Kerkouane
AFRIKA
ALGERIEN
TUNESIEN
LIBYEN
Leptis Magna
GETREIDE OLIVENÖL WEIN
GETREIDE

M I T T E L M E E R

2 HANDELSNETZ

Auf der Suche nach Ressourcen wie Silber – im Mittelmeerraum und darüber hinaus – fanden die Phönizier auch kostbare für ihre Produkte.

GLASAMULETT, KARTHAGO, 300 V. CHR.

3 KOLONIEN

Auf langen Seereisen machten Schiffe Siedler an Senposten. In Nordafrika sprachen Siedler Punisch, das sich aus dem Phönizischen entwickelt hatte.

FRACHTSCHIFF CA. 1500 V. CHR.
FRACHTSCHIFF CA. 800 V. CHR.

3200 v. Chr.
Bereits in der vordynastischen Periode verkaufen Händler aus Byblos kostbare Zedern an die Ägypter.

2500 v. Chr.
Mit der phönizischen Sprache und Kultur entwickelt sich an der levantinischen Küste – Byblos, Sidon, Tyros und Beirut – werden zu unabhängigen Stadtstaaten.

1200 v. Chr.
Große Häfen an der levantinischen Küste – Byblos, Sidon, Tyros und Beirut – werden die Heimat aus phonetischen Alphabet mit 22 Konsonanten.

877 v. Chr.
Der assyrische König Assurnasirpal II. besucht die Städte. Bald darauf liefern sie erste Tributgaben an seinen Hof.

814 v. Chr.
Tyros breitet sich nach Westen aus und gründet Karthago: Kart-Hadascht, „Neustadt" – eine frühe Kolonie in Afrika.

573 v. Chr.
Nach dem Sieg seines Vorgängers über Assyrien belagert König Nebukadnezar II. von Babylonien Tyros und erobert es.

ÜBERALL ZU HAUSE

Die Phönizier lebten an der östlichen Mittelmeerküste. Doch das Netz ihrer Kolonien und Anlaufhäfen reichte bis zum Atlantik. Bevor Karthago sein Imperium begründete, bestand das phönizische Reich aus einem lockeren Verband von Städten, die von mächtigen Nachbarn dominiert wurden.

FOTOS: DAVID MCLAIN (BEIDE)

Sabatino Moscati

DIE KARTHAGER

Kultur und Religion
einer antiken Seemacht

Belser Verlag
STUTTGART
ZÜRICH

Die Deutsche Bibliothek – CIP-Einheitsaufnahme

Die Karthager
Kultur und Religion einer antiken Seemacht / Sabatino Moscati.
[Aus dem Ital. von Hannelore von Gemmingen-Roser].
Sonderausg.
Stuttgart ; Zürich : Belser, 1996
Einheitssacht.: Cartaginesi <dt.>
ISBN 3-7630-2331-3
NE: Moscati, Sabatino [Bearb.]; EST

Schutzumschlagmotiv: Plakette in Gestalt eines Menschenkopfes
mit polychromer Bemalung. Cagliari, Museo Nazionale

© 1982 by Editoriale Jaca Book, Milano
© 1996 für die deutschsprachige Ausgabe by
Belser AG für Verlagsgeschäfte & Co. KG, Stuttgart und Zürich
Alle Rechte vorbehalten
Übersetzung: Hannelore von Gemmingen-Roser

Satz: Steffen Hahn GmbH, Kornwestheim
Farbreproduktionen: Carlo Scotti, Mailand
Druck: Druckerei Uhl, Radolfzell
Printed in Germany

Inhalt

Vorwort

Der Name *Karthager* ist ein treffender Name, sowohl seiner Entstehung als auch seiner Bedeutung nach. Er eliminiert ausnahmsweise einmal die schwerwiegende – und oft sehr lästige – Beeinträchtigung, die sich aus dem Namen von Protagonisten auf die Rekonstruktion ihrer Geschichte ergibt. Wer sich an die alten und neuen Auseinandersetzungen über die Etrusker, die Latiner und viele andere Völker, vor allem auch über die *Phöniker,* zu denen die Karthager in direkter Beziehung stehen, erinnert, wird erfreut feststellen, daß im vorliegenden Fall zumindest eine – nämlich die gravierendste – Beeinträchtigung entfällt: Als Karthager sind nämlich diejenigen zu bezeichnen, die in Karthago lebten und aus einer Stadt ein Reich, ja sogar eine „Große Epoche" der Vergangenheit schufen.

Es mag vielleicht der Einwand kommen, daß der andere – eigentlich in erster Linie als Adjektiv verwendete – Name für die Karthager, nämlich *Punier,* weniger treffend ist. Aber das Problem dieses Namens geht über den Rahmen unseres Vorhabens hinaus. Nachdem wir festgestellt haben, daß der Name Punier nur eine lateinische Adaption des Namens Phöniker ist, bleibt die Frage nach letzterem offen. Bei den Karthagern bedeutet der Name Punier „Nachfolger der Phöniker", d.h. aufgrund

einer ethnischen und kulturellen Kontinuität, die durch nach und nach gewonnene Erkenntnisse immer stärker bestätigt wird, betrachten sie sich sogar selbst als Phöniker.

Bei genauerer Betrachtung zeigt sich, daß in beiden Bezeichnungen wesentlich mehr als nur eine Erklärung ihrer Entstehung enthalten ist, in gewissem Sinn nämlich die Grundidee einer „Geschichtsepoche". Der Name Karthager steht für ein von einer Stadt gegründetes Reich, wie das – in seiner Art ganz andere – von der anderen großen Stadt und Gegenspielerin Karthagos, nämlich *Rom,* gegründete; dadurch kommt es in absoluter Parallelität schließlich in der Auseinandersetzung zwischen Rom und Karthago zum entscheidenden Wendepunkt in der antiken Geschichte. Die Mittelmeerzivilisation gründet auf dem gemeinsamen Phänomen des *Stadtstaates,* und dieses Pänomen tritt noch einmal in Erscheinung und erhält neuen Glanz in der großartigen und gleichzeitig antagonistischen Entwicklung Karthagos und Roms.

Das war weder bei den Griechen noch bei den Etruskern, den anderen großen Protagonisten unserer Geschichtsbetrachtung, der Fall. Auch sie hatten die Bühne des Mittelmeerraums in der typischen Form der Stadtstaaten betreten, und die Tendenz zu

Zusammenschlüssen war so stark, daß immer wieder Städtebünde und auch andere mehr oder weniger labile Zusammenschlüsse entstanden. Aber sie hatten nicht mehr erreicht; keine Stadt erlangte eine dauerhafte und eindeutige Hegemonie. Darin ist sehr wohl der Grund zu erkennen, weshalb weder Griechen noch Etrusker dem zunehmenden Imperialismus – trotz unterschiedlicher Formen handelte es sich dabei um diesen – Roms und Karthagos standhielten und daß es schließlich zwischen diesen beiden Städten zu der entscheidenden Auseinandersetzung kommen mußte.

Karthager ist also ein Name, der eigentlich an das historische Geschick eines Stadtstaates erinnert und damit an einen tragenden Pfeiler der politischen Ordnung im antiken Mittelmeerraum. Aber auch der Name Punier bezieht sich auf einen tragenden Pfeiler, nämlich den ethnischen, der allzu lange als der einzige betrachtet wurde, in der geschichtlichen Entwicklung aber immer noch seine Gültigkeit hat. Das Interessanteste ist hierbei jedoch, daß ein Phänomen in die Betrachtung einbezogen wird, das größten Einfluß im Mittelmeerraum hatte: nämlich die *Phöniker,* die neben den *Griechen* die Geschichte zutiefst bewegten, ja sie sogar entscheidend prägten.

Das Phänomen der Griechen ist seit langem bekannt, und die Phöniker wurden durch die archäologischen Funde der letzten Jahre in sehr viel stärkerem Umfang erforscht. Obwohl der griechische Kolonialismus eine stärkere territoriale Ausdehnung hatte als der phönikische, endete er zuerst, weil er keinen einheitlichen Ausgangspunkt hatte. Der phönikische Kolonialismus ist dagegen komplexer. In seinem Rahmen erfolgt nämlich die erste der beiden von Osten nach Westen führenden „Völkerwanderungen", die in einzigartiger Parallelität die antike und die mittelalterliche Geschichte bewegen: die der Phöniker und später die der *Araber.* Nachdem die bequeme aber irreführende Bezeichnung „semitische Welle" ausgeschaltet ist, bleibt diese „Völkerwanderung" doch in beiden Fällen ein starker und entscheidender Beitrag des Ostens zum geschichtlichen Geschehen.

Das sind die – wenn auch bedingten, aber für Definitionszwecke brauchbaren – Voraussetzungen der großen karthagischen „Epoche" in der politischen und kulturellen Geschichte des Mittelmeerraums. Die Gliederung dieser „Epoche" in einzelne Teile – wie immer sie auch aussehen mögen – kann nur ein unvollkommener Kunstgriff sein. Da jedoch ein solcher erforderlich ist, werden wir in einem ersten Teil den Verlauf der *Geschichte* darlegen, in einem zweiten die Komponenten der *Kunst* und in einem dritten die Komponenten der *Kultur,* wie sie sich in den Formen des religiösen, wirtschaftlichen und sozialen Lebens manifestieren. Offensichtlich überschneiden und beeinflussen sich die Komponenten dieser Teile, was wohl nicht besonders betont werden muß.

Aber auch hier ist die Auswahl von einem Grundmotiv geleitet, das Erwähnung verdient. Die systematische Behandlung spiegelt zweifellos eine Kultur wider, die mit allen erforderlichen Vorbehalten eher als statisch denn als dynamisch zu bezeichnen ist, da der Kult der Vergangenheit, d.h. das Ideal der Rückbesinnung und der Rückkehr zu den Ursprüngen, also die entscheidende und manchmal auch theoretisierte Kraft der Überlieferung, dabei eine große Rolle spielen. Das ist jedoch eine nicht ungefährliche Methode, wenn man dabei nicht das oft untergründige und unmerkliche, manchmal stärker durch schroffe Brüche als durch Erneuerungen geprägte Geschehen berücksichtigt, das diese Kultur kennzeichnet. Hinter den sich wiederholenden äußeren Formen, die wir erkennen, kommt es zu ständig wechselnden Entscheidungen, zum Verschmelzen und Wieder-Trennen der Komponenten; es ist ein Pendeln zwischen Krise und Neubeginn.

All das ist allerdings leichter im Rahmen der erkennbaren Strukturen als ohne diese zu erklären. Deshalb möge man die in diesem Buch erfolgte Gliederung der karthagischen Kultur nicht als „dogmatisch" begreifen. Es soll vielmehr unser Anliegen sein, darin den natürlichen Anstoß für eine verschüttete Dialektik zu suchen, nicht anders als jede „Epoche" der Natur – ihre irgendwie gleichbleibenden Konnotationen hat, in der als schwierigste, weil tiefliegendste Erkenntnis die ureigenen, besonderen und unwiederholbaren Aspekte erkannt werden müssen. Schließlich sind zur Erläuterung des folgenden Textes noch einige Anmerkungen erforderlich. Das umfassende grafische und fotografische Material dieser Reihe ließ die Zusammenstellung einer entsprechenden Dokumentation auch für die Texte, d.h. für die direkten und die – in diesem Fall überwiegenden – indirekten Quellen ratsam erscheinen, aus denen die historische und kulturelle Entwicklung Karthagos hervorgeht.

Läßt man die Denkmäler sprechen, muß man auch die Dokumente sprechen lassen, damit das daraus entstehende Gesamtbild so unmittelbar wie möglich wird, anstatt nur mittelbar über den – wenn auch legitimen und unvermeidlichen – Weg der Rekonstruktion, den wir sonst gehen müssen.

Die Karthager

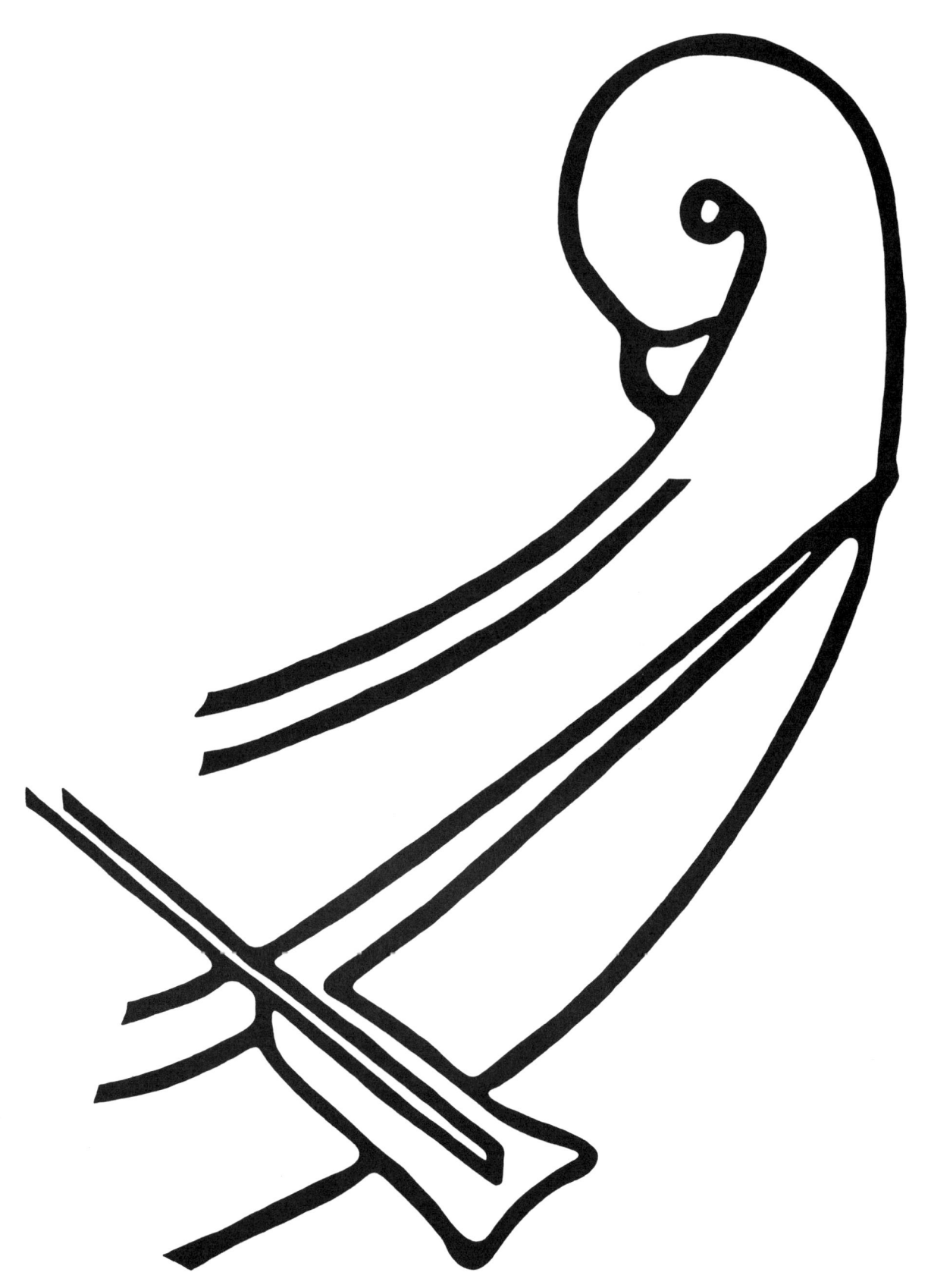

Erster Teil

Historische Entwicklung

Art der Quellen

Ein starkes Mißverhältnis kennzeichnet die Quellen, die uns für die Kenntnis der karthagischen Geschichte zur Verfügung stehen. Es gibt sehr wenige direkte, jedoch ziemlich viele indirekte Quellen. Es fehlen nämlich literarische Texte, doch gibt es zehntausende von punischen Inschriften. Dabei handelt es sich meist um kurze Votiv- und Grabinschriften, die wohl gewisse Erkenntnisse über die Religion, nicht jedoch über die Geschichte vermitteln. Wir werden an gegebener Stelle erörtern, um welche Erkenntnisse es sich handelt und wie umfangreich sie sind. Auch eine vor kurzem entdeckte ziemlich ausführliche Inschrift auf einer Gedenktafel für den Bau einer Straße entspricht zwar nicht der üblichen religiösen Thematik, liefert aber auch keinen wesentlichen Beitrag zur Rekonstruktion der Geschichte:

„Das Volk von Karthago hat diese Straße eröffnet und gebaut in Richtung des Neuen Tores, das sich in der südlichen Mauer befindet, im Jahr der Sufeten Schafat und Adonibaal, während der Amtszeit von Adonibaal, dem Sohn des Eschmunhilles, dem Sohn von ..., dem Sohn des Hanno, und deren Kollegen. Diese Arbeit wurde geleitet von: Abdmelqart, (als)

Meister; Bodmelqart, Sohn des Baalhanno, Sohn des Bodmelqart, (als) Straßenbauingenieur; Yehawwielon, Bruder des Bodmelqart (als) Steinklopfer (?). Die Arbeit unterstützten die Händler, die Träger, die Packer (?), die in der unteren Stadt leben, die Münzwäger (?) ..., die Goldgießer, die Töpfer, die Ofenwärter und die Sandalenmacher (?), alle zusammen".

Hier erhebt sich die Frage, ob es eine karthagische Geschichtsschreibung gegeben hat und diese verlorengegangen ist oder ob eine solche nie existierte. Man muß wohl von der ersten Hypothese ausgehen, d.h., es muß wohl Aufzeichnungen über die geschichtlichen Ereignisse gegeben haben. An dem Wahrheitscharakter dieser Aufzeichnungen kann man jedoch gewisse Zweifel hegen. Aber zur Klärung dieser Frage verfügen wir über einige wichtige Hinweise. Klassische Autoren, wie der Pseudo-Aristoteles und Servius, erwähnen die *Historiae Poenorum* und die *Punica historia*. Polybios berichtet uns, daß ein gewisser Philinus aus Agrigent über den Ersten Punischen Krieg schrieb. Wir wissen, daß dieser Philinus auch Verfasser eines zweisprachigen, in Griechisch und Punisch verfaßten Geschichtswerkes war, das mit den Aufzeichnungen von Hannibals Biographen Sosilus und Silenus endete. Nach Angaben von Suida soll schließlich ein gewisser Carus von Karthago eine Biographie berühmter Frauen und Männer und eine Geschichte der Tyrannen Europas und Asiens geschrieben haben.

Diese Angaben zeigen, daß es in Karthago Aufzeichnungen über aktuelle Geschehnisse gegeben hat. Eine Geschichtsschreibung im eigentlichen Sinne des Wortes scheint aber erst spät und unter griechischem Einfluß entstanden zu sein. Darauf läßt die Abfassung zweisprachiger Texte schließen. Ebenfalls aus der Spätzeit gibt es außerdem Angaben über Gedenkinschriften. Livius erwähnt, daß Hannibal während des Zweiten Punischen Krieges eine lange Inschrift verfaßte, die von seinen Unternehmungen berichtete. Dies wird eindeutig von Polybios bestätigt, der erklärt, die Inschrift gesehen und vor allem den Bericht über das zwischen Spanien und Afrika erfolgte Auswechseln der Truppen und über die Truppen, die Hasdrubal zu Beginn des Krieges in Spanien übertragen worden waren, darin gefunden zu haben. Es handelt sich um eine ziemlich wichtige Einzelangabe, da auch dieser Text, wie Livius erwähnt, in punischer und griechischer Sprache abgefaßt war.

Der Nachweis der Existenz karthagischer Geschichtsdokumente ändert jedoch faktisch nichts daran, daß durch ihren Verlust eine Wissenslücke entstanden ist. So stützt sich die Rekonstruktion der karthagischen Geschichte also auf die klassische Geschichtsschreibung, zuerst auf die griechische, später auf die römische. Diese Geschichtsschreibung konzentriert sich auf die Kriege, in denen die Karthager zuerst den Griechen und dann Rom gegenüberstanden. Damit gibt es über diesen – übrigens sehr wichtigen – Aspekt zahlreiche Angaben, während wir über andere Aspekte nur wenig wissen. In einigen besonderen Fällen gibt es eine umfassendere Dokumentation, z.B. die Überlieferungen des Aristoteles über den Bau von Karthago, die des Polybios über den Söldneraufstand, den griechischen Bericht, in dem uns die Erzählung Hannos über die Umseglung Afrikas überliefert wird und die uns durch Periplus von Skylax überlieferte Liste der karthagischen Besitzungen.

Wie sind die klassischen Quellen über die karthagische Geschichte, besonders in Bezug auf den Zusammenstoß zwischen Griechen und Römern, zu beurteilen? Es ist einzuräumen, daß sich diese Quellen im wesentlichen an die Fakten halten, wobei es zwei gegensätzliche Tendenzen gibt. Einmal die Diffamierung, die die Grausamkeit, die Heimtücke und die Falschheit des Feindes betonen sollte. Auf der anderen Seite die Glorifizierung, die in der lobenden Erwähnung der Eigenschaften des Feindes ein indirektes, aber wirksames Mittel zur Verherrlichung der eigenen Sache sucht. Diese Tendenz ist bei Hannibal sehr ausgeprägt, dessen genaue und engagierte Personenbeschreibung eine exakte Rekonstruktion ermöglicht.

Gerade der Gegensatz dieser beiden Tendenzen liefert uns eine recht zuverlässige Dokumentation. Da die karthagische Geschichtsschreibung verlorengegangen ist, ist zwar eine große Lücke entstanden, zumal uns damit ein möglicher Vergleichsfaktor fehlt; eine Rekonstruktion der historischen Fakten bleibt jedoch möglich. Das gilt jedoch wie gesagt, für die Phase der Begegnung und der Auseinandersetzung mit den Griechen und den Römern. Zuvor vergehen einige Jahrhunderte, aus denen es nur einige wenige Angaben in einem großen Vakuum gibt, das wir gern auffüllen möchten. Dabei ist nur schwer begreiflich, warum die Angaben so spärlich sind.

Die phönikischen Ursprünge

Karthago ist ein anschaulicher Name und bedeutet „Neue Stadt" *(qart hadasht)*. Er bezieht sich offensichtlich auf den Status einer Neugründung, einer Kolonie, im Gegensatz zu einer Mutterstadt, die wir aus den übereinstimmenden historischen Quellen

ZYPERN

Lapethos
Salamina
Ayia Irini
Chytros
Enkomi
Idalion
Golgoi
Marion
Tamassos
Amathus
Kition
Paphos
Kurion

MITTELMEER

Ugarit
Shukshu
Hama
Antarados
Arados
Emesa
Marathus
Simira
Tripolis
Eleuteros
Botrys
LIBANON
Biblos
Adonis
Lycus
ANTILIBANON
Beritos
Leontes
Asclepios
Sidon
Damaskus
Sarepta
Hermon
Tirus
Akziv
Hazor
Akko
Carmel
Dor
AMMAN
Samaria
Jordan
Jaffa
ISRAEL
Jerusalem
Asdod
JUDA
Askalon
MOAB
Hebron
Gaza

Phönizien und Zypern

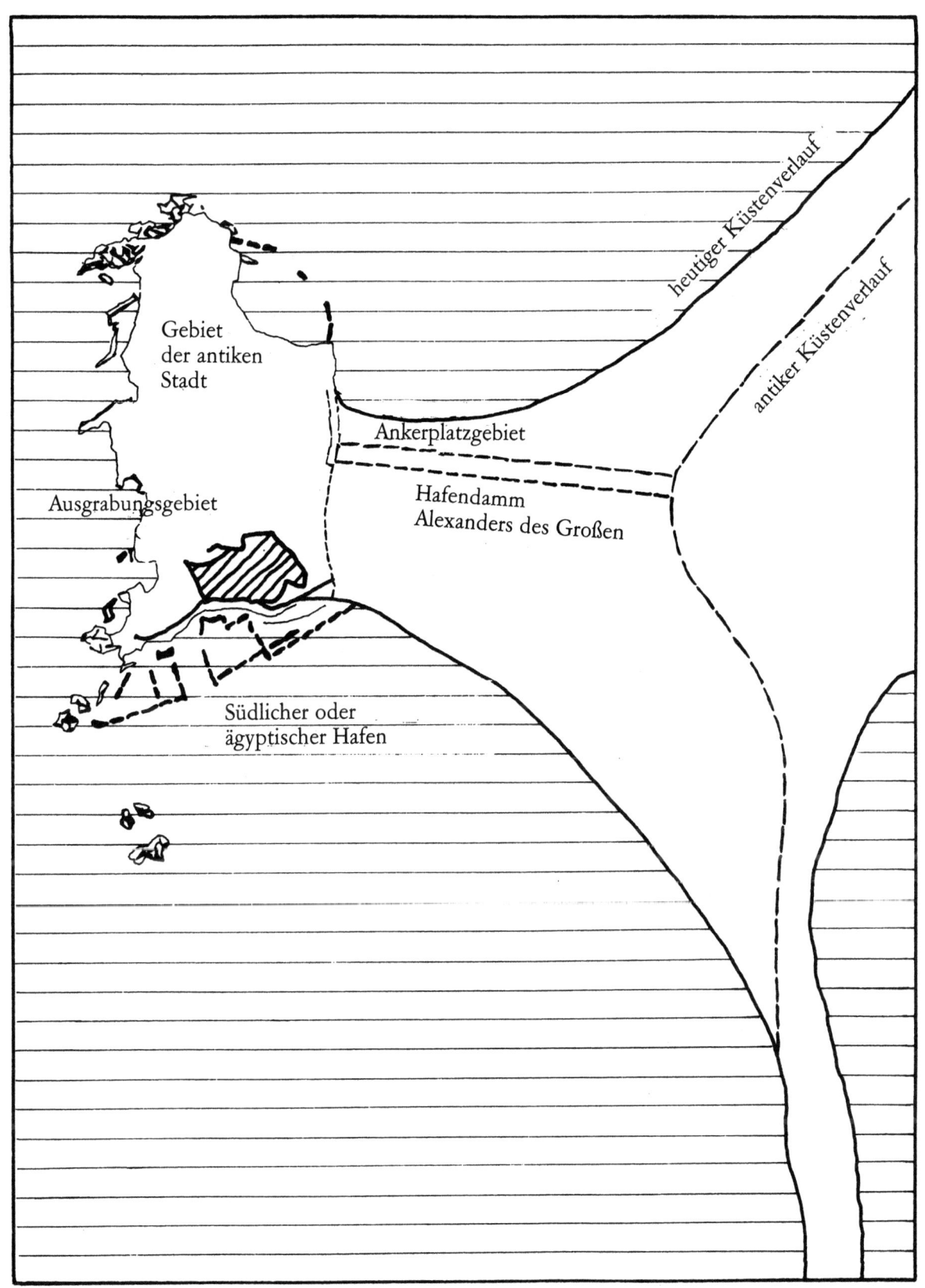

Gebiet
der antiken
Stadt

Ausgrabungsgebiet

Südlicher oder
ägyptischer Hafen

Ankerplatzgebiet

Hafendamm
Alexanders des Großen

heutiger Küstenverlauf

antiker Küstenverlauf

Das Gebiet von Tyros

Oben: Libanon.
Zwei kleine Schiffs-
modelle aus Terra-
kotta.
Unten: Rekonstruk-
tion eines karthagi-
schen Kriegsschiffes.

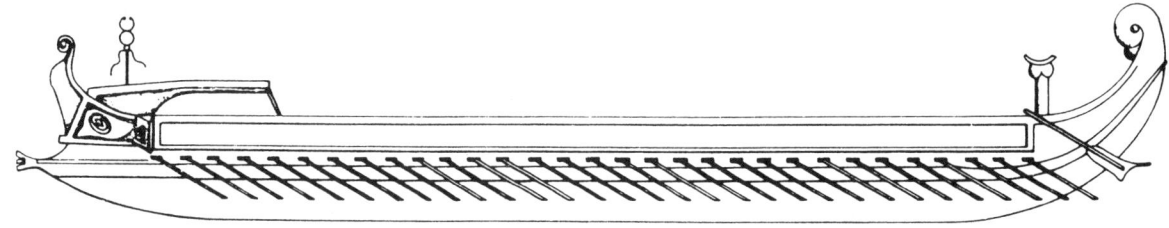

Byblos. Reste des Hafens.

gut kennen: *Tyros,* eine der größten, vielleicht sogar die absolut größte phönikische Stadt. In der Geschichte Karthagos gibt es ein besonderes Ereignis, das diese Ursprünge nicht nur bestätigt, sondern auch zeigt, daß sich die Karthager ihrer auch bewußt waren. Aus den – in dieser Hinsicht unverdächtigen – klassischen Quellen wissen wir, daß Karthago im Laufe seiner Geschichte regelmäßig einmal im Jahr Gesandschaften nach Tyros schickte, die Gaben zum Tempel des Herakles (d.h. Melqart) brachten. Diese Gaben betrugen ursprünglich ein Zehntel der Staatsausgaben und waren sozusagen ein freiwilliger Tribut als Huldigung an das Herkunftsland.

Um die Ursprünge Karthagos kennenzulernen – und zu verstehen – müssen wir also nach Tyros gehen. Hier ist ein unerwarteter dokumentarischer Schatz zu erwähnen. Die Stadt besaß eine eigene Geschichtsschreibung, die teilweise durch Josephus Flavius überliefert wurde, der für zwei Perioden, für das 10. bis 8. Jahrhundert und für das 6. Jahrhundert, Auszüge daraus zitiert. In die erste Periode fällt die Gründung Karthagos. Eine weitere Kostbarkeit enthält das Alte Testament, das uns umfangreiche Informationen über das Verhältnis zwischen Israel und Tyros überliefert. Angesichts des allgemeinen Informationsmangels über die gesamte vorklassische Zeit ist Tyros ein Einzelfall, der uns zahlreiche wertvolle Informationen liefert.

Ehe wir jedoch zum 10. Jahrhundert kommen, mit dem die Berichterstattung in den Annalen und im Alten Testament beginnt, ist an dieser Stelle eine historische Betrachtung über die Entstehung der phönikischen Städte am Platz. In einer alten Kontroverse stehen sich hier zwei Meinungen gegenüber: Die einen betrachten die Geschichte im weiteren Sinne und verfolgen sie über Jahrtausende zurück, die anderen reduzieren sie auf die eigentliche Entstehung einer als spezifisch phönikisch zu betrachtenden Kultur – d.h. vom Beginn der Eisenzeit um das Jahr 1200 vor Chr. an. Wir haben diese zweite These zuerst unterstützt, ehe wir deren Verfechter wurden

und schon länger darauf hingewiesen, daß ein Volk solange nicht als solches betrachtet werden kann, als nicht ein geographisches Gebiet, eine Sprache und eine historisch-kulturelle Entwicklung zusammentreffen, um es als solches zu definieren. Folglich kann man wohl kaum vor Beginn der Eisenzeit von Phönikern sprechen.

Erst um das Jahr 1200 nimmt nämlich die Küstenregion, in der die phönikischen Städte liegen, eine vom Binnenland unabhängige Entwicklung. Nach der durch die Invasion der „Seevölker" erfolgten Umwälzung waren die Israeliten und Aramäer eingedrungen und hatten sich dort niedergelassen. Die phönikische Schrift und die phönikische Sprache tauchen zudem erst um das Jahr 1200 mit eigenen Konnotationen auf. Sie setzen einen besonderen Entwicklungsprozeß dieses Gebietes fort, heben sich jedoch deutlich von der Entwicklung im Binnenland ab. Erst um das Jahr 1200 taucht schließlich ein eigenständiger Komplex religiöser, kultureller und handwerklicher Konnotationen auf. Man mag einwenden, daß diese Eigenständigkeit eher auf die veränderte Situation im Binnenland zurückzuführen ist, als auf Einschnitte in der Entwicklung der Küstenregion, die nämlich gerade durch ihre Kontinuität gekennzeichnet ist. Dennoch gibt es eine eigenständige Entwicklung, die wir hier zu definieren versuchen.

Wie die Ursprünge anderer phönikischer Städte liegen auch die von Tyros im Dunkel der Zeit. Erst nach dem Jahr 1200 wird es zur Protagonistin der Geschichte, und es gibt eine umfangreiche Dokumentation darüber, seit sowohl die Geschichtsschreibung als auch die Bücher der Bibel von ihr zu berichten beginnen, d.h. etwa ab dem Jahr 1000. Während David im Gebiet der Israeliten einen mächtigen Einheitsstaat gründet, ist ihm Tyros keinesfalls unterlegen. Das gleiche gilt für seinen Nachfolger Salomo. Beiden schickten die Könige von Tyros Handwerker, die die prächtigsten Tempel von Jerusalem bauen, vor allem den Tempel, der den

Juden durch die Jahrhunderte hindurch zum Bezugspunkt werden sollte. Als Gegenleistung liefert König Salomo König Hiram von Tyros jährlich „zwanzigtausend Maß Getreide und zwanzigtausend Maß reines Öl für dessen Hof"; die beiden sind also ebenbürtig.

Das wird übrigens durch eine interessante Angabe bestätigt, die sowohl in der Chronistik von Tyros als auch im Alten Testament vorkommt. Salomo bietet Hiram zwanzig nicht weit von Tyros gelegene Städte zum Geschenk an; aber Hiram lehnt sie ab, da er sie als unangemessenes Geschenk betrachtet. Zur gleichen Zeit, und das ist als Vorgeschichte der Gründung Karthagos von großer Bedeutung, beginnen die Seereisen in ferne Länder. Wir sind zwar nicht sicher, ob Tarschisch mit Tartessos in Spanien identisch ist, weniger zweifelhaft ist jedoch die unter Ittobaal im 9. Jahrhundert erfolgte Gründung einer Kolonie in Auza an der Nordküste Afrikas. Bemerkenswert ist, daß Josephus Flavius Ittobaal als „König der Tyrer und der Sidonier" bezeichnet, was eindeutig auf die Vorherrschaft von Tyros über andere phönikische Städte hinweist.

Die Chronistik erwähnt die Nachfolge Ittobaals und die Dauer ihrer Regentschaft. Die zuverlässigste Rekonstruktion führt zu folgender Chronologie: Balozoros (855-850), Mettenos (849-821) und Pygmalion (820-774). Und nun folgt der erwartete Bericht: Die Chronik berichtet, daß im 7. Jahr der Herrschaft Pygmalions dessen Schwester flieht und in Afrika die Kolonie Karthago gründet. Das siebte Jahr der Herrschaft Pygmalions ist das Jahr 814/3, dasselbe Datum, das sich aus den Berechnungen der klassischen Autoren ergibt, die diesbezüglich eine ausführliche, von Legenden durchsetzte, aber sehr wohl auf der chronologischen Überlieferung basierende Geschichte übermitteln. Angesichts des allgemeinen Informationsmangels bildet die Chronistik von Tyros nochmals eine erfreuliche Ausnahme und liefert damit einen wertvollen Beitrag zur Rekonstruktion der Ursprünge Karthagos. Ehe wir uns

jedoch mit diesem Ereignis befassen, wollen wir das allgemeine Geschehen betrachten, in das dieses eingebettet und dessen Ergebnis es ist, nämlich die Kolonisation der Mittelmeerküsten durch die seefahrenden Phöniker.

Die Kolonisation des Mittelmeeraumes

Die Kolonisation des Mittelmeerraumes durch die Phöniker, in deren Rahmen die Gründung Karthagos erfolgt und von der das historische Schicksal dieser Stadt in entscheidendem Maße geprägt ist, ist ein großartiges Phänomen der antiken Geschichte, das nur mit dem parallel dazu verlaufenden Geschehen der griechischen Kolonisation vergleichbar ist. Diese beiden Bewegungen, die die Völker des Ostens bis in den fernsten Westen führen, sind durch die Verbreitung der Schrift untrennbar mit dem Ursprung der Geschichte verbunden. Die beiden Kolonisationsbewegungen stimmen zwar in ihren Grundmerkmalen überein, unterscheiden sich jedoch in ihrer Durchführung. Die phönikische Kolonisation war usprünglich ausschließlich auf den Handel ausgerichtet, während die griechische anfänglich Gebietseroberungen anstrebte. Im Laufe der geschichtlichen Entwicklung ändert sich dieser Unterschied allmählich und verschwindet später. Er wird deshalb zum Abschluß genauer untersucht.

Bei den Phönikern kann man eindeutig den von Osten nach Westen eingeschlagenen Weg beschreiben. Er führt an den Küsten Afrikas entlang bis zu der Stelle, an der später Karthago entstehen sollte. Dann gabeln sich die Wege. Der eine führt weiterhin auf der afrikanischen Route bis nach Marokko, der andere führt über Pantelleria und Malta nach Sizilien und Sardinien und zweigt dann zu den Balearen ab, um sich in Spanien wieder mit der anderen Route zu verbinden. Im Bereich dieser in ihren wesentlichen Abschnitten beschriebenen Routen führen eher handwerkliche, d.h. bei den Erzeugnissen festzustellende Merkmale und Bezeichnungen, als historische Fakten zu der Annahme, daß direkte Seewege aus Ägypten oder zumindest aus den am Mittelmeer gelegenen afrikanischen Gebieten nach Malta und nach Sizilien führten, ohne das Gebiet von Karthago zu berühren.

Die geschichtliche Entwicklung hing also in keiner Weise von der geographischen Lage ab. Die Kolonisation in Spanien erfolgte somit nicht später als die Kolonisation in Afrika und auf den Mittelmeerinseln, was besonders die neuesten archäologischen Funde beweisen. Die Ursache dafür liegt im Ziel der Kolonisation selbst. Es ist vor allem der Handel mit Edelmetallen, die sich die Phöniker in Spanien beschafften, um sie dann zu verarbeiten und zu wesentlich höheren Preisen in den Küstengebieten des Mittelmeeres zu verkaufen. Die klassischen Autoren überliefern hierzu einen anschaulichen Bericht, der in der Vorstellung gipfelt, daß sogar die Anker aus Silber gegossen wurden. Timotheus schreibt: „Es wird berichtet, daß die ersten Phöniker, die auf dem Meerweg nach Tartessos kamen, für das Öl und die minderwertigen Waren, die sie mitgebracht hatten, eine so große Ladung Silber mit zurücknahmen, daß sie einfach nicht mehr davon tragen noch bekommen konnten; deshalb sahen sie sich bei ihrer Rückkehr gezwungen, alle von ihnen benutzten Gegenstände, einschließlich der Anker, in Silber zu gießen".

Diese Überlieferung ist in abgeänderter Form bei Diodorus wiederzufinden, um den Ursprung des Namens Pyrenäen zu erklären. Sie ist jedoch eindeutig wiederzuerkennen: „Es wird berichtet, daß es in der Antike auf der Iberischen Halbinsel viel Strauchwerk und viele Wälder gab. Da einige Hirten sie anzündeten, brannte die Bergregion vollständig ab. Da sich das Feuer mehrere Tage lang ausbreitete, wurde die Oberfläche des Bodens vollständig eingeebnet, daher nannte man diese Berge Pyrenäen. Über die Oberfläche der abgebrannten Erde floß eine große Menge Silber, da sich durch das Schmel-

zen des Minerals, aus dem das Silber gewonnen wird, zahlreiche Bäche reinen Metalls bildeten. Die Eingeborenen wußten nichts über dessen Verwendung. Die phönikischen Kaufleute jedoch, die Handelsfachleute sind, erwarben dieses Silber im Austausch gegen einige wenige andere Waren. Indem sie das Silber nach Griechenland, nach Asien und zu allen anderen Völkern brachten, erzielten die Phöniker somit große Gewinne. In ihrer Geldgier gingen die Händler soweit: Da sie nach dem Beladen ihrer Schiffe noch große Silbermengen übrig hatten, zerschlugen sie das Blei ihrer Anker und verwendeten stattdessen das Silber. Da die Phöniker diesen Handel lange Zeit betrieben, wurden sie reich und gründeten zahlreiche Kolonien. Einige auf Sizilien und auf den benachbarten Inseln, weitere in Libyen, auf Sardinien und der Iberischen Halbinsel".

Der Handelscharakter der Expansion wird durch die Art der Siedlungen bestätigt, die sich zu einer richtigen phönikischen „Landschaft" zusammenfügen. Es sind Küstenvorsprünge mit zwei bei Stürmen sehr gut zu benutzenden Häfen oder den Küsten vorgelagerte Inseln, flache Lagunen, die für die Kiele der antiken Schiffe geeignet waren. Diese „Landschaft", die heute noch im gesamten ehemals phönikischen Gebiet zu finden ist (und durch die zahlreichen in den Lagunengewässern erkennbaren Salzlager deutlich hervorgehoben wird) ist auch ein wichtiger gemeinsamer Nenner der karthagischen Siedlungen.

Bei der Frage nach den genauen Zeitpunkten der phönikischen Kolonisation muß man von den zahlreichen zwar später, aber jedenfalls übereinstimmenden Angaben der klassischen Quellen ausgehen, die die Gründung der ersten Siedlungen auf das Ende des 12. Jahrhunderts v.Chr. datieren. Velleius Paterculus nennt das Jahr 1104/3 für die Gründung von Cadiz; Plinius nennt für Utica das Jahr 1101 und hält Lixus an der Atlantikküste Afrikas für noch älter. Diodorus berichtet von phönikischen Kolonien in Afrika vor der Gründung von Cadiz. Im Vergleich mit diesen Quellen ergibt sich aus der Angabe von Timeus, der die Gründung Karthagos auf das Jahr 814/3 datiert, ein beträchtlicher zeitlicher Abstand, nach dem es erst eine zuverlässige Dokumentation gibt, weil für die Zeit zwischen dem Ende des 9. Jahrhunderts und dem Beginn des 8. Jahrhunderts v.Chr. archäologische Zeugnisse vorhanden sind.

Werfen wir einen kurzen Blick auf diese Zeugnisse. Auf Malta und Mozia in Sizilien gibt es Keramikfunde aus dem 8. Jahrhundert. Die Inschrift von Nora auf Sardinien wird auf das 9. und 8. Jahrhundert datiert; jedenfalls ist die Gründung von Sulcis und Tharros auf das 8. Jahrhundert zu datieren, während für die Gründung Cagliaris und Bitias das 7. Jahrhundert überliefert ist. Für Ibiza/Balearen wird als spätestes Datum das 7. Jahrhundert angegeben; außerdem liegt dafür der historische Bericht über die Besetzung durch Karthago im Jahr 654/3 vor. Spätestens auf das 7. Jahrhundert sind die Kolonien in Westafrika bis nach Lixus und Mogador an der Atlantikküste zu datieren. In Spanien kommen zu den neuesten Ausgrabungen phönikischer Siedlungen in Cerro del Peñón, Toscanos, Alarcón, Chorreras und anderswo die ebenso neuen Ausgrabungen von Nekropolen in Almuñécar, Trayamar, Jardín und einiger weniger bedeutender, die eine starke phönikische Präsenz zwischen dem 8. und 7. Jahrhundert nachweisen.

Es besteht also kein Zweifel an der Entstehung phönikischer Siedlungen zwischen dem Ende des 9. Jahrhunderts und dem Beginn des 8. Jahrhunderts und folglich auch nicht an der Gründung Karthagos zum überlieferten Datum 814/3 oder etwa um diese Zeit, zumal in diesem Fall die westlichen Quellen und die Chronistik von Tyros übereinstimmen. Aber was war vorher? Bei genauer Betrachtung der klassischen Quellen, die für den Beginn der Kolonisation die letzten Jahre des 12. Jahrhunderts angeben, ist festzustellen, daß sie auf eine einzige Überlieferung zurückgehen, so daß sie sich gegenseitig nicht bestätigen. Die Überlieferung stammt aus der Spät-

zeit und aus dem hellenistisch-alexandrinischen Ambiente und basiert auf der damals üblichen Chronologie für den Trojanischen Krieg – um das Jahr 1190 v.Chr. – und für die Reise der Herakliden zur Iberischen Halbinsel, die etwa 80 Jahre später erfolgte, da Herakles als Stammvater der Phöniker betrachtet wurde. Die Chronologie der klassischen Quellen ist also in diesem Fall unzuverlässig.

Tatsächlich sind verschiedene Argumente für eine Vorverlegung der durch die archäologischen Funde möglichen Datierung angeführt worden, um wenigstens einen Teil der Zeitspanne zu füllen, die zwischen diesen Funden und den überlieferten Daten klafft. Dieses Vakuum liegt zwischen dem 12. und dem 9. Jahrhundert. Die Argumente sind jedoch manchmal unzureichend, wie z.B. einige wenige archäologische Funde, die auf von Osten ausgehende präphönikische Seefahrten zurückgehen können; oder die Argumente sind unzuverlässig, wie die Bibelstellen über die phönikische Seefahrt im 10. Jahrhundert, die im Nachhinein geschrieben wurden und jedenfalls keine genauen Landestellen nennen. Daher rührt die Krise einer tief verwurzelten Geschichtskonzeption, die von einer phönikischen Kolonisation vor der griechischen Kolonisation ausgeht. Zwischen dem Datum 814/3, auf das begründeterweise die Gründung Karthagos zu datieren ist, und dem Jahr 775, in dem wahrscheinlich Ischia – zeitlich die erste der griechischen Kolonien – gegründet wurde, liegen kaum vierzig Jahre. Das ist zwar eine kurze, aber dennoch bedeutsame Zeitspanne, wenn man eine zusammenhängende Bewertung dieser beiden großen Phänomene versuchen will, was im folgenden geschehen soll.

Die Expansion der Phöniker im Mittelmeerraum erfolgt in den letzten Jahrzehnten des 9. Jahrhunderts. Diese Expansion war ausschließlich auf den Handel ausgerichtet und es waren wohl keine Eroberungen geplant. Sie sollte die Voraussetzung für den Handelsverkehr schaffen und hatte keinen Gebietszuwachs zum Ziel. Nur wenige Jahre später beginnt

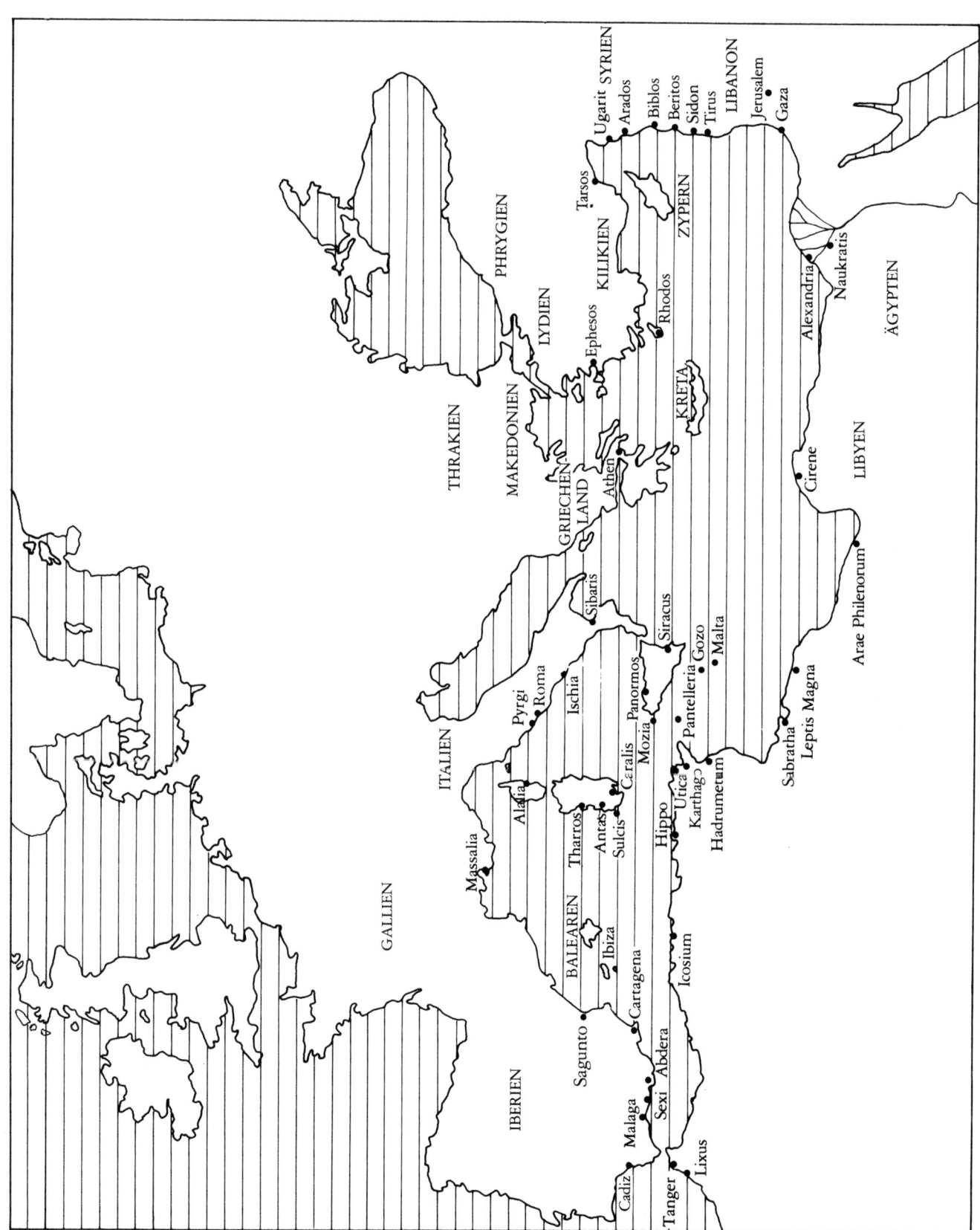

Die karthagische Expansion am Mittelmeer

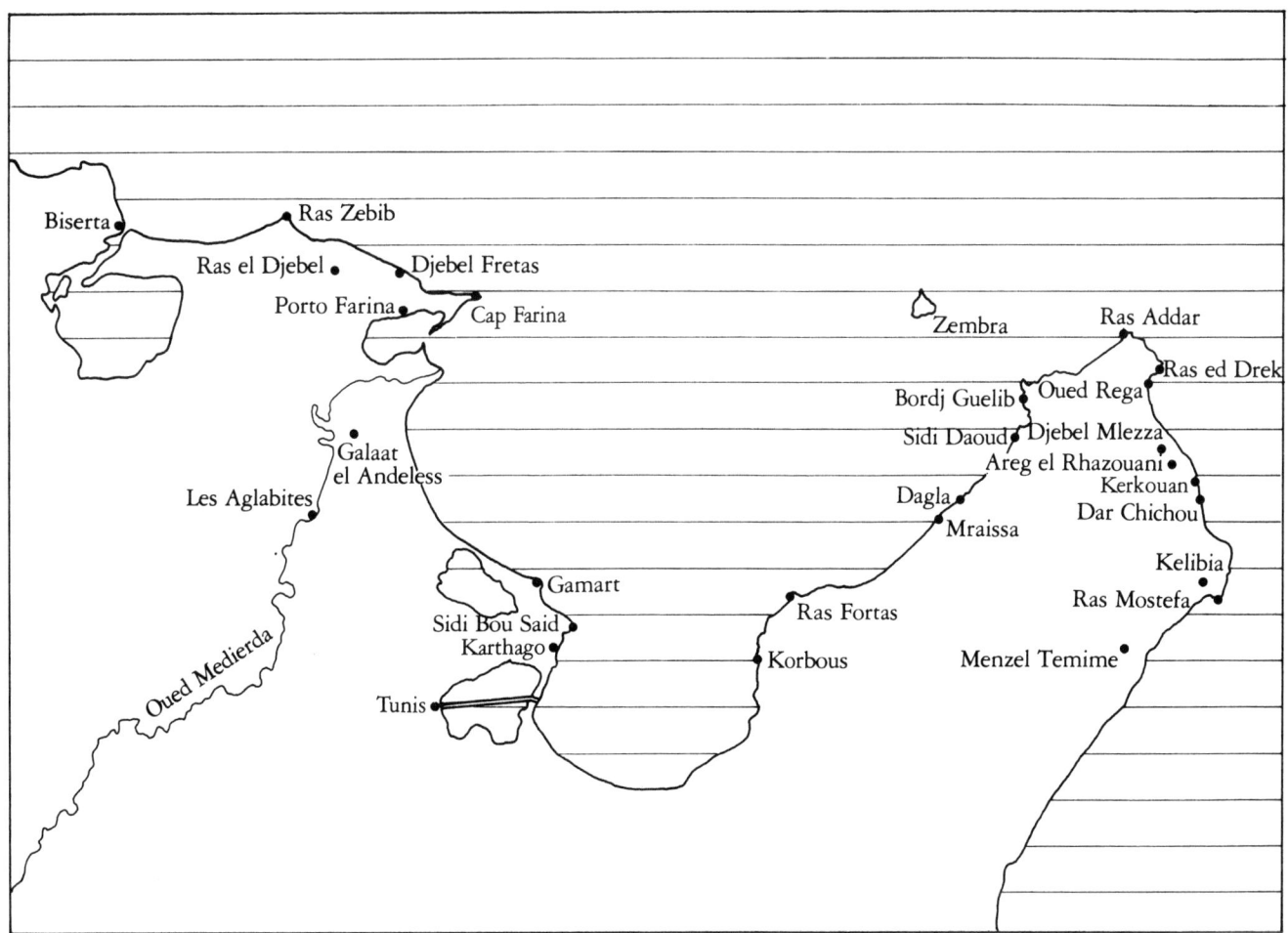

Umgebung von Karthago und Cap Bon

jedoch die friedliche Expansion, die offensichtlich andere Ziele hat. Sie sucht Lebensraum, wo es solchen gibt. Sie unterscheidet sich jedoch vor allem in der Absicht, Eroberungen zu machen, weil sie in den Besitz von Siedlungen mit dem entsprechenden Hinterland gelangen will. Das beeinflußt auch den Charakter der phönikischen Expansion. Die Phöniker begreifen, daß sie bei weiterem Verzicht auf territorialen Besitz bald von der Konkurrenz überrundet werden würden.

Das Ergebnis ist dann der eigentliche phönikische Kolonialismus. Und je weiter die Ausgangspunkte zurückliegen und je stärker Tyros und die anderen Städte des Mutterlandes durch den Druck des wachsenden Imperialismus der Syrer geschwächt werden, desto stärker müssen sich die Kolonien im Westen ihre Eigenständigkeit schaffen und erhalten. Sie müssen darüberhinaus ein Bündnis schließen, das nicht nur auf ihren gemeinsamen Ursprüngen beruhen, sondern auch ein militärischer Zusammenschluß und eine gemeinsame Organisation mit einem gemeinsamen Bezugspunkt sein soll. Dieser Bezugspunkt sollte Karthago sein. Die Wechselfälle seiner Geschichte, sein Erfolg und sein Schicksal sind verbunden mit diesen entscheidenden Gegebenheiten der Geschichte.

Die Gründung Karthagos

Nach einer in den klassischen Quellen nachzulesenden, allgemein bekannten Überlieferung, die wahrscheinlich auf Timeus zurückgeht und noch ausführlicher von Justinus behandelt wird, ist die Gründung Karthagos ein Ergebnis der Flucht Elissas, der Schwester Pygmalions, aus Tyros. Wie wir gesehen haben, bestätigt die Chronistik von Tyros diese Überlieferung insoweit. Im einzelnen soll Elissa dieser Überlieferung nach wegen des von Pygmalion befohlenen Mordes an Akerbas, einem Onkel Elissas, Priester der Astarte und ein sehr wohlhabender

Mann, geflohen sein. Nachdem Elissa dem Gott Melqart - nach der klassischen Version Herkules - ihre Ehrerbietung erwiesen hatte, soll sie zuerst nach Zypern geflohen sein, wo sich der oberste Priester der Astarte - nach der klassischen Version Juno - unter der Bedingung mit ihr verbunden haben soll, daß das Priesteramt in seiner Familie erblich bleiben würde. Elissa soll achtzig für die Tempelprostitution bestimmte junge Mädchen ausgewählt haben, um den Fliehenden Gefährtinnen zu verschaffen. Nachdem sie Zypern verlassen hatten, sollen Elissa und ihr Gefolge zu der Stelle gekommen sein, an der später Karthago entstand. Dort soll die Königin ein Grundstück erworben haben, das man mit der Haut eines Ochsen bedecken konnte, wobei sie die Haut in feinste Streifen schnitt, so daß diese den ganzen Hügel, der später Byrsa genannt wurde, umspannte. Nachdem sie das Gebiet der ersten Wohnsiedlung mit solcher Gerissenheit erworben hatte, sollen ihr dort die in der Nähe wohnenden Stämme, unter anderem die bereits in Utica wohnenden Phöniker, ihre Ehrerbietung erwiesen haben. Aber der dortige König der Maxitaner, Hiarbas, soll gleichzeitig mit der Bitte an die Neuankömmlinge, ihm bei der Zivilisierung seines Volkes zu helfen, um die Hand Elissas angehalten haben. Diese habe sich Zeit ausbedungen. Wegen des Andenkens an ihren verstorbenen Mann habe sie sich jedoch schließlich selbst auf einem Scheiterhaufen den Tod gegeben. Seit dieser Zeit sollen sie ihre Untertanen als Göttin verehrt haben. Später wurde ihre Geschichte, die von Vergil in die Geschichte von Dido adaptiert wurde, weithin bekannt. Es mag heikel sein, einer Erzählung - wenn auch mit vielen Einschränkungen - Raum zu geben, die eindeutig Legendencharakter hat. In die Legende fließen jedoch reale Elemente ein: Angefangen von den Namen Pygmalion und Elissa und der Geschichte von Elissas Flucht, um Karthago zu gründen, wie sie in der Chronistik von Tyros bestätigt werden, über den typisch trojanischen Kult des Gottes Melqart und den der Göttin Astarte, die

26

unter den auf Zypern lebenden Phönikern übliche Tempelprostitution und die Erblichkeit des Priesteramtes bis hin zu dem Wissen über den phönikischen Ursprung Uticas. Griechisch dagegen ist der Ursprung der Erzählung über die in Streifen geschnittene Ochsenhaut. Byrsa ist nämlich ein griechischer Name und bedeutet „Ochsenhaut". Bei dieser Überlieferung handelt es sich also um die Verarbeitung überkommener phönikischer und übernommener griechischer Elemente, die dann im Laufe der Zeit durch die Blüte der Stadt teilweise Nahrung erhielt.

Die Gründung des Imperiums

Kürzlich wurde geschrieben, es sei gewagt, wenn nicht gar unmöglich, die Entwicklung der inneren Geschichte Karthagos mit ihren möglichen Parteikämpfen, den wechselnden Herrschaftssystemen, den sozialen Auseinandersetzungen und möglichen Revolutionen konsequent zu rekonstruieren. Es fehlt nämlich an direkten Quellen und es gibt nur einzelne – zudem zwangsläufig verfälschte – Quellen bei den griechischen und lateinischen Autoren. Dieses harte Urteil gilt in gleichem, wenn nicht sogar in noch stärkerem Maße für die äußere Geschichte der ersten Jahrhunderte. In dieser Zeit ist Karthago ohne Zweifel zur Großmacht im Mittelmeerraum geworden; es gibt dafür jedoch nur einzelne Belege, gewissermaßen „Findlinge" im allgemeinen Vakuum unserer Kenntnisse.

Die erste verfügbare Angabe ist der Bericht über die Gründung einer Kolonie auf Ibiza/Balearen 160 Jahre nach der Gründung Karthagos, d.h. im Jahr 654/3. Es ist eine einzelne, jedoch zuverlässige und wichtige Quelle, weil die Einrichtung eines Kontrollpunktes auf den der Iberischen Halbinsel gegenüberliegenden Inseln die Stärke einer Militärmacht widerspiegelt, die sich ihrer Möglichkeiten bereits bewußt ist. Mit Ibiza sichert sich Karthago einen

zwischen Sardinien und der Iberischen Halbinsel gelegenen Hafen, der ein hervorragender Anlegeplatz auf der Metallroute ist. Das weist auch darauf hin, daß Karthago in der Hegemonie über die Kolonien an die Stelle von Tyros und der anderen phönikischen Städte trat.

Darin ist im übrigen auch eine Übereinstimmung mit der allgemeinen geschichtlichen Entwicklung zu sehen. Während das griechische Kolonialreich immer größer wird und sich die Phöniker des Westens wegen der Reaktion der lokalen Stämme in immer stärkerem Maße mit Organisations- und Verteidigungsfragen beschäftigen müssen, beginnt für die phönikischen Städte im Osten durch die neue Offensive der angrenzenden Großmächte langsam der Niedergang. Sowohl Ägypten als auch Assyrien haben sich inzwischen von der durch den Aufbruch der seefahrenden Völker hervorgerufenen Krise erholt, und vor allem Assyrien betreibt eine immer stärkere Eroberungspolitik, vor der sich die phönikischen Städte durch eher formale als tatsächliche Unterwerfungsakte schützen. Dadurch wird jedoch ihre Eigenständigkeit beeinträchtigt und es erlischt vor allem das kolonisatorische Expansionsstreben.

So nimmt Karthago allmählich den Platz von Tyros ein. Nach der Angabe über Ibiza zeigt uns eine andere, um das Jahr 600 liegende Datierung, daß die Karthager die griechischen Phokäer vergeblich an der Gründung von Massilia zu hindern versuchen. Sie werden in einer Seeschlacht besiegt. Dies mag als Augenblick der Krise erscheinen, jedenfalls wird er gewöhnlich als solcher betrachtet. Bei genauer Betrachtung handelt es sich jedoch um eine weitab vom Mutterland auftretende Krise, die das mißglückte, aber dennoch starke Engagement im mittleren Mittelmeerraum zeigt. Die Ereignisse von Massilia leiten jedenfalls eine lange Feindschaft mit den Griechen ein und führen gleichzeitig zu einem Bündnis mit den Etruskern, die den Griechen auf dem tyrrhenischen Kampfplatz gegenüberstehen. In diesem Zusammenhang sind die um das Jahr 550

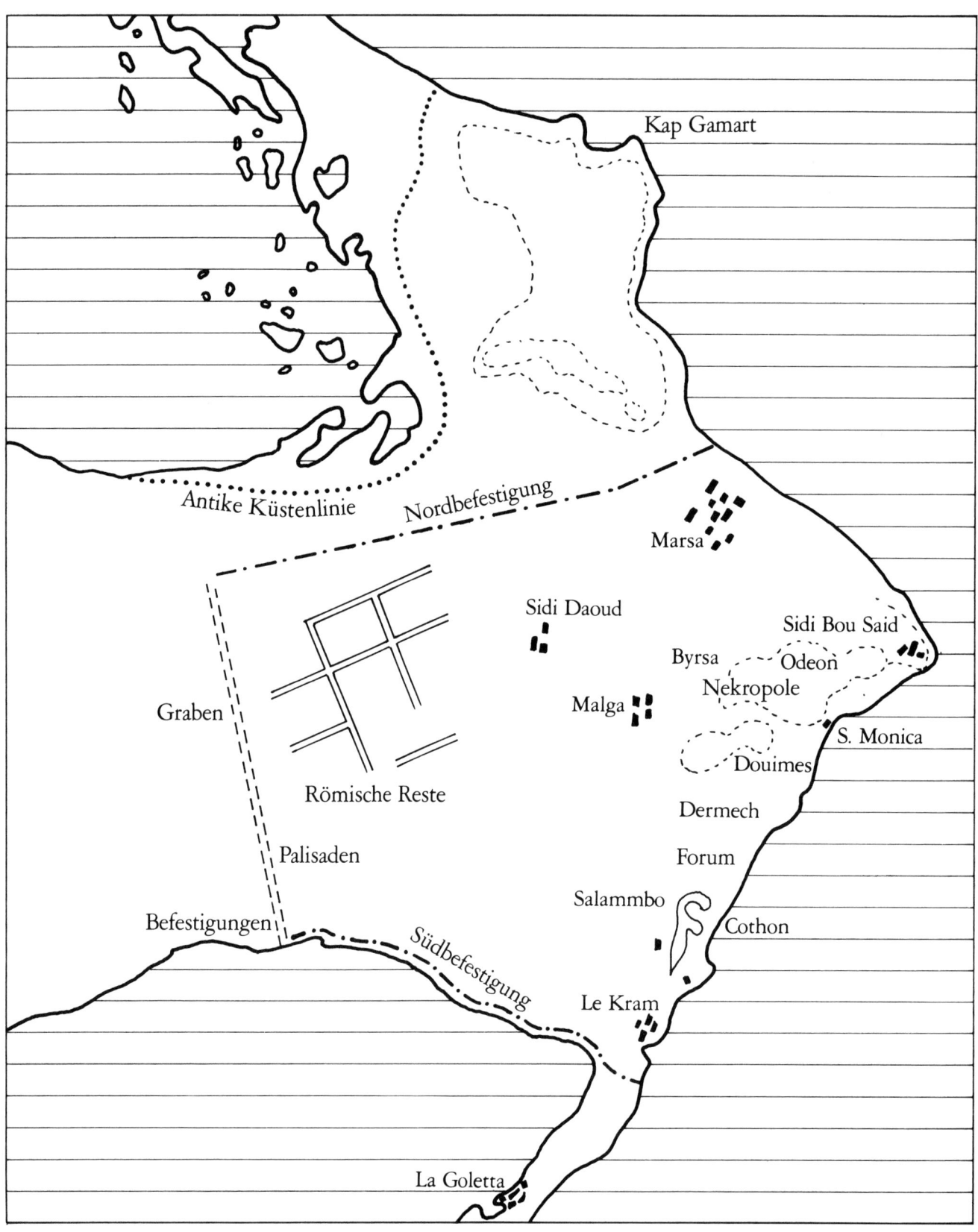

Kap Gamart

Antike Küstenlinie   Nordbefestigung

Marsa

Sidi Daoud

Sidi Bou Said

Byrsa   Odeon
Nekropole

Graben

Malga

Douimes

S. Monica

Römische Reste

Dermech

Palisaden

Forum

Salammbo

Befestigungen

Südbefestigung

Cothon

Le Kram

La Goletta

Plan von Karthago

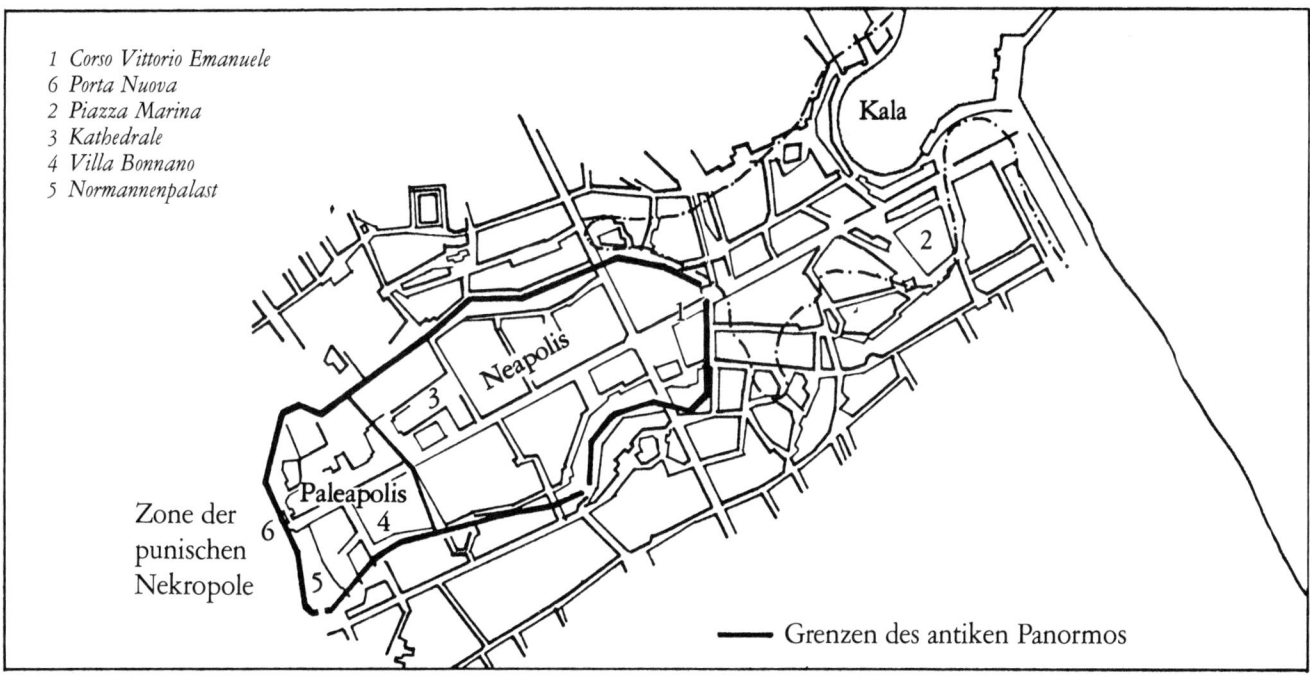

Legend within map:
1 Corso Vittorio Emanuele
6 Porta Nuova
2 Piazza Marina
3 Kathedrale
4 Villa Bonnano
5 Normannenpalast

Kala

Neapolis

Paleapolis

Zone der
punischen
Nekropole

—— Grenzen des antiken Panormos

Palermo: Plan der Stadt

stattfindenden Unternehmungen von Malchos zu sehen. Malchos ist zwar ein doppeldeutiger Name, weil er auf Punisch „König" bedeutet, es handelt sich jedoch um ein unwiderlegbares Faktum, das erste, über das uns die Quellen etwas besser unterrichten.

Wir erfahren, daß Malchos die Griechen auf Sizilien besiegte und einen Teil der Insel unterwarf. Es muß sich um das westliche Dreieck handeln mit dem Zentrum Motye (auf der kleinen Insel San Pantaleo bei Marsala, antiker Name *Motye* oder *Motya*) und den Außenpunkten Solunt und Selinunt, das lange Zeit von den Karthagern besetztes Gebiet blieb, und zwar zweifellos auf der Basis einer früheren phönikischen, noch vor der griechischen erfolgten Kolonisation, wie aus einer berühmten Passage von Thukydides hervorgeht: „Auch die Phöniker wohnten über ganz Sizilien verstreut, nachdem sie die Küstenvorsprünge im Meer und die den Küsten vorgelagerten

kleinen Inseln besetzt hatten, um den Handelsverkehr mit den Sikulern zu erleichtern. Als dann die Griechen in großer Zahl über das Meer kamen, räumten sie den größten Teil des Landes und konzentrierten sich vor allem auf Motye, Solunt und Palermo, wo sie in der Nähe der Elymer wohnten; aufgrund des Bündnisses mit diesen Elymern und weil diese Gegend Siziliens nicht weit von Karthago entfernt lag, fühlten sie sich sicher".

Aber warum hatte Malchos eingegriffen? Neuere Untersuchungen zeigen, daß sein Handeln eher defensiver als offensiver Art war, d.h. daß er die bereits bestehenden phönikischen Kolonien, vor allem Agrigent und Selinunt, vor der zunehmenden Expansionspolitik der Griechen schützen wollte, so daß uns sein Sieg eher als Konsolidierung, als Vereitelung der griechischen Agression erscheint. In Sardinien, wohin er sich Berichten zufolge anschließend begab, war Malchos nicht der gleiche Erfolg

29

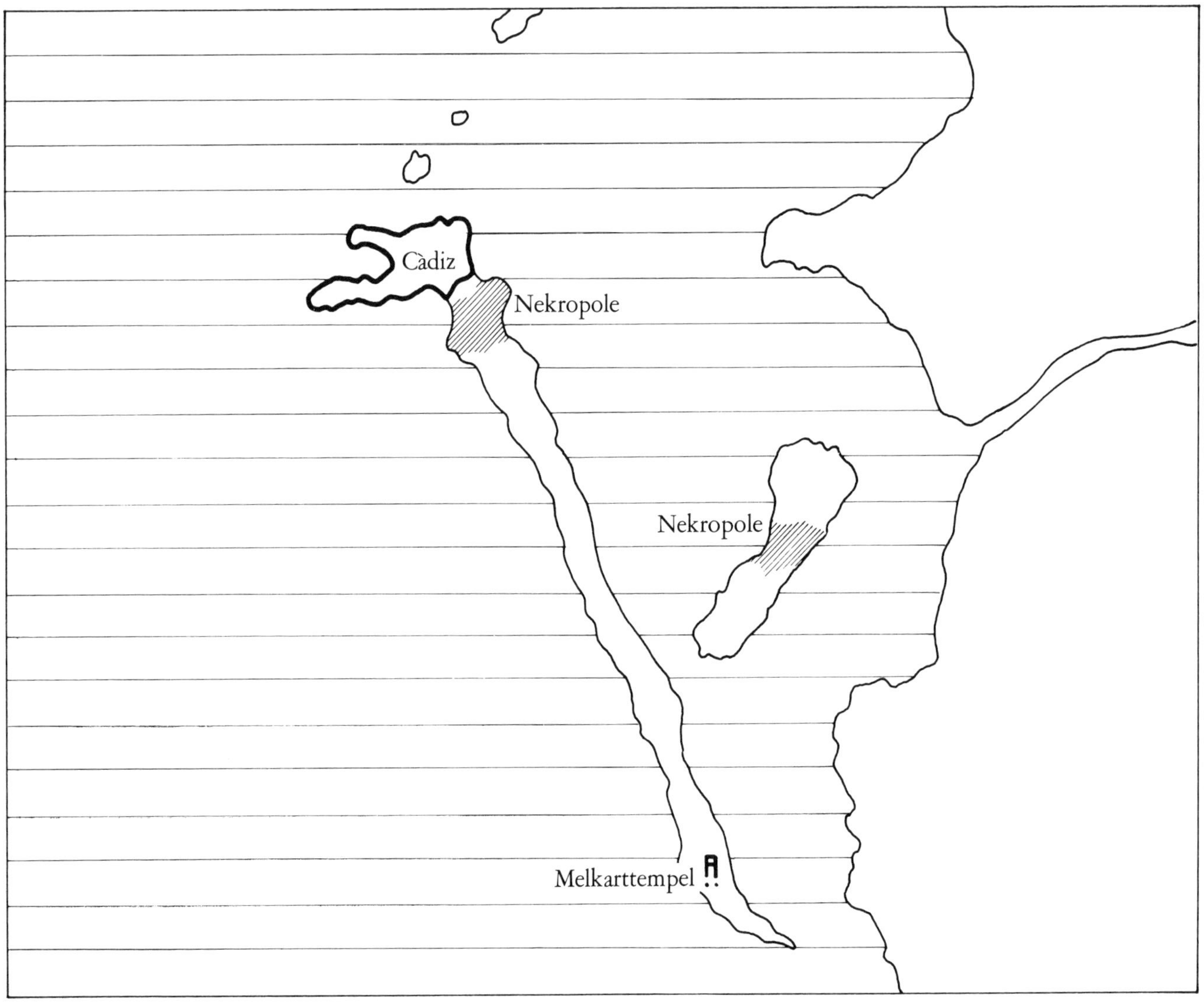
Càdiz
Nekropole
Nekropole
Melkarttempel

Càdiz. Plan der Stadt

Phönizisch-punische Niederlassungen in Spanien

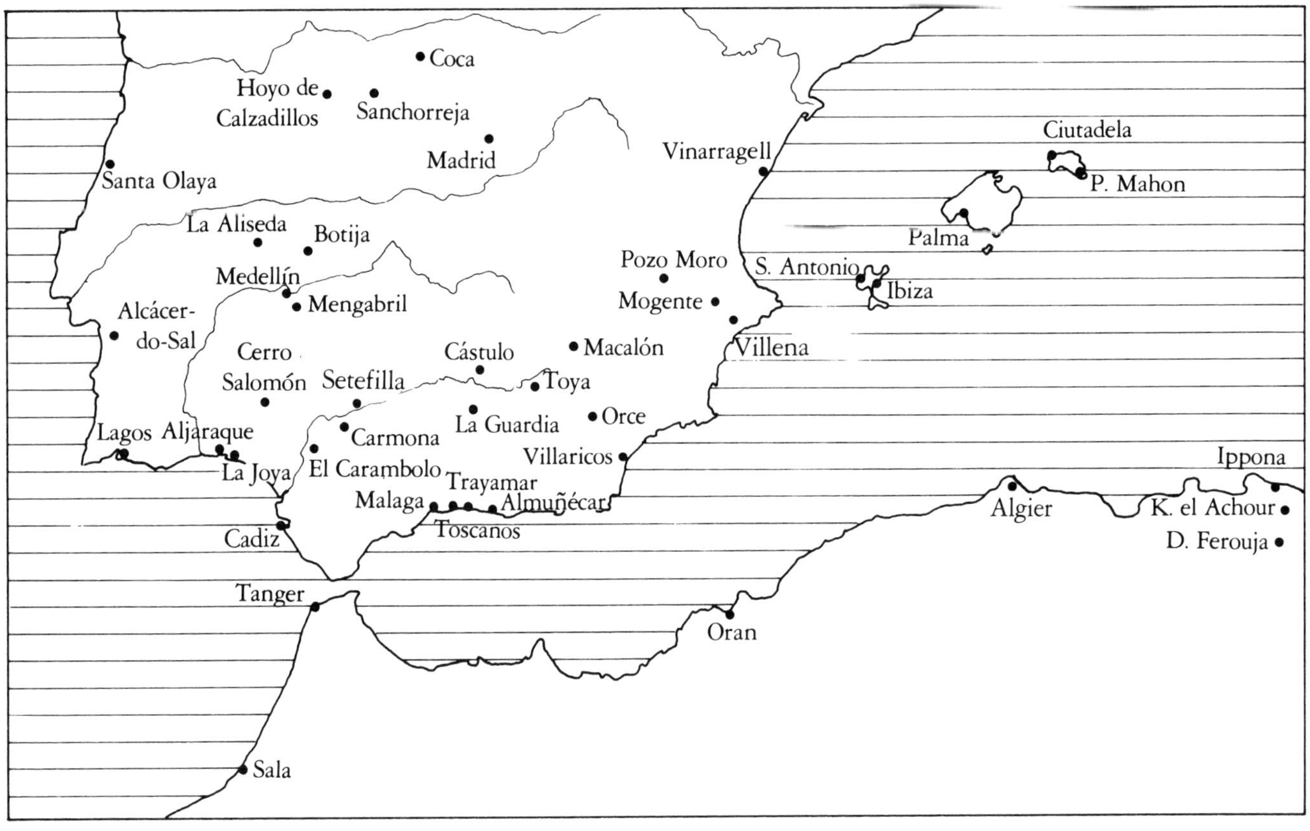
Coca
Hoyo de Calzadillos
Sanchorreja
Madrid
Santa Olaya
Vinarragell
Ciutadela
P. Mahon
Palma
La Aliseda
Botija
Medellín
Mengabril
Pozo Moro
S. Antonio
Ibiza
Mogente
Villena
Alcácer-do-Sal
Cerro Salomón
Setefilla
Cástulo
Macalón
Toya
Orce
La Guardia
Carmona
Lagos
Aljaraque
La Joya
El Carambolo
Villaricos
Trayamar
Malaga
Almuñécar
Toscanos
Cadiz
Ippona
Algier
K. el Achour
D. Ferouja
Tanger
Oran
Sala

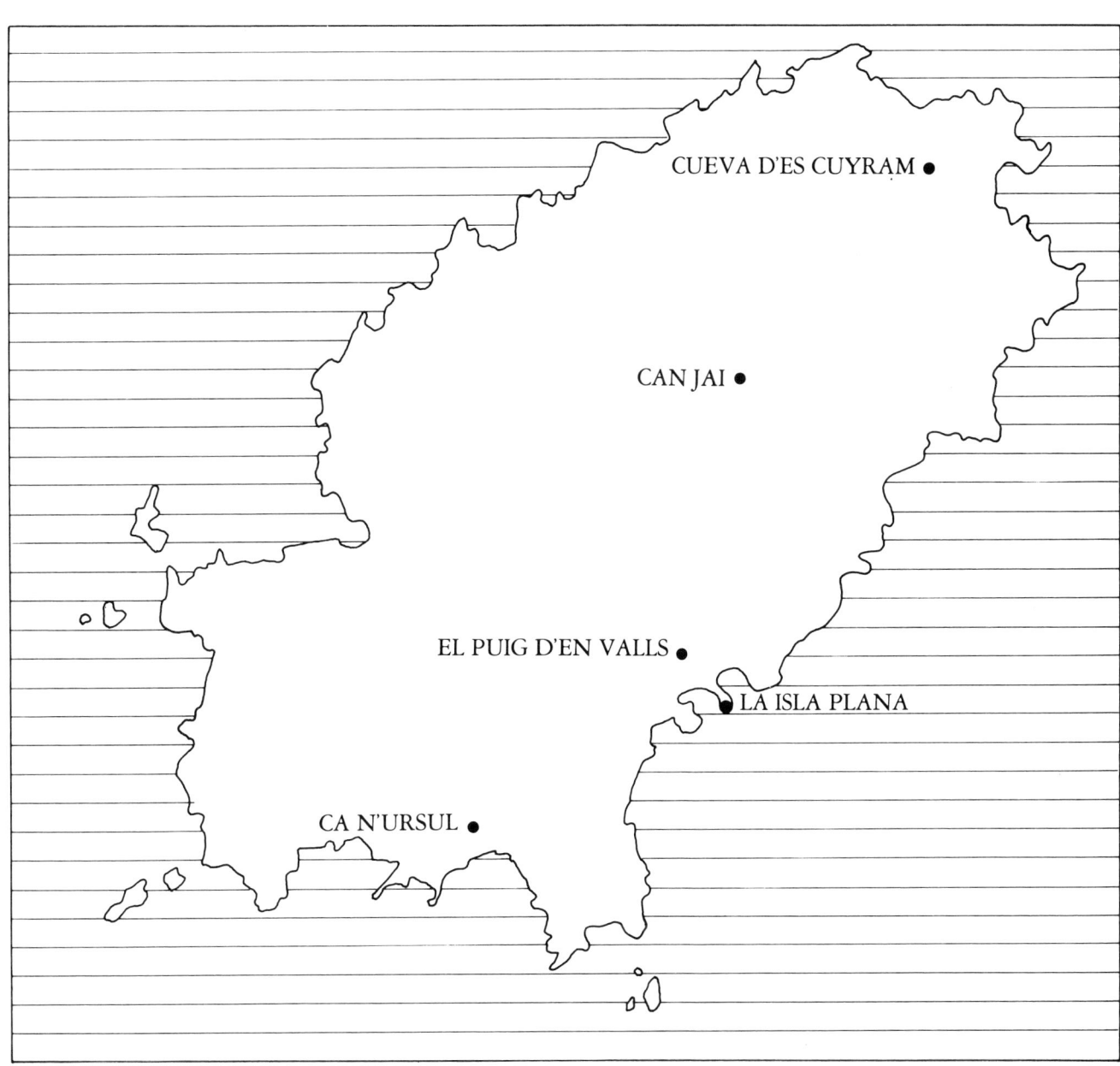

CUEVA D'ES CUYRAM ●

CAN JAI ●

EL PUIG D'EN VALLS ●

● LA ISLA PLANA

CA N'URSUL ●

Die Heiligtümer von Ibiza.

beschieden. Auch darüber gibt es neuere Untersuchungen, die die Expedition auf die Zeit zwischen 545 und 535, d.h. auf die gleiche Zeit wie die Unternehmungen von Cyrus in Persien, datieren.

Auf Sardinien ist die Situation offensichtlich anders gelagert. Hier sind die Griechen nicht engagiert, so daß anzunehmen ist, daß die Expedition eine Konsolidierung der phönikischen Küstenpositionen gegen die Angriffe der einheimischen Stämme bewirken und zu deren Inbesitznahme führen sollte. Eines steht fest: Malchos wurde besiegt und die Angelegenheit hatte eine sofortige Rückwirkung in Karthago, das den General zusammen mit dem Rest seines Heeres verbannte. Er erhob sich, belagerte die Stadt und es gelang ihm, diese zu besetzen. Bald darauf wurde er jedoch bezichtigt, die Tyrannenherrschaft anzustreben und daraufhin getötet. Sein Nachfolger war Mago, der Gründer einer Dynastie, deren bedeutendste Vertreter die Söhne Hamilkar und Hasdrubal sein sollten. Es ist zu Recht festgestellt worden, daß die wenigen, über die Geschichte Karthagos vorhandenen Daten dadurch belastet sind, daß sich dieselben Namen für mehrere Personen wiederholten. Zumindest in diesem Fall gibt es jedoch keinen Anlaß zu Zweifeln.

Über das Jahr 535 gibt es neue Berichte. Die verbündeten Karthager und Etrusker besiegten die Phokäer bei Alalia an der Westküste Korsikas. Es ist ein unmißverständliches Zeichen für die im Tyrrhenischen Meer eingeschlagene Politik, und der griechischen Expansion wird endgültig ein Ende gesetzt. Aristoteles erwähnt das Bündnis zwischen Etruskern und Karthagern und weist im Rahmen eines Berichts über Abkommen zwischen unterschiedlichen, voneinander unabhängigen Völkern bezeichnenderweise auf den Umfang der getroffenen Vereinbarungen hin: „Die Etrusker und die Karthager … haben Verträge über die Importe und ihre gegenseitige Schonung und schriftlich festgelegte Bedingungen für ein Bündnis im Kriegsfall". Herodot betrachtet das Ereignis eher historisch als gemein-same Reaktion der Etrusker und der Karthager auf die Piraterie der Phokäer: „Wegen ihrer Raubzüge und Plünderungen auf Kosten aller benachbarten Stämme begannen die Etrusker und die Karthager gemeinsam einen Krieg gegen die Phokäer mit jeweils sechzig Schiffen. Nachdem die Phokäer ebenfalls ihre etwa sechzig Schiffe bewaffnet hatten, traten sie ihnen auf dem sogenannten Meer von Sardinien entgegen. Es war eine heftige Schlacht. Die Phokäer siegten, es war jedoch nur ein Scheinsieg; vierzig von ihren Schiffen wurden nämlich zerstört, die übrigen zwanzig wurden schwer beschädigt und die Rammsporne wurden verbogen. Sie legten in Alalia an, holten so viele von ihren Kindern, ihren Frauen und ihrer Habe, wie sie auf dem Meer befördern konnten und verließen Korsika in Richtung Rhegium".

Nach dem Sieg teilten die Verbündeten die Einflußbereiche untereinander auf. Die Etrusker erhalten Italien von den Alpen bis nach Kampanien, die Karthager die Inseln und das westliche Mittelmeer. Es ist sozusagen eine Zangenbewegung, um die Griechen einzuschließen. Aber die Umfassung ist nicht eng genug und die griechische Herrschaft ist zu fest verankert. Jedenfalls ist das Bündnis ein Schlüsselpunkt der Geschichte jener Zeit. Die Goldplaketten, die ein Herrscher von Caere in punischer und etruskischer Schrift der karthagischen Göttin Astarte im Heiligtum von Pyrgi, heute Santa Severa, widmet, sind ein beredtes Zeugnis dafür.

Um das Jahr 510 führt eine kurze aber bedeutsame Unternehmung den Griechen Dorieos an die afrikanischen Küsten, wo er zwischen den beiden Syrten landet. Nach langen Kämpfen wird er besiegt, fährt wiederum nach Westen und landet in Sizilien, wo er den Karthagern als Anführer eines gegen sie gerichteten Bündnisses erneut gegenübersteht. Sie tragen schließlich den Sieg davon und können sich damit 509 durch den Abschluß des ersten Bündnisvertrages mit den Römern als „Herren eines Teiles von Sizilien" betrachten. Der uns von Polybios überlieferte

Vertrag ist auch hinsichtlich der folgenden Ereignisse von größter Bedeutung. Rom und Karthago behandeln sich als ebenbürtige Partner und legen die jeweiligen Einflußbereiche fest. Für die Römer sind das die latinischen Gebiete und für die Karthager – außer dem bereits erwähnten Teil von Sizilien – die afrikanischen Gebiete.

„Zu diesen Bedingungen wird es Freundschaft zwischen den Römern und ihren Verbündeten und den Karthagern und ihren Verbündeten geben. Sowohl die Römer als auch die Verbündeten der Römer dürfen nicht weiter als bis zu dem Bello genannten Küstenvorsprung fahren, falls sie nicht durch einen Sturm oder durch Verfolgung durch die Feinde dazu gezwungen sind. Wer dazu gezwungen ist, soll keine Einkäufe auf dem Markt machen und er soll auf keinen Fall mehr mitnehmen, als er unbedingt für die Versorgung des Schiffes oder für die Opfer benötigt; er soll sich innerhalb von fünf Tagen wieder entfernen … Wenn ein Römer in den im Besitz der Karthager befindlichen Teil von Sizilien kommt, soll er gleiche Rechte wie die anderen genießen. Die Karthager ihrerseits sollen den Bewohnern von Ardea, Antium, Laurentum, Circeji und Tarracina noch irgendeiner anderen, den Römern unterworfenen Stadt der Latiner keinerlei Unrecht zufügen und falls sie sich einer dieser Städte bemächtigen, sollen sie diese den Römern wieder unversehrt übergeben. Auf latinischem Gebiet sollen sie keinerlei Festungen bauen: falls sie einen Ort im Kriegszustand betreten, ist es ihnen verboten, die Nacht dort zu verbringen".

Hier stellt sich nun eine der interessantesten Fragen der antiken Geschichte. Im Jahr 480 kommt es gleichzeitig zum Sieg der Griechen über die Perser im Osten – bei Salamis – und auch zum Sieg der Griechen über die Karthager im Westen – bei Himera. Fielen diese beiden Ereignisse rein zufällig zeitlich zusammen oder waren die Geschehnisse in Griechenland und auf Sizilien eng miteinander verbunden? Man muß feststellen, daß sich die antiken

Historiker eigenartigerweise für letztere Hypothese aussprechen und sogar annehmen, daß persische Gesandte nach Karthago geschickt wurden, um das gemeinsame Vorgehen abzustimmen. Zweifel dagegen haben die modernen Historiker, die das Bündnis zwischen Persern und Karthagern als gegen die Punier gerichtete griechische Propaganda auf Sizilien sehen. Diese Annahme ist begründet, denn bereits Aristoteles betrachtet das Zusammentreffen der beiden Schlachten als Zufall und einige griechische Kolonien wie Selinunt und Himera stehen auf der Seite Karthagos.

Jedenfalls sind die Griechen die Sieger. Etwa siebzig Jahre lang stabilisiert sich die Lage. Über diese Zeit gibt es nur wenige Angaben und man erfährt nichts über Auseinandersetzungen. Karthago scheint sich auf sich selbst zu besinnen. Für das 5. Jahrhundert fehlt sowohl die geschichtliche als auch die archäologische Dokumentation, und diese bedauerliche Lücke konnte noch nicht ausgefüllt werden. Unter mehreren Aspekten gibt es jedoch Hinweise dafür, daß sich Karthago auf die neue Kriegsphase, die nicht ausbleiben kann, vorbereitet. Einen entscheidenden Beitrag hat hier in letzter Zeit die Archäologie geliefert, da ein Befestigungssystem entdeckt wurde, das die unvermuteten militärischen Anlagen des afrikanischen Reiches offenlegt.

Das Befestigungssystem

Unter den vielen Gemeinplätzen der antiken Geschichte gibt es die Vorstellung von einem Karthago, das sich ganz dem Handel widmete und sich wenig um Kriege kümmerte. Sicher ist die Handelsexpansion die Grundlage, auf der sich der politische Aufstieg der afrikanischen Metropole entwickelt. Es wäre jedoch unvorstellbar, daß Karthago angesichts der nunmehr offenen Kämpfe im gesamten Mittelmeerraum keine geeigneten Anlagen geschaffen haben sollte. Bei den von uns durchgeführten Aus-

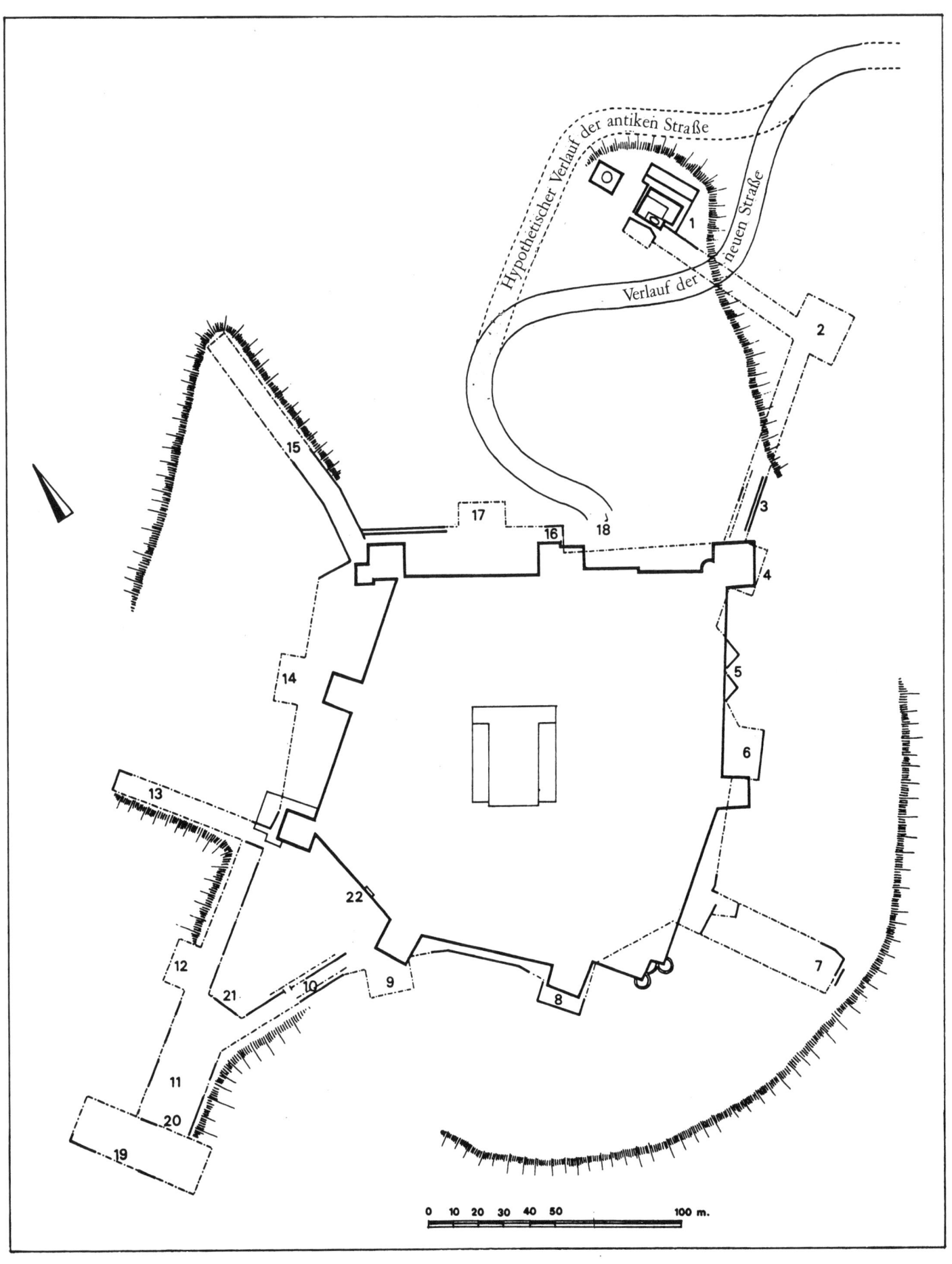

Hypothetischer Verlauf der antiken Straße

Verlauf der neuen Straße

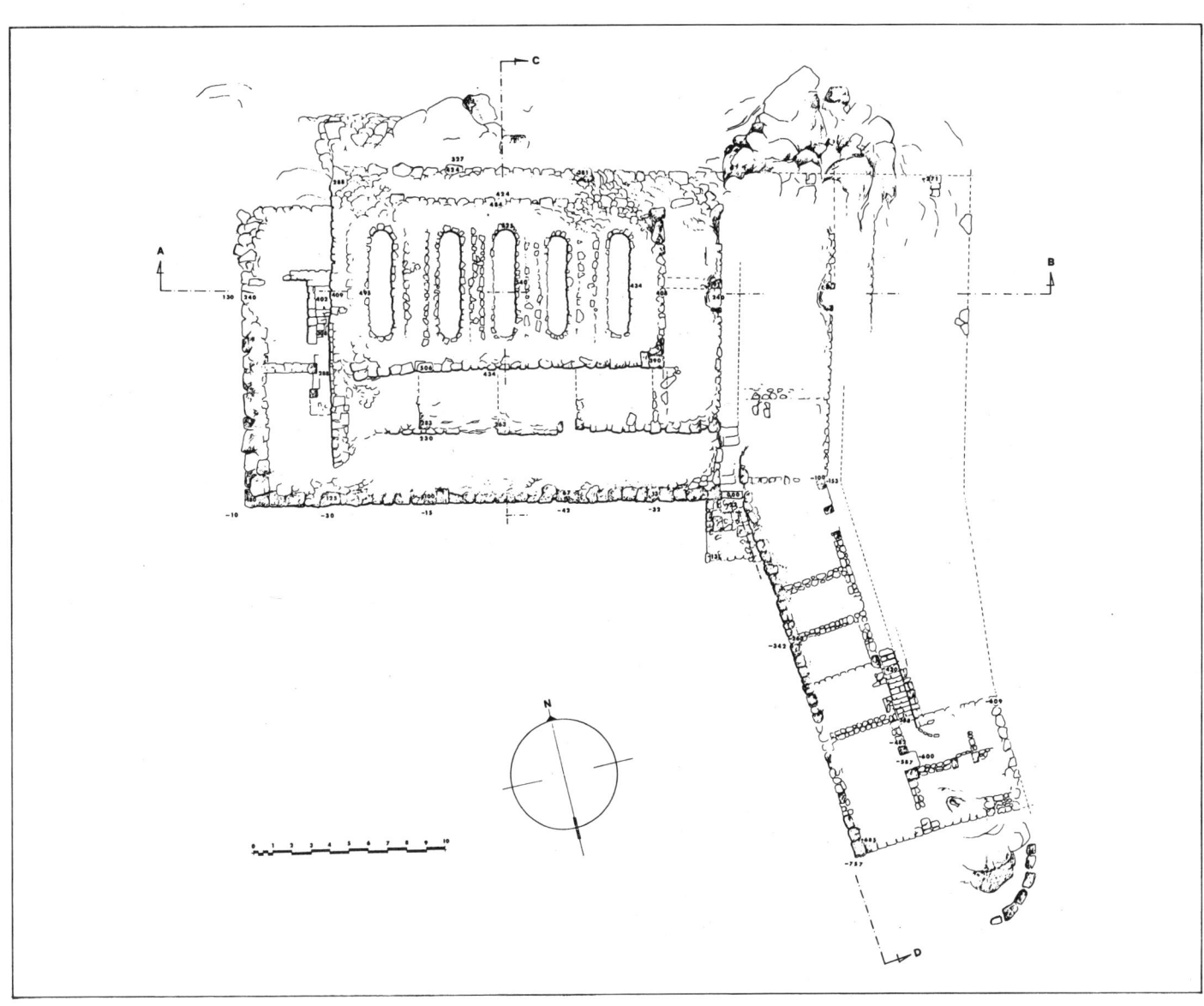

Oben: Ras ed-Drek.
Grundriß der Befe-
stigung.
Links: Kelibia.
Grundriß der Befe-
stigung.

grabungen an verschiedenen Stellen des karthagischen Territoriums sind wir von eben dieser Vorstellung ausgegangen, und das Ergebnis ist die Entdekkung einer Reihe strategisch verteilter Festungen, die die Militärpolitik im Mittelmeerraum im Augenblick des stärksten Engagements stärken sollten. Diese Festungen entstehen im allgemeinen um das 5. Jahrhundert, eben der Zeit, in der sich Karthago nach der Niederlage von Himera auf sich selbst besinnt und die Entwicklung abwartet.

Die wichtigsten auf afrikanischem Boden entdeckten Festungen liegen an der Spitze und an den Küsten von Kap Bon, der nach Sizilien hin und diesem am nächsten gelegenen Halbinsel. Genau an der Spitze liegt die Festung Ras ed-Drek; an den seitlichen Küsten liegen rechts die Festung Kelibia und links die Festung Ras Fortas. Zu den Verteidigungsanlagen auf Kap Bon kommen weitere, ebenfalls von uns entdeckte Anlagen im Gebiet von Biserta. In allen Fällen beeindruckt die Kontinuität über die Zeiten hinweg, die deutlich zeigt, daß es logistische Grundvoraussetzungen gab. Die Festungen werden nämlich auf bereits zuvor von den einheimischen Völkern angelegten Befestigungen errichtet, und oft wurden dort auch später militärische Anlagen gebaut. So sollte in Kelibia eine spanisch-türkische Zitadelle entstehen, wie Biserta eine wichtige Rolle in der modernen Geschichte spielte.

Wir haben übrigens nicht nur in Tunesien punische Festungen entdeckt, sondern auch eine Reihe von Festungen auf algerischem Gebiet, die bei Ippona an der Küste beginnen und längs des Flusses Seyboune bis ins Landesinnere hinein verlaufen. Es ist eine Art *Limes,* eine befestigte Grenze Karthagos nach Westen hin, die aller Wahrscheinlichkeit nach keine kommerziellen, sondern militärische Gründe hat. Wir wissen nicht, wann und wie dieser Limes in Funktion trat. Seine Existenz ist jedoch besonders hinsichtlich der Beziehungen zu den anderen afrikanischen Völkern von Bedeutung.

Auch in den auf Sizilien und auf Sardinien aus-

gegrabenen oder wieder entdeckten punischen Städten hat man Befestigungen gefunden. Eindrucksvoll sind vor allem die von Motye auf Sizilien, die die ganze Insel umgeben und deutlich auf dessen vorrangige strategische Rolle hinweisen; außerdem die von Tharros auf Sardinien, die in Form von Zwischenwällen an der inneren Seite des Küstenvorsprungs liegen und so stark waren, daß sie niemals erobert wurden, da sie erst mit dem allgemeinen Fall des punischen Sardinien fielen. Noch bezeichnender für das Vordringen ins Landesinnere und für die Kontrolle über das Territorium ist die in Monte Sirai bei Carbonia auf Sardinien entdeckte Festung. Es handelt sich offensichtlich um einen Ableger von Sulcis, der vorgelagerten Insel, um in den Besitz des fruchtbaren Tales von Campidano zu gelangen.

Bei den neueren Ausgrabungen wurde schließlich eine Reihe im Inneren gelegener Festungen entdeckt, gewissermaßen ein weiterer Limes, der wie der algerische ebenfalls mit dem Verhältnis zu den lokalen Stämmen zusammenhing. Entlang einer Linie, die Sardinien von Nordwesten nach Südosten teilt, genauer von San Simeone di Bonorva bis nach Ballao, liegen die Festungen ebenfalls auf Hügeln, von denen aus sich die Flußläufe und die Berghänge überwachen lassen. Die genauen Untersuchungen auf sardischem Gebiet gehören zu den größten Bereicherungen des neueren Wissensstandes. Sie zeigen – wenn man Olbia einschließt –, daß ganz Sardinien eine riesige karthagische Festung im Mittelmeer war; sie hing sicher mit dem Handelsverkehr zusammen aber sie war auch, und zwar in nicht geringerem Maße, eine strategisch äußerst wichtige Basis im Zentrum des Gebietes, das sich das Reich für seine eigene Vorherrschaft sichern wollte.

Die Zeit der Kriege in Sizilien

Die „Lücke" oder das „Geheimnis" des 5. Jahrhunderts, wovon im Zusammenhang mit Karthago häufig die Rede ist, ist in Wirklichkeit eher eine Zeit des Stillstands der auf Sizilien ausgetragenen Kriege mit den Griechen und folglich eine Lücke in der Dokumentation der klassischen Quellen, die sich mit diesen Kriegen befassen. Eigentlich handelt es sich auch nicht um ein ganzes Jahrhundert, sondern um einen Zeitraum von etwa siebzig Jahren – zwischen 480 und 409 – bis die Feindseligkeiten wieder aufflammen. Aber eine genaue Untersuchung zeigt, daß sich in Karthago in dieser Zeit viel ereignet, daß die Stadt diese Zeit offensichtlich dazu benutzt, ihre politischen und staatlichen Einrichtungen, ihre ökonomischen und kommerziellen Vorstellungen und schließlich ihren Glauben zu erneuern. Gemeinsamer Nenner vieler Veränderungen ist die Rückbesinnung der afrikanischen Macht auf sich selbst, gewissermaßen die Wiederherstellung der eigenen Identität.

Beginnen wir mit dem politischen Bereich. Die wichtigsten Vertreter der Dynastie der Magoniden werden ins Exil geschickt; diese Dynastie hatte Karthago drei Generationen lang regiert und war Protagonistin der fortdauernden militärischen Unternehmungen gewesen, durch die die Stadt zur Mittelmeermacht gemacht werden sollte. Die Herabsetzung der Amtszeit der Regierenden und vielleicht auch die Abänderung ihres Titels „König" in Sufeten (d.h. „Richter") stammt wahrscheinlich aus derselben Zeit. Es handelt sich dabei nicht um Formalien, sondern um grundlegende Dinge, wenn man an die gleichzeitige Einführung des Gerichts der Hundert, einem Kontrollorgan über die Exekutive, denkt.

Im Bereich der Wirtschaft und des Handels bemüht sich Karthago offensichtlich darum, sich als afrikanische Macht zu etablieren, d.h. dem eigenen Territorium größere Aufmerksamkeit zu schenken als in der Vergangenheit. Bezeichnend dafür ist die in der Landwirtschaft des Landes eingeleitete Entwicklung, die sehr wahrscheinlich auch in diese Zeit fällt. Ebenso bedeutend ist die Erweiterung der Handelsziele, die Karthago ein fast übermäßiges Engagement abverlangt. Die Reisen Himilkos, der zu den Küsten Cornwalls gelangt, und die Reisen Hannos, der Afrika bis zum Golf von Guinea umsegelt, sind z.B. wohlbelegte Beweise für dieses Engagement.

Schließlich findet in Karthago zweifellos eine Erneuerung der Religion statt, deren Ziele nicht leicht zu definieren sind. Neben *Baal,* dem obersten Gott, erscheint die Göttin *Tanit,* die sich durchsetzt. Neueste Funde zeigen, daß Tanit phönikischen Ursprungs ist und zuerst wohl neben *Astarte,* später dann an deren Stelle tritt. Ihre Bezeichnung „Antlitz des Baal", die sie in engen Zusammenhang mit diesem Gott bringt, geht ebenfalls auf östliche Ursprünge zurück. Man kann also die Hypothese aufstellen, daß auch in der Reform der Religion eine Rückbesinnung Karthagos auf sich selbst, eine Aufwertung der eigenen Tradition und der eigenen Ursprünge zu sehen ist. Dafür gibt es eine äußerliche und allgemeinere, jedoch deshalb nicht weniger aussagekräftige Bestätigung, nämlich die Reduzierung der Importe aus der griechischen Welt, die die Archäologie genau nachweist.

Seit dem Jahr 409 flammt der Krieg zwischen Karthagern und Griechen auf Sizilien wieder auf und fast ein Jahrhundert lang – bis zum Jahr 305, in dem der Frieden mit Agathokles geschlossen wird – kommt es zu wechselvollen Ereignissen, die das grundlegende Gleichgewicht nicht ändern; die Karthager beherrschten das westliche Dreieck und die Griechen den Rest der Insel. Es kommt jedoch zu zahlreichen Einfällen in beiden Richtungen und irgendwann wird der Krieg sogar nach Afrika verlagert. Es sollen hier keine Einzelheiten, sondern nur die herausragenden Phasen der wechselvollen Geschehnisse geschildert werden.

In den Jahren 409 und 406 kommt es bei zwei karthagischen Expeditionen, die ursprünglich aufgrund

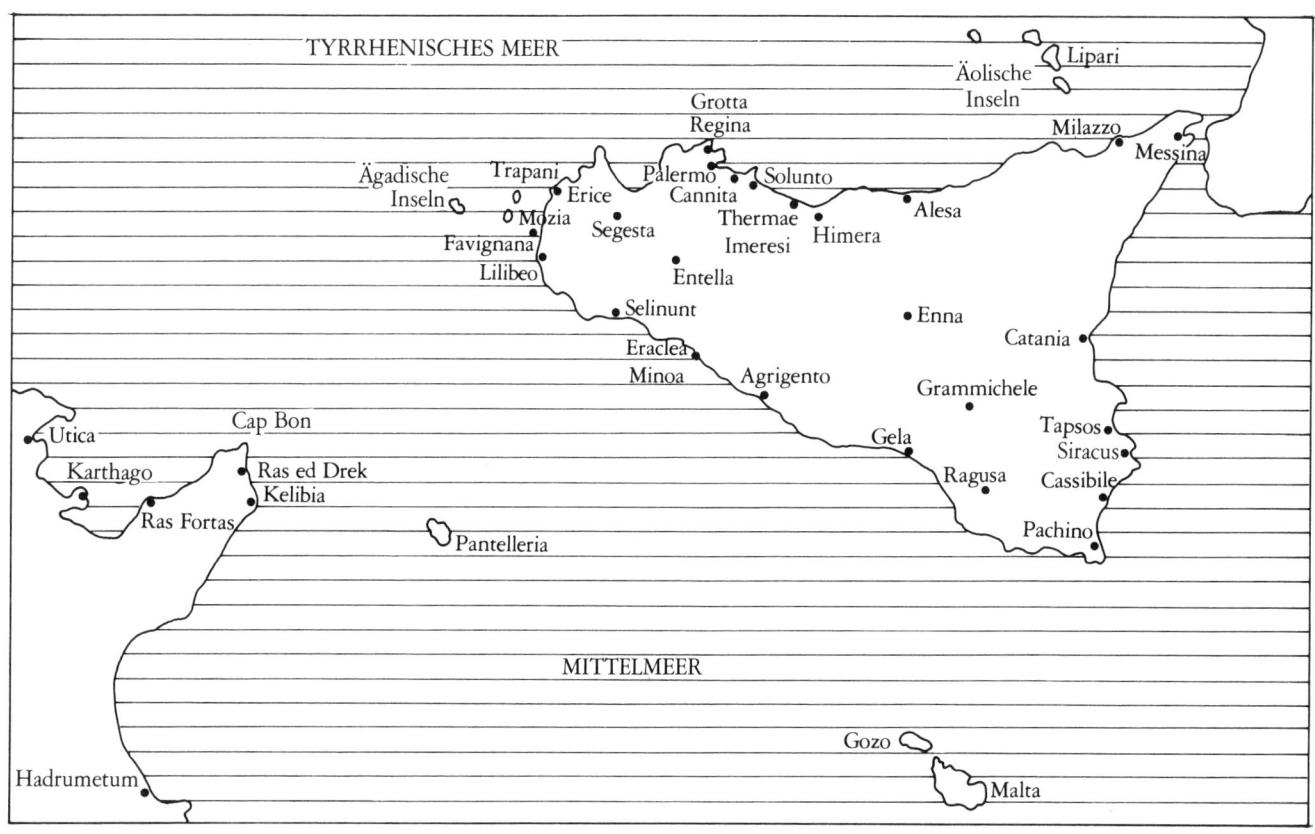

Sizilien in der phönizisch-punischen Epoche

eines von Segesta vorgetragenen Gesuchs um Hilfe gegen Selinunt unternommen worden waren, zu weiteren Siegen der afrikanischen Macht, wobei im Norden Himera erobert wird und im Süden nacheinander Selinunt, Agrigent und Gela fallen. Die dadurch entstandene allgemeine Bedrohung erwidern die Griechen mit einer Reihe siegreicher Unternehmungen unter Führung des Dionysios von Syrakus, deren Höhepunkt die Eroberung Motyes im Jahr 397 ist. Das sind jedoch Einzelereignisse, denen ein Einfall Karthagos bis nach Syrakus und gegenseitige Angriffe folgen, nach denen mit dem Tod Dionysios' im Jahr 367 die Grenze an den Flüssen Himera und Alico festgelegt wird und damit nur wenig hinter der Grenze liegt, von der die Ereignisse ausgegan-

gen waren. Karthago beherrscht noch immer – wie die vor kurzem am Monte Adrannone bei Sambuca entdeckte punische Siedlung zeigt, mit etwas Gebietszuwachs – das westliche Drittel Siziliens.

In die folgende Friedensperiode fällt der zweite Vertrag mit Rom im Jahr 348, der uns ebenfalls durch Polybios überliefert wird. Im Vergleich mit dem vorausgehenden Vertrag tritt nun ein neues Ereignis klar hervor. Karthago hat inzwischen die Kontrolle über Sardinien, das wie Afrika zu seinen Besitzungen gezählt wird. Wir wissen jedoch, daß schon vorher, im Jahr 480, eine Flotte nach Sardinien entsandt worden war, um Getreide zu holen. Wir wissen von einem im Jahr 379 erfolgten Aufstand von Afrikanern und Sarden – die sich bezeichnenderweise

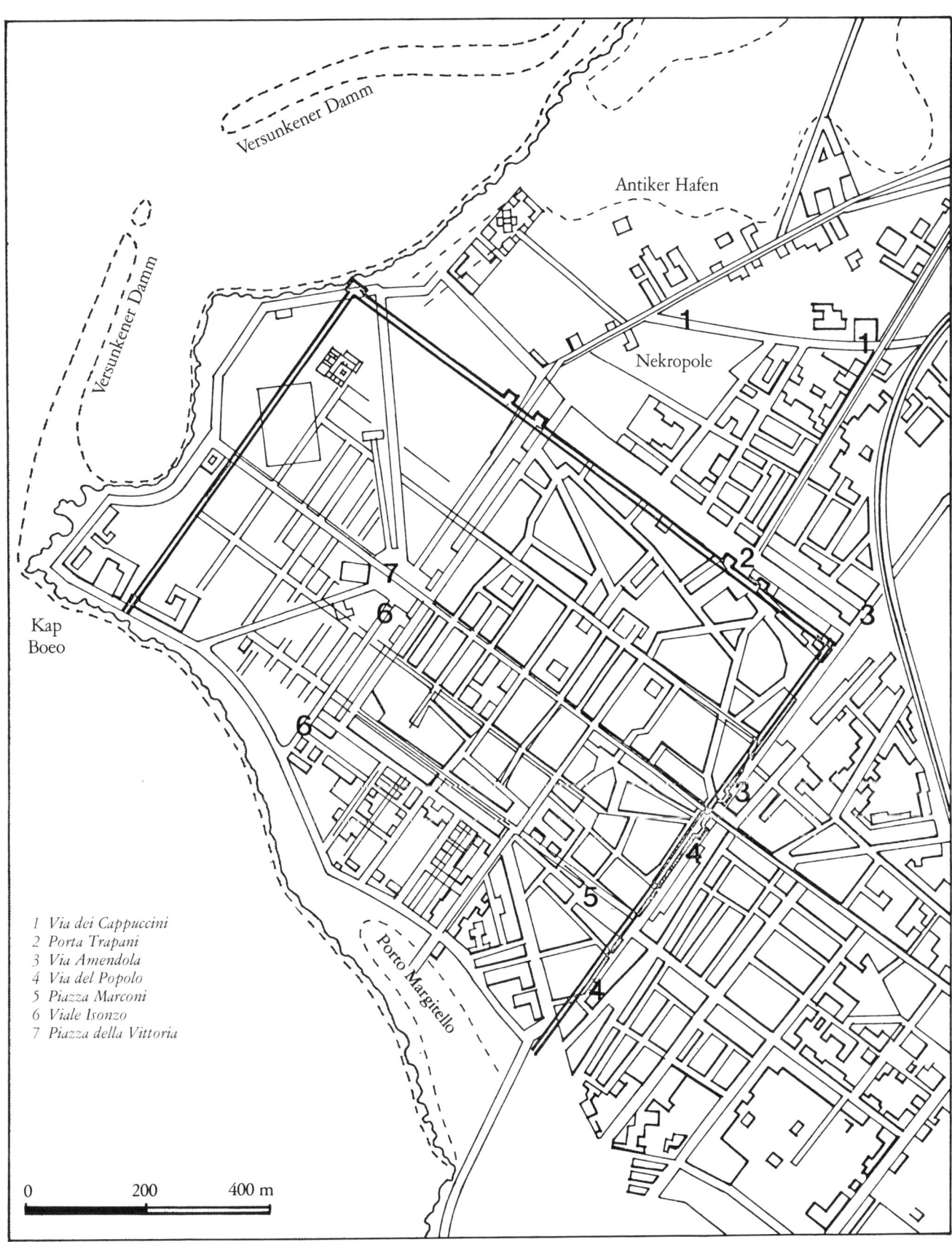

Versunkener Damm

Versunkener Damm

Antiker Hafen

Nekropole

Kap
Boeo

Porto Margitello

1 *Via dei Cappuccini*
2 *Porta Trapani*
3 *Via Amendola*
4 *Via del Popolo*
5 *Piazza Marconi*
6 *Viale Isonzo*
7 *Piazza della Vittoria*

0   200   400 m

Lilybeum. Plan der Stadt

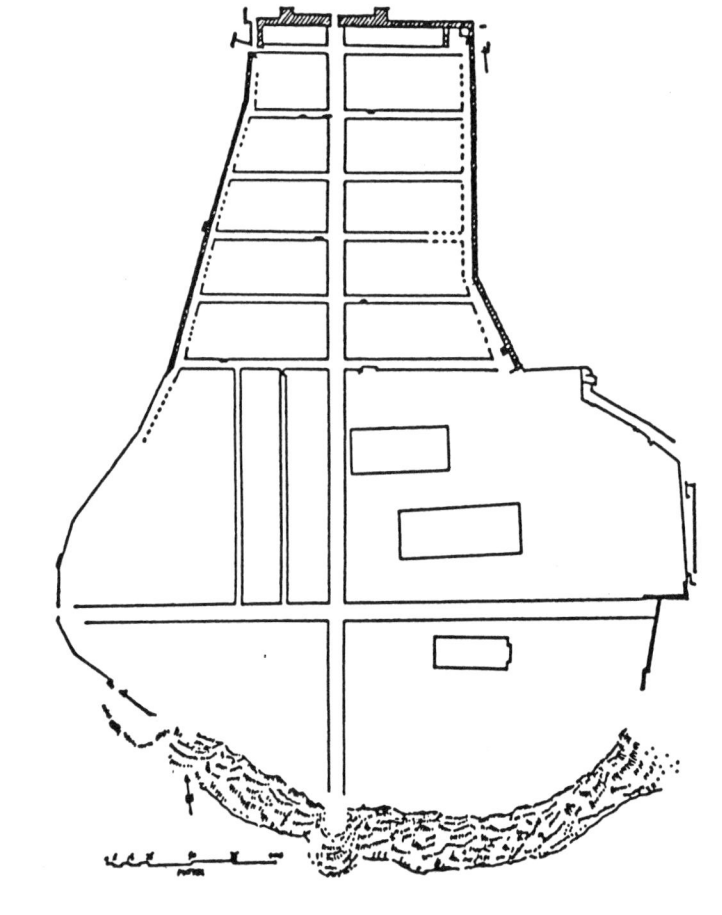

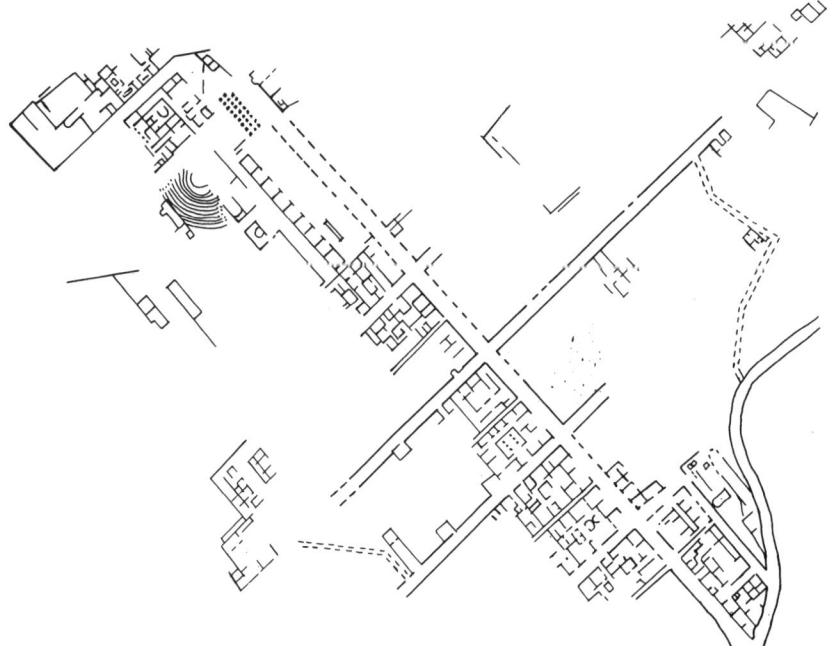

Oben: Selinunt.
Plan der Akropolis.
Unten: Solunt.
Topographische
Anlage des 4. Jhs.

Oben: Das Gebiet
von Chemtou, Tune-
sien. Libysche Gott-
heiten, Ausdruck der
Religion im Norden
der Sahara vor und
nach der Ankunft der
Phöniker, die weiter-
hin in der entstehen-
den karthagischen
Kultur Bestand hat.
(Arch. Alif, Tune-
sien).

Unten: Kelibia,
Tunesien. Libysche
Nekropole. (Arch.
Alif, Tunesien).

Unten: Karthago.
Der *tofet* mit einem
Teil der dort gefun-
denen und erhalte-
nen Stelen. Außer
den Cippi und den
Votivstelen gibt es in
diesem Bereich tau-
sende von Urnen
mit verbrannten
Kinderknochen,
Erinnerung and den
Opferritus und
gleichzeitig dessen
Bestätigung.

Links, oben:
Dougga, Tunesien.
Libysch-punisches
Mausoleum, 2. Jh.
v. Chr. (Arch. Alif,
Tunesien).

Rechts: Karthago,
Tunesien. Punisches
Haus, 2. Jh. v. Chr.
(Arch. Alif, Tune-
sien).

Vorhergehende Seite:
Kerkouan. Mittlerer
Teil der Stadt von
Osten aus gesehen.
Typisch für die
Wohnsiedlung sind
neben den Privat-
häusern die Umfas-
sungsmauer und die
Anlage der geraden,
parallel verlaufenden
und sich rechtwink-
lig schneidenden
Straßen.

Oben: Solunt,
Sizilien. Ansicht
der archäologischen
Ausgrabungsstätte:
der große Platz.

Rechts: Solunt,
Sizilien. Ansicht der
Ausgrabungen.

Oben: Kerkuan, Sizilien. Punische Nekropole, 4.–3. Jh. v. Chr. (Arch. Alif, Tunesien).

Unten: Karthago, Tunesien. Eingang zu einem Grab in der Nekropole von Dermech. Die Gräber lagen normalerweise unter der Erde und als Zugang diente ein in den Fels gehauener Gang oder *dromos*. Die rechteckige Tür war mit einem Steinblock verschlossen.

Rechts: Ras ed-Drek. Die Festung mit dem Tempel im Vordergrund. Die Festung besteht aus zwei Hauptgebäuden, die mit Zisternen, Außen- und Innenmauern und am Südhang hinabführenden Stufen versehen sind.

Oben: Selinunt,
Sizilien. Ausschnitt
des Heiligtums des
Malophoros.

Rechts: Selinunt,
Sizilien. Gesamtan-
sicht des Heiligtums
des Malophoros.

Links: Insel Mozia, Sizilien. Zugang zu einer Siedlung vom Nordhafen her.

Rechts: Mozia. Treppe und Teil der östlichen Umfassungsmauer. Die Befestigungen der Insel, die die Stadt in einer Länge von 2 500 m umgaben, werden zur Zeit noch stratigraphisch untersucht.

Insel Mozia, Sizilien.
Nordhafen. (Foto
Pietro Orlandi).

Links: Antas, Sardinien. Frontansicht des wiederaufgebauten Tempels. (Foto Gesualdo Petruccioli).

Rechts: Tharros, Sardinien. Ein Teil der romanischen Straße, im Hintergrund Wohnviertel punischer Häuser. (Foto Petruccioli).

Tharros, Sardinien.
Archäologische Reste
am Fuße des Berges
mit dem Turm von
S. Giovanni in Sinis.
Links sieht man den
Anfang des puni-
schen Wohngebietes,
umfangreicher darge-
stellt auf der voran-
gehenden Seite.
(Foto Petruccioli).

Folgende Seiten:
Tharros, Sardinien.
Gesamtansicht des
Kaps. (Foto
Petruccioli).

Vorangehende Seiten: Insel Mozia, Sizilien. Das Heiligtum des Chappidazzu.

Bitia, Sardinien. Im Vordergrund die Insel Sa Cardulinu. Im Hintergrund Kap Torre di Chia. (Foto Petruccioli).

Monte Sirai, Sardinien. Links oben: Weihstätte des *tofet*. Links unten: Eingang zu einem Grab. Rechts oben: Tempelbau im Festungsturm der Akropolis. Unten rechts: Zone der Nekropole. (Foto Petruccioli).

Sant' Antioco, Sardinien. Ansicht des *tofet*. (Foto Petruccioli).

Oben: Insel Mozia,
Sizilien. Teil der Aus-
grabungen: große
eingegrabene
Amphoren.

Rechts: Insel Mozia,
Sizilien. Heiligtum
des Chappidazzu.
Opferaltar.

Folgende Seite: Insel
Mozzia, Sizilien. Ein
Teil der Mauer in
„Rahmen-Bauweise".

zusammengeschlossen hatten – nach einer in Karthago ausgebrochenen Pestepidemie – wir wissen, daß die Karthager bald darauf – im Jahr 378 – eine Kolonie von fünfhundert Siedlern auf diese Insel geschickt haben. All diese Nachrichten werden jetzt durch die Archäologie bestätigt und ergänzt: die bereits erwähnte Reihe von Festungen auf Sardinien und die zahlreichen Siedlungen entlang der Ostküste, von der man zuvor nicht wußte, daß die Punier dort gewesen waren. Kommen wir jedoch zu dem Vertrag:

„Zu folgenden Bedingungen wird ein Freundschaftsvertrag zwischen den Römern, den Verbündeten der Römer, den Karthagern, den Tyrern, dem Volk von Utica und dessen Verbündeten geschlossen. Über den Küstenvorsprung Bello und Mastia der Tartesser hinaus dürfen die Römer keine Piraterie und keinen Handel treiben und keine Städte gründen. Falls die Karthager eine nicht unter römischer Herrschaft stehende Stadt in Latium erobern, dürfen sie die Schätze und die Menschen behalten, sie müssen jedoch die Städte zurückgeben. Wenn es einem Karthager gelingt, jemanden gefangenzunehmen, der durch einen schriftlichen Friedensvertrag mit den Römern verbunden, jedoch kein römischer Untertan ist, so darf er diesen nicht in römischen Häfen an Land bringen. Wenn er ihn dorthin gebracht hat und ein Römer seine Hand auf diesen gelegt hat, muß der Gefangene freigelassen werden. Das gleiche soll für die Römer gelten. Wenn ein Römer aus einem im Besitz der Karthager befindlichen Gebiet Lebensmittel und Wasser nimmt, soll er sich deren nicht bedienen um jemand, der mit den Karthagern durch Friedens- und Freundschaftsverträge verbunden ist, zu schädigen. Das gleiche gilt für die Karthager. Bei Zuwiderhandlungen soll er nicht privat bestraft werden, sondern die durch ihn erfolgte Schädigung soll als öffentliche Angelegenheit behandelt werden. Auf Sardinien und in Libyen soll kein Römer Handel treiben, noch Städte gründen, noch sich länger aufhalten, als es für das Beladen

mit Vorräten oder für die Reparatur des Schiffes erforderlich ist. Wenn er vom Sturm dorthin getrieben werden sollte, soll er sich innerhalb von fünf Tagen von dort entfernen. In dem von den Karthagern unterworfenen Teil Siziliens und in Karthago selbst kann sich jeder Römer frei bewegen und Handel treiben mit gleichen Rechten wie die Bürger. Das gleiche soll für einen Karthager in Rom gelten".

Die Kampfhandlungen auf Sizilien flammen zwischen 342 und 339 wieder auf, als der Korinther Timoleon die Karthager angreift und in der Schlacht am Fluß Krimisos zurückgeschlagen wird. Schließlich verläuft die Grenze wieder an den Flüssen Himera und Alico. Zu weiteren Konflikten kommt es zwischen den Jahren 318 und 305. Protagonist ist dieses Mal Agathokles von Syrakus, der zuerst von den Karthagern unterstützt wird und sich dann als ihr gefährlichster Gegner erweist, weil er plötzlich den Krieg nach Afrika verlagert und die Karthager auf ihrem eigenen Territorium angreift. Politisch ist das ein außergewöhnliches Ereignis, eine wirkliche Wende in der Geschichte. Erfreulicherweise haben wir eine Beschreibung des Diodor, aus der klar hervorgeht, daß Karthago bis zu jenem Zeitpunkt seinen Wohlstand und die Unversehrtheit seines Territoriums bewahrt hatte:

„Das mittlere Gebiet, das man durchqueren mußte, war voller Blumen- und Obstgärten jeder Art, da viele Flüsse kanalisiert waren und jeden Ort bewässerten. Man sah unendlich viele prunkvoll gebaute weißgekalkte Landhäuser, die vom Reichtum ihrer Besitzer zeugten. Die Häuser waren angefüllt mit all dem, was zum Genuß des Lebens beiträgt, weil die Bevölkerung während einer langen Friedensperiode eine große Menge von Gütern angesammelt hatte. Der Boden war teils mit Weinreben, teils mit Olivenbäumen bebaut und es gab dazu noch viele andere Obstbäume. In den übrigen Gebieten weideten in den Tälern Rinder- und Schafherden und die nahegelegenen Wiesen wimmelten von grasenden Pferden. Diese Gegend war also von mannigfaltigem Wohlstand gekennzeichnet, weil dort die mächtigsten Adelsfamilien ihre Besitzungen hatten, die sich durch ihren Reichtum den Genüssen des Lebens hingeben konnten".

Anfangs ist das Unternehmen des Agathokles erfolgreich. Es fallen verschiedene afrikanische Städte, und das Bündnis mit den Nachfolgern Alexanders in Ägypten stellt eine weitere potentielle Bedrohung dar. Die Karthager sind jedoch auf Sizilien überlegen, so daß Agathokles umkehren muß. Nach Beendigung des Krieges im Jahr 305 verläuft die Grenze wieder an den Flüssen Himera und Alico. Aber der Zusammenhalt des karthagischen Reiches ist inzwischen brüchig geworden, da sich gezeigt hatte, daß ein Angriff auf seinem eigenen Territorium möglich geworden war. Als Vorläufer von Attilius Regulus und Scipio bleibt Agathokles eine historische Figur von höchstem Rang.

Die letzten Ereignisse des Krieges zwischen Karthagern und Griechen auf Sizilien finden zu Beginn des 3. Jahrhunderts v.Chr. statt, als sich bereits die römische Macht am Horizont abzeichnet. Anfänglich gab es ein Bündnissystem zwischen *Karthago* und *Rom*. Wir haben bereits die ersten beiden Verträge erwähnt; ein dritter muß aus dem Jahr 306 stammen und ein vierter wird im Jahr 279 v.Chr. abgeschlossen, in dem die gegenseitige Verteidigung vor der letzten griechischen Gefahr, nämlich der Invasion des Pyrrhus, König von Epirus, vereinbart wird. Polybios berichtet:

„Die Römer schlossen einen letzten Vertrag zur Zeit des Durchzuges von Pyrrhus, bevor die Karthager den Krieg um Sizilien begannen (279 v.Chr.). Darin waren alle Klauseln des vorhergehenden Vertrages enthalten und noch folgendes hinzugefügt: Wenn der eine oder der andere der beiden Staaten einen schriftlichen Vertrag mit Pyrrhus abschließen sollte, soll er sich vorbehalten, dem anderen auf dessen Gebiet zu Hilfe zu kommen, wenn dieses angegriffen werden sollte. Immer wenn einer der beiden Staaten Hilfe brauchen sollte, sollen die Karthager

die Schiffe für den Transport auf dem Hin- und Rückweg bereitstellen, aber jeder Staat soll seine Truppen selbst bezahlen. Nötigenfalls sollen die Karthager den Römern auch auf dem Meer zu Hilfe kommen, die Besatzungen sollen jedoch nicht gegen ihren Willen an Land gehen müssen".

Die Invasion wird zwei Jahre später allein durch das Verdienst der Karthager zurückgeschlagen und seit diesem Augenblick werden durch ihren zunehmenden und den schwächer werdenden griechischen Einfluß die unausweichlichen Voraussetzungen für die Auseinandersetzung mit Rom geschaffen. Als die Karthager im Jahr 265 in Richtung Messina aufbrechen und sich die Messina besetzt haltenden Mamertiner an Rom wenden, kommt es zum Krieg.

Der Erste Punische Krieg

Es soll hier keine Analyse der Punischen Kriege erfolgen, deren Verlauf und deren Ausgang allgemein bekannt sind. Die ungewöhnliche Fülle der uns zur Verfügung stehenden Informationen, die zweifellos einseitig, jedoch so genau sind, daß sie im wesentlichen gesicherte Daten liefern können, erlaubt eine Erörterung der Hauptprobleme. Dabei stellt sich zunächst die Frage, ob sich die Römer des Ausmaßes des beginnenden Konflikts von Anfang an bewußt waren. Hatten sie von Anfang an die Zerstörung Karthagos strategisch geplant? Es scheint nicht so gewesen zu sein. Der größte Teil der Historiker betont vielmehr, daß der Appell der Mamertiner den Römischen Senat ziemlich in Verlegenheit brachte, dieser sich dann schließlich an den Konsul wandte und um Rat über die einzuschlagende Taktik bat, offensichtlich weil er einen kurzen, begrenzten Krieg erwartete.

Der Konsul Appius Claudius Caecus fällte schließlich die Entscheidung, und das Volk folgte ihm, berichtet Polybios, da es trotz der in den voraus-

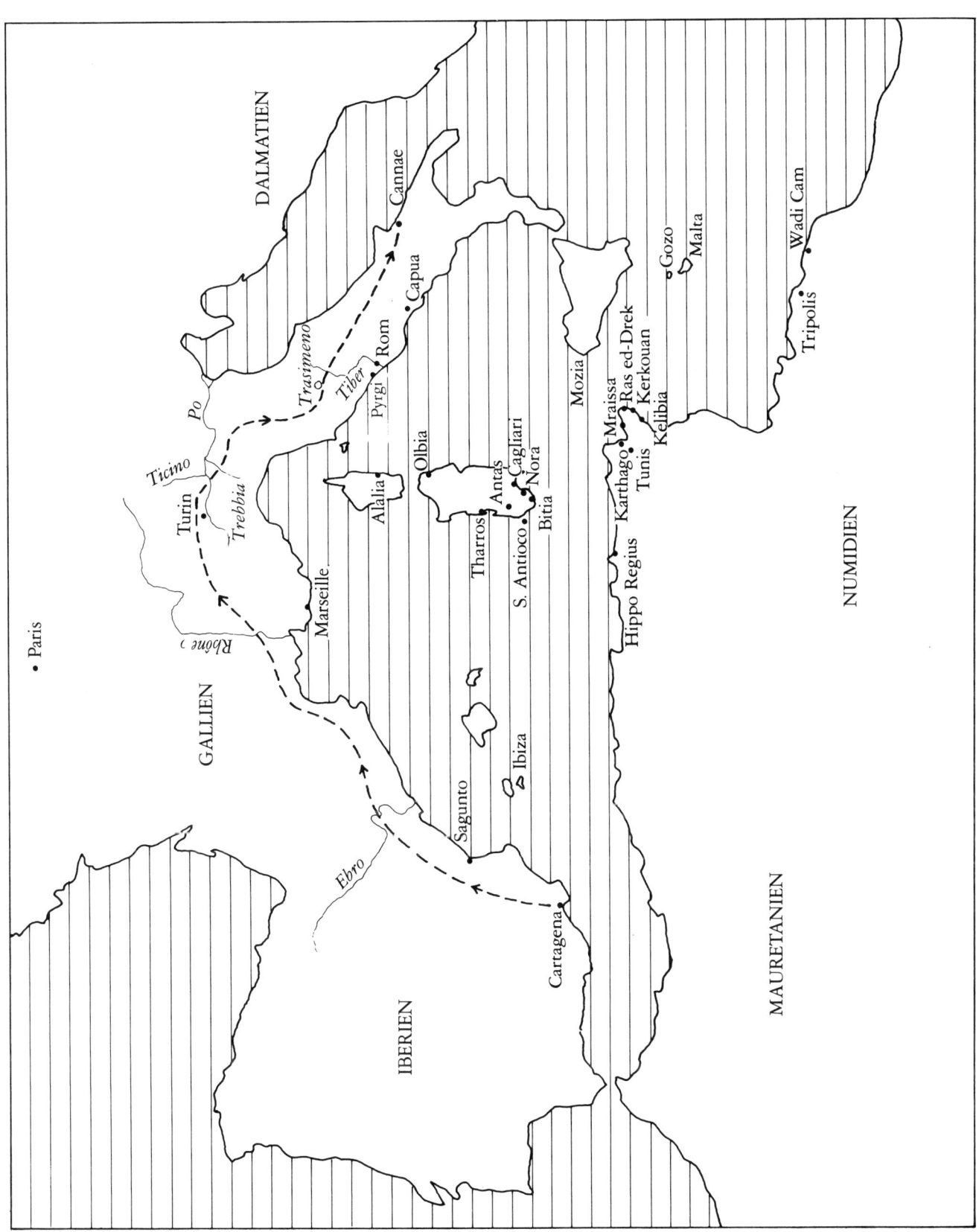

Der Weg Hannibals

gehenden Kriegen erlittenen Prüfungen in der Unternehmung eine Gelegenheit zu reicher Beute sah. Das ist zweifellos möglich, aber man muß wissen, daß Appius Claudius Caecus jene Patrizierfamilien vertrat, für deren Handelsinteressen die Präsenz der Karthager in Sizilien eine Gefahr darstellte, so daß in diesen Interessen ein nicht zu unterschätzendes Motiv für den sogleich von dem Konsul gestarteten Angriff zu sehen ist, der zum Ersten Punischen Krieg (264-241 v.Chr.) führte.

Die Ereignisse verliefen anfangs sehr günstig für Rom. Der Konsul ließ eine Truppenabteilung aus Rhegium an der gegenüberliegenden Seite der Straße von Messina landen, die der Kommandant Hanno evakuiert hatte (und deshalb in Karthago gekreuzigt wurde). Der stärkste Verbündete der Karthager, Hieron von Syrakus, lief zu den Römern über, die nach einer schnellen Verstärkung der Truppen auf der Insel im Jahr 262 v.Chr. Agrigent – eine Hochburg der Punier – belagerten und dieses nach einigen Monaten eroberten. Nachdem sie sich dann klar wurden, daß die Beherrschung des Meeres durch Karthago einen endgültigen Sieg erschwerte, begannen sie unter größten Anstrengungen mit dem Bau einer Flotte, die zum entscheidenden Faktor für den Verlauf der Ereignisse wurde. Aber weshalb beherrschte die karthagische Flotte die Meere? Polybios schreibt darüber:

„Sie waren weit überlegen sowohl durch die Schnelligkeit und die Bauweise ihrer Schiffe, als auch durch die Erfahrung und die Geschicklichkeit ihrer Seeleute. Wenn einer von ihnen vom Feind geschlagen wurde, zogen sie sich ungefährdet zurück, weil sie sehr beweglich waren und davonfahren konnten. Wenn sich der Feind vorwärtsbewegte, um sie zu verfolgen, wendeten sie, umkreisten den Feind und fielen seitlich über ihn her und rammten ihn unaufhörlich, während das römische Schiff wegen seiner Schwerfälligkeit und der mangelnden Erfahrung seiner Ruderer nur schwer wenden konnte. Deshalb wurden viele Schiffe versenkt; wenn jedoch ein verbündetes Schiff in Gefahr war, konnten sie diesem ohne jede Gefahr zu Hilfe kommen, indem sie sich hinter das Heck des Schiffes setzten. Bei den Römern geschah das genaue Gegenteil. Wenn sie eng umzingelt waren, hatten sie, da sie nahe dem Festland kämpften, keine Rückzugsmöglichkeit. Ein Schiff, dem der Weg versperrt war, zerbrach auf den Sandbänken oder zerschellte an der Küste. Das große Gewicht ihrer Schiffe und die Unerfahrenheit ihrer Ruderer verhinderten meist den Vorteil, den man auf dem Meer haben kann, nämlich zwischen die feindlichen Schiffe zu fahren und die bereits kämpfenden Schiffe von hinten anzugreifen".

Die ebenfalls von Polybios erwähnte Überlieferung, nach der ein gekapertes punisches Schiff als Modell diente, ist recht naiv: „Das Schiff hatte sich in der Hitze des Gefechts zu weit vorgewagt, war auf Sand gelaufen und in die Hände der Römer gefallen. Diese bedienten sich dieses Schiffes als Modell für den Bau der gesamten Flotte. Wenn es jedoch nicht zufällig zu diesem Zwischenfall gekommen wäre, wären die Römer gezwungen gewesen, ihr Vorhaben aufzugeben".

In Wirklichkeit hatten die Römer unter ihren Verbündeten ganz andere Möglichkeiten, um die notwendigen technischen Kenntnisse zu erwerben. Entscheidend ist eher, daß sie diese durch originelle Einfälle weiterentwickelten, von denen die Idee der „Raben" berühmt wurde; dies waren Enterbrücken, die ausgeworfen und an die feindlichen Schiffe gehängt wurden, um diese besteigen und wie auf dem Festland kämpfen zu können. Der für die Karthager typischen Taktik des Rammens begegneten die Römer mit der Taktik des Enterns, mit der sie nach langen Wechselfällen effektiv die Oberhand gewannen.

Der Sieg von Milazzo im Jahr 260 v.Chr. ist der erste große Erfolg mit der neuen Taktik, der Sieg vom Kap Ecnomus im Jahr 256 ist deren Bestätigung und öffnet den Weg für den Feldzug nach Afrika, worin die Römer, dem Beispiel des Agathokles folgend, die Zukunft des Krieges sahen. Attilius Regulus ist der Protagonist des Unternehmens, das anfänglich vollen Erfolg hat. Aber bereits im Jahr 255 gelingt es dem Konsul nicht, die Zustimmung der Karthager zu dem von ihm für den Friedensschluß gestellten allzu belastenden Bedingungen zu erhalten, und die Söldner des Xanthippos führen eine positive Wende im Schicksal der afrikanischen Metropole herbei. Die Katastrophe wird noch verstärkt durch die wiederholten Zerstörungen, die die römische Flotte wegen der Stürme erleidet, und Hamilkar Barkas führt seit 247 auf Sizilien siegreiche Schlachten für Karthago.

Die Situation scheint sich umzukehren. Aber dann gewinnt Rom erneut die Oberhand, und im Jahr 241 schlägt der Konsul Lutatius Catulus die karthagische Flotte bei den Aegadischen Inseln. Dieses Mal willigt Karthago schnell, ja sogar zu schnell in den Frieden ein, weil die römischen Komitien die von Lutatius Catulus gestellten Bedingungen verschärfen: Die Karthager müssen Sizilien und die angrenzenden Inseln räumen, die Gefangenen freilassen, die Kämpfe gegen Rom und dessen Bundesgenossen einstellen, eine beträchtliche Kriegsentschädigung zahlen, sie dürfen nicht mehr mit ihren Schiffen in die Hoheitsgewässer der Halbinsel eindringen und sie dürfen keine Söldner mehr in Italien anwerben. Damit kommt es zu einer grundlegenden Änderung des Gleichgewichts im mittleren Mittelmeerraum.

Die Zwischenzeit und der Zweite Punische Krieg

Die Friedensbedingungen haben für Karthago ebenso nachteilige wie unerwartete Auswirkungen. Durch einen Aufstand der Söldner, die mit den sie unterstützenden Libyern plötzlich zu einer großen Gefahr werden, kommt es zu einer Krise auf dem eigenen afrikanischen Territorium. Der „Krieg ohne Kampfpause" wütet fast vier Jahre lang, ehe es

Hamilkar gelingt, ihn durch ungewohnte Grausamkeit zu beherrschen. Aber bereits im Jahr 238 erheben sich die auf Sardinien stationierten Söldnergarnisonen und bitten die Römer um Hilfe; diese halten es jedoch zuerst für unwahrscheinlich, die Insel erobern zu können. Der Protest Karthagos, das die Bedingungen des Friedensvertrages verletzt sieht, ist vergeblich. Rom betrachtet die Klauseln des Vertrags als nicht nur für Sizilien gültig, sondern auch für alle anderen Inseln im Tyrrhenischen Meer und besetzt Korsika; außerdem fordert es eine zusätzliche Kriegsentschädigung.

Nach der durch den Verlust der größten Besitzungen im mittleren Mittelmeerraum entstandenen Krise bleibt Karthago nur noch der Weg der Expansion nach Spanien, wohin sich Hamilkar Barkas mit seinem Sohn Hannibal im Jahr 237 begibt und eine Besetzung einleitet, die im Wirken seines Bruders Hasdrubal ihren Höhepunkt findet. Dieser folgt Hamilkar im Jahr 229, gründet Cartagena und schließt im Jahr 226 einen Vertrag mit Rom, in dem der Fluß Ebro als Grenzlinie zwischen den Einflußbereichen festgelegt wird.

Nachfolger des im Jahr 221 ermordeten Hasdrubal ist *Hannibal,* einer der genialsten Heerführer der Antike, den die römischen Historiker gleichermaßen verflucht und verherrlicht haben und uns ein nur anscheinend widersprüchliches Bild von ihm überliefern. Sieht man nämlich von dem wohl weitverbreiteten düsteren Bild seiner Ruchlosigkeit und Grausamkeit ab, so ist aus den Aussagen seiner Gegner zu entnehmen, welches Genie dieser Heerführer war. Nach der zur Zeit des Augustus vorherrschenden Auffassung, daß die Geschichte von der Vorsehung bestimmt sei, wonach das Römische Reich durch den Willen der Götter entstanden ist, wird Hannibal zu der Gestalt, die das Schicksal am stärksten auf die Probe stellt und damit zum größten Genie, das sich Rom je entgegengestellt hat.

In neuerer Zeit hat man sich außerdem wieder mit der politischen Komponente seiner Persönlichkeit

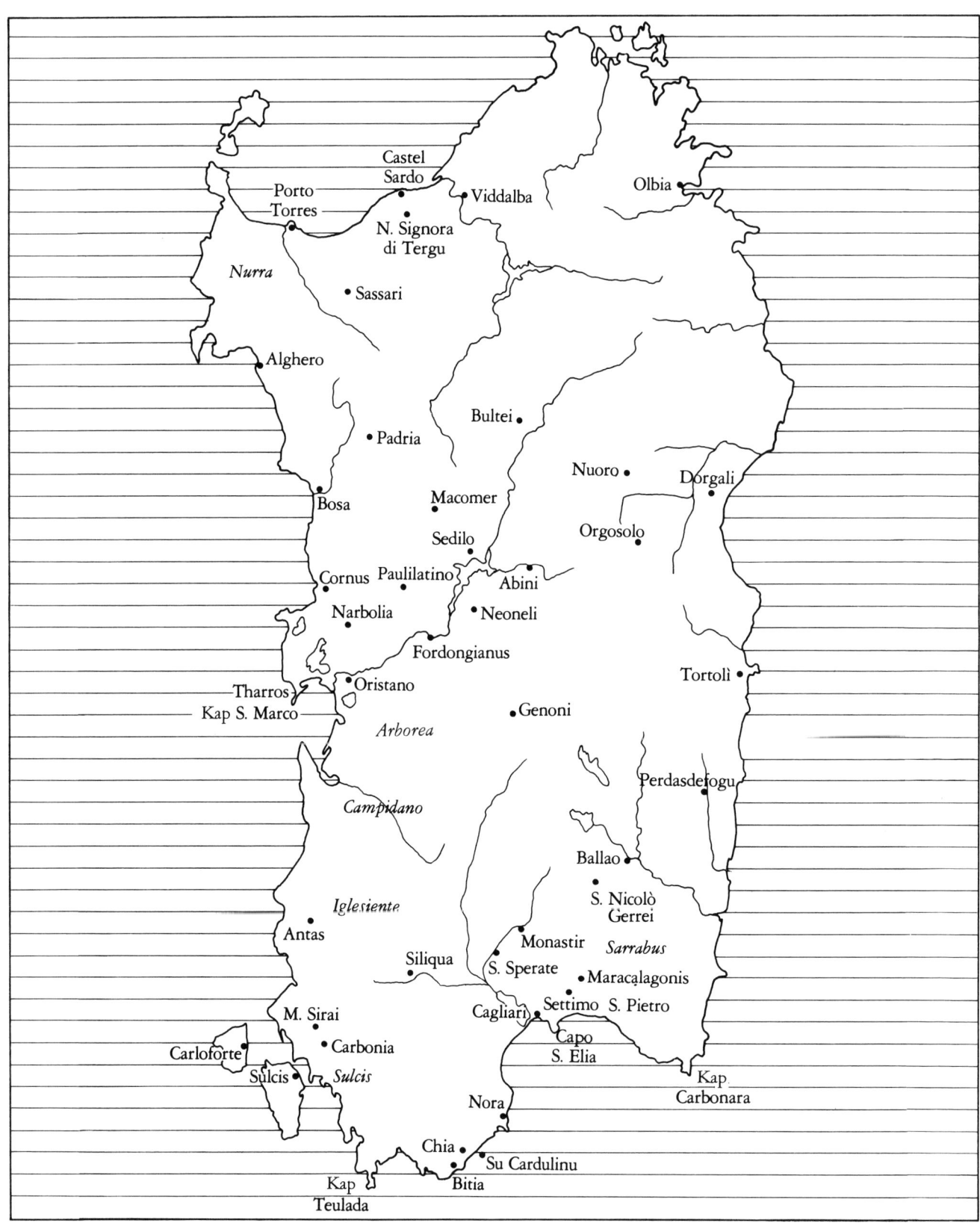

Sardinien in der phönizisch-punischen Epoche

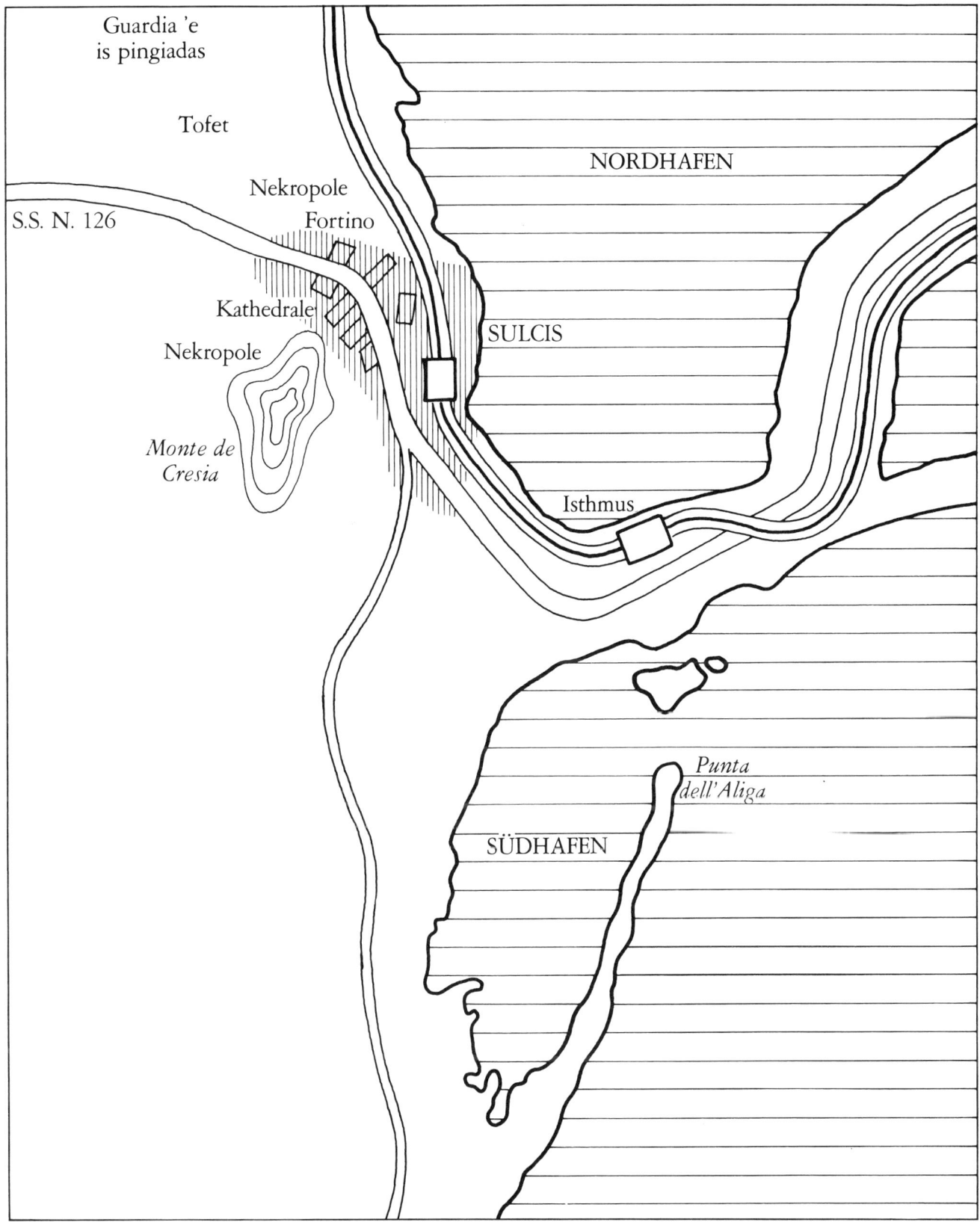

Guardia 'e
is pingiadas

Tofet

Nekropole

Fortino

NORDHAFEN

S.S. N. 126

Kathedrale

Nekropole

SULCIS

Monte de
Cresia

Isthmus

Punta
dell'Aliga

SÜDHAFEN

Sulcis. Plan der Stadt

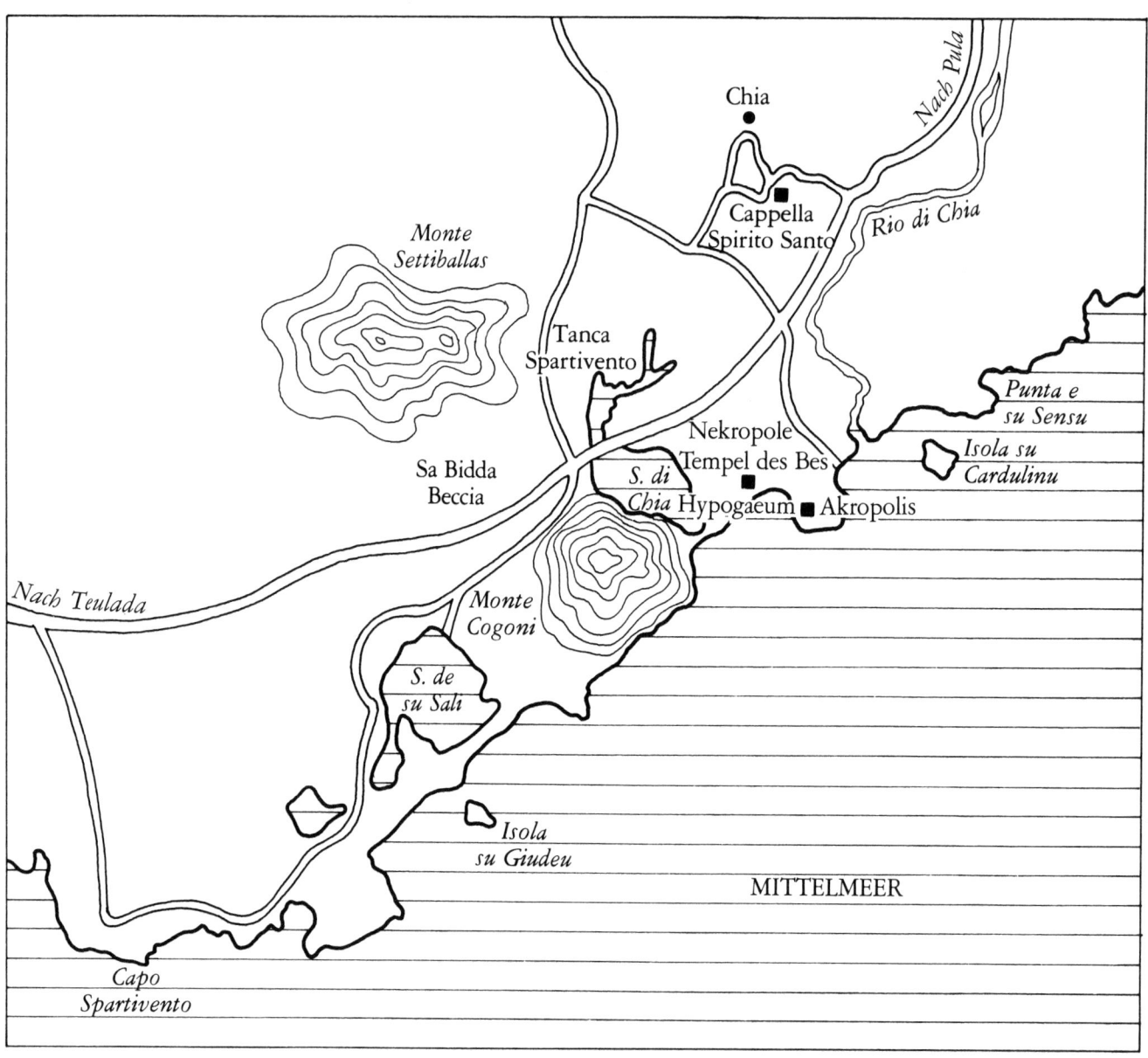

Bitia. Plan der archäologischen Zone

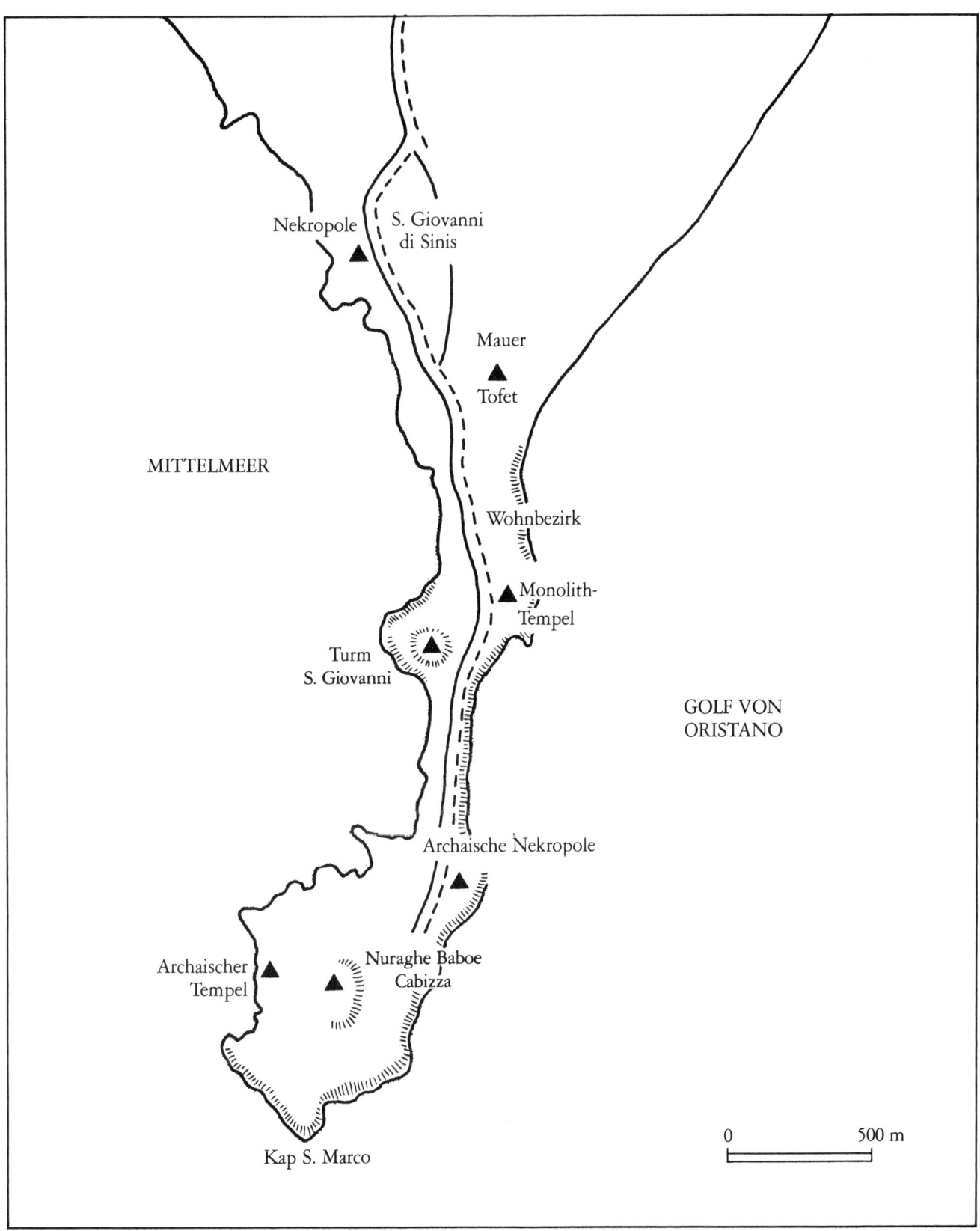

Nekropole

S. Giovanni
di Sinis

Mauer

Tofet

MITTELMEER

Wohnbezirk

Monolith-
Tempel

Turm
S. Giovanni

GOLF VON
ORISTANO

Archaische Nekropole

Archaischer
Tempel

Nuraghe Baboe
Cabizza

0   500 m

Kap S. Marco

Tharros. Plan der archäologischen Zone

befaßt, die nach dem Beispiel Alexanders des Großen für das Ideal der Einheit des Mittelmeerraumes eintritt. Wenn auch das Endergebnis nicht mehr zu ändern war, so ist es doch Hannibals Verdienst, den letzten Versuch dazu unternommen zu haben; damit erklären sich seine vermeintlichen Fehler – daß er z.B. Rom nicht direkt angriff – da ihm die gegebene Situation keine andere Wahl ließ. Schließlich scheint der Einfluß Hannibals auf seine größten Feinde sehr groß gewesen zu sein. Angefangen von Scipio bis hin zu Masinissa ist wiederholt die Neigung klar zu erkennen, dem Feind nachzueifern, den man doch schlagen wollte.

Im Jahr 218 v.Chr. beginnt Hannibal in Sagunt den Zweiten Punischen Krieg (218 – 202); er zieht über die Pyrenäen, durch Gallien und über die Alpen in Richtung Italien und schlägt den Konsul Publius Cornelius Scipio am Tessin und danach, zusammen mit Tiberius Sempronius, an der Trebbia (218); dann zieht er nach Mittel- und Süditalien hinein und siegt am Trasimenischen See (217) und bei Cannae (216). Die Historiker haben sich seit langem eher auf diese Landstrategie als auf die Seestrategie konzentriert. Zu dieser Landstrategie, so genial sie auch durchgeführt wurde, gab es jedoch gar keine Alternative, da Karthagos Seemacht inzwischen endgültig gebrochen war. Eine andere von den Historikern erörterte Frage ist, wie unabhängig Hannibal und die karthagische Regierung voneinander waren oder wie sehr sie manchmal sogar im Widerstreit miteinander standen. Aus den Ereignissen geht nämlich nicht hervor, daß sich der Heerführer – wohl mit Ausnahme seiner Unabhängigkeit in der Kriegführung – von der Regierung der Stadt distanziert hätte oder umgekehrt.

Nach den großen militärischen Siegen versucht Hannibal, die verbündeten italischen Stämme von Rom abzuspalten. Dieser Versuch wurde zu Recht als Eckpfeiler seiner Strategie betrachtet, seit er in Italien eingezogen war. Beweis dafür sind die wichtigsten Klauseln einer Reihe von Verträgen: Unab-

hängigkeit und Autonomie der italischen Städte, Erhaltung der lokalen Gesetze und Institutionen, keine Stationierung karthagischer Garnisonen, keine Abgaben und keine Zwangsmobilmachung. Auch von Hannibal gibt es hierzu vielsagende Äußerungen, wenn er beispielsweise Capua als künftige „Hauptstadt Italiens" bezeichnet. Die italischen Stämme lösen sich jedoch nicht sehr stark von Rom, und in diesem Scheitern von Hannibals Politik ist der Grund für seine endgültige Niederlage zu sehen. Trotz seiner genialen Fassung kann das nicht einmal der Vertrag verhindern, den Hannibal mit Philipp V. von Makedonien schließt. Die bereits erwähnte Idee einer großen Öffnung zum Mittelmeer, die jedoch keinen großen Erfolg gehabt hat, geht aus der Erzählung von Polybios hervor:

„Das ist der Vertrag, der unter Eid zwischen dem Obersten Heerführer Hannibal … den karthagischen Senatoren, allen Karthagern, die an der Expedition Hannibals und des Atheners Xenophanes, … dem Gesandten König Philipps, … im Gefolge, teilgenommen hatten, abgeschlossen wurde. Unterstützt werden sollen von König Philipp und von den Makedoniern und von den anderen mit ihm verbündeten Griechen die Karthager, der Feldherr Hannibal, seine ihn begleitenden Untertanen und alle Untertanen der Karthager, die deren Gesetzen unterstehen, die Bewohner von Utica und alle Karthago unterworfenen Städte und Völker, ihre Soldaten und Bundesgenossen und alle mit uns in Italien, in Gallien und in Ligurien befreundeten Städte und Völker, und alle, mit denen wir in diesen Gebieten vielleicht Freundschaft und Bündnisse schließen werden. In gleicher Weise – erklärten die Bevollmächtigten der Makedonier – sollen König Philipp, die Makedonier und ihre griechischen Bundesgenossen gerettet, beschützt und verteidigt werden durch die Heere Karthagos und Uticas und durch alle den Karthagern unterworfenen Völker, durch ihre Soldaten und Bundesgenossen, durch alle Städte in Italien, in Gallien und in Ligurien und durch alle möglichen Bundesgenossen auf italischem Gebiet. Wir verpflichten uns, uns nicht gegenseitig Fallen zu stellen oder in einen Hinterhalt zu locken, sondern mit aller Kraft und allem Eifer ohne Hinterlist und Täuschung gegen die Feinde Karthagos zu kämpfen, ausgenommen die Könige, die Städte und die Häfen, mit denen wir durch Freundschaftsverträge verbunden sind. Wir werden unsererseits – wiederholten die Karthager – Feinde all derer sein, die gegen König Philipp kämpfen werden, ausgenommen die Könige, die Städte und die Völker, mit denen wir durch Freundschaftsverträge verbunden sind. Ihr werdet uns im Krieg gegen die Römer unterstützen, bis die Götter uns und euch den Sieg bescheren werden und ihr werdet uns in Notfällen und bei dem, um das wir euch bitten werden, helfen. Wenn uns die Götter im Krieg gegen die Römer und ihre Bundesgenossen den Sieg bescheren werden und die Römer einen Vertrag schließen wollen, werden wir diesen unter der Bedingung unterzeichnen, daß diese mit euch die gleiche Freundschaft schließen und daß sie zu keiner Zeit gegen euch Krieg führen dürfen".

Langsam erholt sich Rom wieder. Im Jahr 212 erobert es Syrakus, 211 Capua und 209 Cartagena (und damit wird der Krieg mit Erfolg zum Ausgangspunkt der Hannibal'schen Expedition verlegt, nämlich auf die Iberische Halbinsel). Versuche einer Unterstützung Hannibals von Seiten der Iberer schlagen fehl. Nach dem schon von Attilius Regulus befolgten alten Konzept des Agathokles entscheiden sich die Römer nun, den Krieg nach Afrika zu verlagern, wo Scipio 204 landet und sich sofort mit Masinissa, dem König der Numidier verbündet; die Rückrufung Hannibals und die Schlacht bei Zama, mit der im Jahr 202 der Krieg zugunsten Roms endet, sind bekannt.

Der Untergang Karthagos

Noch einmal sind die Friedensbedingungen mehr als drückend: Verzicht auf Spanien und die nichtpunischen Gebiete in Afrika, Zerstörung der Flotte, eine umfangreiche Kriegsentschädigung und vor allem das Verbot, ohne Zustimmung der Römer Krieg zu führen. Die Summe dieser Bedingungen liefert also die Karthager der Gnade ihres größten afrikanischen Feindes, Masinissa, aus, der entscheidend zu ihrer Niederlage beigetragen hatte. Eine zeitlang versucht Hannibal selbst, die Stadt durch rigorose Reform- und Säuberungsmaßnahmen wieder zu stärken, er gerät dabei jedoch bald in starke Interessenkonflikte. Nachdem er in Rom als Anführer denunziert worden ist, muß der Heerführer ins Exil gehen, wo er sich schließlich das Leben nimmt, um nicht für immer dem Feind ausgeliefert zu werden.

Und dennoch hätte Karthago überleben und wenigstens teilweise zu neuer Blüte gelangen können, wenn sich nicht in den folgenden Jahren in Rom nicht eine – nicht unumstrittene – Partei durchgesetzt hätte, die entschlossen war, jene Stadt auf jeden Fall und für immer auszulöschen. Über die Gründe für diesen Vernichtungskrieg, eigentlich der erste des antiken Rom, ist lange diskutiert worden. Es gab zweifellos Gründe der militärischen Sicherheit; und es gab vor allem wirtschaftliche Gründe; nicht nur und nicht so sehr wegen der Gefahr, die ein Wiedererstarken Karthagos in dieser Hinsicht bedeutet hätte, sondern auch weil dessen Territorium begehrtes Ziel für eine Erweiterung des römischen Herrschaftsbereichs war. Diese Vorbedingungen führen zu der Provokation Masinissas und zur Reaktion Karthagos (151), später zum Krieg mit Rom (149 – 146) und zur endgültigen Zerstörung der Stadt.

Es ist ein einmaliges Paradoxon, daß das Ende Karthagos nicht gleichzeitig das Ende der punischen Präsenz in Afrika ist. Andere punische Städte hatten sich mit den Römern verbündet und werden dafür mit dem Status freier Städte belohnt. Auch das numidische Reich bewahrt und überliefert Elemente der karthagischen Tradition. Ob die Angabe, nach der die Söhne Masinissas alles, was von den Bibliotheken Karthagos übriggeblieben war, sammelten, zutrifft oder nicht – sie ist jedenfalls bezeichnend. Wie die Inschriften beweisen, wird die Sprache noch lange gesprochen. Die Religion findet Eingang in die römischen Kulte und beeinflußt diese auf verschiedenartigste Weise. Die Zerstörung Karthagos muß jedoch einfach ihre Folgen haben. Als Cäsar Numidien annektiert und die Stadt von römischen Siedlern wieder aufgebaut wird, ist ihre lange Geschichte als beendet zu betrachten.

Inschriften in punischer Sprache, die Zeugnis ablegen von deren Lebenskraft, gibt es noch bis zum 2./3. Jahrhundert n. Chr.. Aus einer Aussage des heiligen Augustinus geht hervor, daß die gesprochene Sprache noch einige Jahrhunderte lang überlebt. Das bestätigen auch die sogenannten lateinisch-libyschen Inschriften, die als das letzte linguistische Zeugnis Karthagos betrachtet werden. Die Religion geht nach und nach in der römischen Religion auf. Man kann sagen, Karthago lebt in der Erinnerung fort, solange das Römische Reich besteht; dann kommt sein endgültiges Ende.

Zweiter Teil

Kunst und Handwerk

Spezifische Eigenarten von Kunst und Handwerk

Die Kunst der Karthager ist durch zahlreiche Zeugnisse bekannt, deren Zahl sich durch unsere in Afrika und vor allem in den karthagischen Kolonien durchgeführten Ausgrabungen der letzten Jahre noch erhöht hat. Auf Sizilien und Sardinien wurde eine unerwartete und unter mancherlei Aspekten großartige Dokumentation entdeckt, die durch ergiebige Nachforschungen in Museen und privaten Sammlungen noch erheblich ergänzt wurde. Hinzu kommen die aufschlußreichen Ausgrabungen in Spanien, die sowohl einheimische als auch deutsche Archäologen im südlichen Teil der Halbinsel durchgeführt haben. Wir wissen also über Karthago und den Westen sehr viel mehr als über Phönikien und den Osten.

Die Dokumentation ist jedoch äußerst uneinheitlich. Durch die Zerstörung der afrikanischen Metropole gibt es nur wenige Zeugnisse über Architektur und Städtebau. Für diese Bereiche sind die Funde in anderen afrikanischen Städten und vor allem in den auf Sizilien und auf Sardinien gelegenen Kolonien viel zahlreicher. Die Dokumentation über große Plastiken und Reliefs ist aus verschiedenen Gründen spärlich; wir müssen somit annehmen, daß diese Kunstgattungen nur in geringer Zahl hergestellt wurden. Eine Ausnahme bildet nur das Relief auf Stelen, das sehr verbreitet war und das durch die neuesten Funde außer in Karthago in großer Zahl auf den italienischen Inseln nachgewiesen wurde. Auch die Dokumentation über die Malerei ist spärlich; der Grund dafür ist in der geringen Haltbarkeit dieser Gattung zu sehen.

Der größte Teil der karthagischen Kunst fällt also unter die Rubrik der sogenannten Kleinkunst wie Terrakotta-Figuren, kleine Gegenstände aus Metall, Edelstein oder Elfenbein, Straußeneier, Münzen, Gefäße und ähnliches. Dabei handelt es sich überwiegend um Grabbeigaben, die in ihren Merkmalen und ihrer Zweckbestimmung vor allem als Grabkunst zu betrachten sind. Es handelt sich also um Kleinkunst, die zum Zweck eines weiterverzweigten Handels entlang der Mittelmeerküsten hergestellt wurde. Die Ursprünge und den Charakter dieses Handels haben wir bereits untersucht. Nun wäre noch der Charakter der daraus erwachsenden Produktion zu klären, d.h. die entscheidende Frage, ob es sich um Kunsthandwerk oder um Kunst handelt.

Die Werkstätten haben mit Sicherheit handwerklichen Charakter; sie arbeiten auf Bestellung, ohne daß sich einzelne Handwerker dabei profilieren, d.h.

es fehlt jedes Gefühl für oder jeder Wunsch nach Innovation. Ob öffentliche Stellen oder aber einzelne Gläubige – wie beispielsweise bei den Votivgegenständen – Auftraggeber sind, ist dabei gleichgültig. Es ist jedoch nicht zu bestreiten, daß der Sinn für das Schöne und Kostbare die Handwerker neue und originelle Werke schaffen ließ, die jede Serienproduktion übertreffen und das Gefühl für das Ästhetische und Erlesene, für das Besondere und Edle erkennen lassen. Unter diesem Aspekt kann man also sicher von Kunst sprechen.

Zweifellos besteht diese Kunst aus einzelnen Kategorien oder Gattungen. Dabei wirken der Einfluß der Überlieferung und der eher auf Nachahmung und Vervollkommnung als auf Erneuerung ausgerichtete Wille zusammen. Trotzdem hat eine strenge Aufteilung in Kategorien vor kurzem einige Unsicherheit und Uneinigkeit hervorgerufen. Schmuckgegenstände, Skarabäen, Amulette, Anhänger und Elfenbeinarbeiten bilden zusammen jenen Produktionstypus, den die Griechen, besonders im Hinblick auf die Phöniker, als *athyrmata*, d.h. „Nippsachen", bezeichneten. Die gemeinsame Betrachtung dieser Erzeugnisse, bei der sich die Merkmale des Materials und der Technik, der Typologie und der Funktion überschneiden und verknüpfen, ist für ihre Beurteilung zweifellos von Vorteil.

Ein weiteres Problem ist die Beurteilung der Bedeutung der Motive und Symbole auf den *athyrmata*. Hier steht die Forschung gerade an ihrem Anfang. Wir sind uns nicht einmal über die Identität und Funktion sowohl der anthropomorphen als auch der geometrischen Figuren im klaren, die man zu tausenden auf den Stelen findet. Außer der Ikonographie ist jedoch eine Untersuchung der Ikonologie äußerst wichtig, weil Auswahl und Funktion sicher nicht dem Zufall überlassen blieben. Als man z.B. eine Bilanz der auf den Skarabäen zu findenden Motive ägyptischen Ursprungs zog, erkannte man, daß diesen eine Auswahl zugrundeliegt, bei der alle Motive mit magischer Funktion bevorzugt werden.

Der Deutung der Bildinhalte steht zweifellos ihre fortdauernde Nachahmung und der Einfluß der Überlieferung im Weg, die der Synchronie stärkeres Gewicht verleihen als der Diachronie. Das gleiche gilt für die dieser Kunst eigene Tendenz zum Ornamentalen und Dekorativen, wodurch die Ikonographie verlorengeht oder zu stilisierten Formen tendiert. Damit wird das Bild zum Symbol und hat oft nicht mehr wahrnehmbare Bildinhalte.

Es stellt sich sogar die Frage, in wieweit die Produzenten und Lieferanten dieser Kunst diese Bildinhalte selbst verstanden. Die entsprechende Antwort dürfte jedoch sehr viel weniger negativ sein, weil die stete Wiederholung bei der Auswahl keinen Sinn hätte, wenn die Auswahl selbst nicht das Bewußtsein für die Inhalte der Bilder einschließen würde. Wer das punische Kunsthandwerk – und die Kunst, wenn es sich um solche handelt – untersuchen muß, sieht sich mit dieser und anderen Fragen konfrontiert. Wir müssen jedoch nun von den Fragen der Definition zu denen der kulturellen Einordnung übergehen, indem wir die Erzeugnisse nach dem Zusammenhang, in dem sie auftreten, den Beziehungen, die sie einschließen und den daraus hervorgegangenen Ergebnissen untersuchen.

Wechselseitige kulturelle Einflüsse

Wie fügt sich die über ein weites Gebiet verbreitete und den verschiedensten Berührungen und Einflüssen ausgesetzte Kunst der Punier, über die man heute aufgrund zahlreicher archäologischer Funde neue Erkenntnisse gewonnen hat, in den Zusammenhang ein, in dem sie in Erscheinung tritt? Die Bindungen an das phönikische Mutterland waren vor allem durch den starken Einfluß der Überlieferung und die Ermangelung eines bewußten Willens zur Erneuerung äußerst eng. Fast alle neuen Funde auf der einen oder auf der anderen Seite – im Westen und im Osten – bestätigen die Existenz dieser Beziehung eher als daß sie sie in Frage stellen. Die vor kurzem auf Zypern ausgegrabenen Funde erweisen sich z.B. als direkte Vorläufer einer im Westen weit verbreiteten Produktion. Wo immer man die phönikische Kunst genauer untersucht, kommt man zu demselben Ergebnis: Ein männlicher Torso aus Tyros ist z.B. ein Vorläufer des Torsos aus dem Teich von Marsala, ein Bes aus Kherayeb ist ein Vorläufer der sardischen Bes-Figuren und eine Maske von Khaldé ist der Prototyp der westlichen Masken.

Wie wir bereits erwähnt haben, ist die phönikische Kultur – sowohl die Kunst als auch das Geistesleben – durch ihre Kontinuität in Bezug auf die Vergangenheit gekennzeichnet. So sind die Vorläufer der punischen Produktion nicht nur in der eigentlichen Zeit der Phöniker, sondern auch noch in sehr viel früherer Zeit zu finden. Byblos mit seinen Terrakotta-Figuren und seinen Schmuckgegenständen aus dem frühen 2. Jahrtausend ist dafür das beste Beispiel. Da Byblos jedoch seinerseits einen exemplarischen Fall der Rezeption ägyptischer Einflüsse darstellt, führen die dortigen Funde zum ersten großen Vergleich der kulturellen Einflüsse, der sich bei der punischen Kunst anstellen läßt, nämlich der Vergleich mit *Ägypten,* das schon auf die Phöniker entscheidenden Einfluß ausübte und später mit neuer Kraft die Karthager beeinflußte.

Zu dieser neuen Kraft ist zu sagen, daß zwischen Ägypten – dem Produktionszentrum von Naukratis – und Karthago direkte Handelsbeziehungen bestanden, wobei vor allen Dingen mit Skarabäen und Amuletten, also typisch ägyptischen Produkten, gehandelt wurde. Dazu kam der Import und die Anfertigung von Imitationen (und Abwandlungen), wie an einigen aus Karthago kommenden Arbeiten zu erkennen ist. Außerdem gab es weitverzweigte Handelsverbindungen. Genauere Untersuchungen zeigen, daß zu dem natürlichen afrikanischen Küstenweg noch der Seeweg kam, der durch das offene Meer von Naukratis nach Malta und Sizilien und dann wahrscheinlich in Afrika nach Karthago zurückführte.

Trafen speziell Karthago und der punische Westen allgemein eine Auswahl unter den aus Ägypten importierten Produkten oder Imitationen derselben und in welchem Umfang geschah das? Eine Antwort findet man nur für einzelne Fälle, aber sie ist bezeichnend. Importiert oder imitiert werden Amulette mit besonderen magischen Funktionen, während die als Grabbeigaben dienenden Amulette keine große Rolle spielen. Magie und Aberglaube sind also ein wichtiger gemeinsamer Nenner der Beziehung und die ägyptische Religion allgemein, die schon im phönikischen Raum einflußreich war, behält diesen Einfluß auch im punischen Raum, wenn auch weniger auf offizieller als auf privater und volkstümlicher Ebene. Das ist verständlich, da der ägyptische Polytheismus so typische und der semitischen Religiosität so fremde Konnotationen hatte, daß sein Einfluß sozusagen seiner Herabstufung in den Bereich volkstümlichen Aberglaubens entsprach.

Der zweite starke Einfluß auf die punische Kultur – der ebenfalls sowohl die Kunst als auch das Geistesleben betrifft – ergibt sich aus der Begegnung mit der griechischen Welt. Diese Begegnung war zeitlich nicht homogen. Einer Anfangszeit, während der im 7. und 6. Jahrhundert ein starker Zufluß griechischer Erzeugnisse in punisches Gebiet stattfand – d.h. zum größten Teil Importe und keine Imitationen – folgt das bereits erwähnte Intermezzo des 5. und auch eines großen Teils des 4. Jahrhunderts, als Karthago sich sehr um eine Rückgewinnung seiner kulturellen Identität bemüht. Ein klarer Beweis dafür ist der Bericht über das Verbot des Griechisch-Unterrichts durch den Senat.

Aber wie tritt der griechische Einfluß in Erscheinung? Es scheint sich dabei eher um einen quantitativen Beitrag und um Koexistenz als um Durchdringung und Beeinflussung zu handeln. Das bezeichnendste Beispiel ist *Motye* (Mozia) in Sizilien. Auf der Insel gibt es neben zahlreichen punischen Werken ebenso zahlreiche griechische Arbeiten, bei denen es sich vor allem um Terrakotta-Figuren handelt. Aber diese Terrakotten stammen zum größten Teil aus dem griechischen Raum, sie sind importiert und nicht auf der Insel imitiert. Umgekehrt setzt sich dort, wo die punischen Kunsthandwerker eigene Genres entwickeln – z.B. die Stelen, von denen mehr als tausend gefunden wurden – der griechische Einfluß entweder nicht durch, fehlt er gänzlich oder ist unbedeutend. Anders liegen die Dinge im Bereich des Glaubens, obwohl auch hier Import und Synkretismus im Vergleich zu echter Durchdringung breiten Raum einnehmen.

Anders als bei den bisher untersuchten Fragen verhält es sich mit den lokalen Substraten, die aufgrund der weiten Verbreitung der punischen Kultur in großer Zahl zu finden sind. Sie haben ihren stärksten Ausdruck in volkstümlichen Manifestationen, z.B. den Stelen von Selinunt und später den sardischen Stelen einiger jüngerer Siedlungen. Aber die volkstümliche Konnotion ist eher vage, und auch in den Fällen, wo wir praktisch sicher sind, daß sich die Punier lokaler Handwerker bedient haben, zeichnen sich deren Beiträge eher durch Vereinfachungen und Fehlinterpretationen als durch eigenständige Leistungen aus. Als allgemeines Beispiel sei das „Tanit-Zeichen" genannt, das umgekehrt auf einem Grab von Monte Sirai eingemeißelt ist.

Ein die Beziehung zwischen dem punischen Kunsthandwerk und dem der benachbarten oder unterworfenen Völker betreffendes Problem ist die mit dem Beiwort „orientalisierend" bezeichnete Produktion. Vor allem in Italien und auf der Iberischen Halbinsel ist es in den letzten Jahren immer deutlicher hervorgetreten und hat sogar zu dem erstaunlichen Ergebnis geführt, daß mit zunehmender Zahl der Funde immer weniger von ihnen als punisch einzuordnen waren. So hat man z.B. in iberischen Schmuck- und Elfenbeinarbeiten, die früher eindeutig dem karthagischen Kunsthandwerk zugeordnet wurden, zumindest teilweise Erzeugnisse lokaler Werkstätten erkannt, bei denen sich der punische Einfluß mit anderen – griechischen, etruskischen und lokalen – Einflüssen verbindet. Die „orientalisierende Kunst" gehört zu den schwierigsten und komplexesten Fragen der gegenwärtigen Punierforschung, da sie die Merkmale der Produktion, die die Kunst Karthagos und seiner Welt bestimmen, auf mehrfache Weise vage und unbestimmbar macht.

Die eigenständige Entwicklung

Die Kunst der Karthager ist trotz des unzweifelhaften Einflusses der Überlieferung und des Konservativismus, trotz der offensichtlich fehlenden schöpferischen Besonderheiten – zumindest auf der Ebene einer bewußten Durchsetzung – nicht immer ein geschlossenes Ganzes, ja könnte es gar nicht sein. In dem ausgedehnten Gebiet, aus dem die Funde stammen, kommt es zu Prozessen der Entwicklung und der Differenzierung. Die Auswertung dieser Erscheinungen ist eine der neuesten, häufig kaum begonnenen, aber doch wesentlichen Aufgaben der Punierforschung.

Betrachten wir zu Beginn das Verhältnis zwischen Phönikern und Karthagern oder zwischen Orient und Okzident. Die Kontinuität und die Konstanten haben wir schon erwähnt. Es gibt jedoch Entwicklungsprozesse, aufgrund derer einige „Genres" seltener und andere häufiger vorkommen. Als Beispiel für den ersten Fall seien die bearbeiteten Metallschalen angeführt, für den zweiten Fall die „Rasiermesser". Eigentlich könnte man sogar sagen, daß im Westen die Metallschalen und im Osten die „Rasiermesser" ganz fehlen. Aber auch wenn man Funde anführen könnte, gäbe es große, sicher nicht nur als Zufall zu betrachtende Unterschiede in der Entwicklung.

Eine andere Unterscheidung betrifft die verschiedenen Gebiete der punischen Welt. Als ein Beispiel sind die Stelen zu nennen, die in Afrika, auf Sizilien und auf Sardinien sehr verbreitet sind, während sie auf der Iberischen Halbinsel fehlen. Dazu kommt die unterschiedliche Konnotation, die ein „Genre" in den oben erwähnten Gebieten erhalten kann. So nehmen die mit der Töpferscheibe gefertigten Terrakottafiguren auf Sardinien im Vergleich zu anderen Gebieten eine ganz eigenständige Entwicklung. Oder es gibt einige besondere Beziehungen, durch die einzelne Bereiche voneinander abgegrenzt werden. Die Keramik von Mozia stimmt mit derjenigen von Karthago überein; sie unterscheidet sich von der Keramik der übrigen punischen Welt, steht jedoch in einigen Elementen mit der des nichtpunischen Sizilien in Beziehung.

Bemerkenswert ist die kulturelle Dynamik der einzelnen Gebiete. Früher betrachtete man Karthago als Zentrum, von dem die Impulse für den punischen Westen ausgingen, und vom politischen Standpunkt kann man es auch heute noch als solches betrachten. Auf kulturellem Gebiet trifft das jedoch nicht immer zu. Wir kennen inzwischen eindeutige Fälle, in denen der Ort der Produktion und des Exports eines „Genres" außerhalb Karthagos lag, z.B. die auf Sardinien produzierten und nach Afrika – und nicht umgekehrt – exportierten Jaspisskarabäen. Und es gibt andere Fälle, in denen nicht-afrikanische Gebiete äußere Einflüsse zuerst rezipieren und dann nach Karthago weitergeben; z.B. das punische Sizilien, das einen großen Bestand an Figuren, Protomen, kleinen Altären und Reliefplatten, bei denen der griechische Einfluß dominiert, rezipiert und weitergibt.

Neben der Unterscheidung nach einzelnen Gebieten liegt die wahre Zukunft der Erforschung des phönikischen Kunsthandwerks in der Untersuchung der einzelnen Produktionszentren, d.h. der Städte, aus denen bestimmte Genres kommen und in denen sie sich entwickeln. Die logische Voraussetzung für eine solche Unterscheidung ist das System der Stadtstaaten, die bekanntlich während der

Antike im Mittelmeerraum dominieren. Neben Karthago, dem Produktionszentrum schlechthin, entwickeln und behaupten sich nun auch Motye für die Stelen, Bitia für die Terrakotta-Figuren und Tharros für Schmuck und Skarabäen. Man könnte die Aufzählung fortsetzen, aber eigentlich ist es wichtiger, die Auswahl in Bezug auf die lokale Situation zu untersuchen; so produziert Motye z.B. für den Eigenbedarf, Tharros dagegen vor allem für den Export in andere Gebiete.

Städtebau und Architektur

Der Städtebau der Karthager ist von einigen aus dem phönikischen Raum übernommenen Grundprinzipien gekennzeichnet. Diese Prinzipien können einleitend zusammengefaßt werden; ihre Anwendung wird dann in den einzelnen Fällen und im Rahmen der vorhandenen Zeugnisse untersucht. Die punische Stadt ist in erster Linie eine Küstenstadt, was auf die Verbreitung der Seefahrt und auf die Priorität, die der Beherrschung der Meere stets eingeräumt wurde, zurückzuführen ist. Weiter liegt die punische Stadt an einem Küstenvorsprung, an dessen Seiten sich möglichst Buchten befinden müssen, um je nach Windrichtung an zwei Seiten Landemöglichkeiten zu haben; oder sie liegt auf einer unmittelbar der Küste vorgelagerten Insel, die ebenfalls verschiedene Landeplätze bietet, und außerdem gut gegen das Festland, von wo möglicherweise die größte Gefahr droht, zu verteidigen ist. Drittens wird die punische Stadt an flachen Gewässern und Lagunen gegründet, um den Schiffen mit leichtem Kiel – wie das bei den Schiffen der Antike der Fall war – eine gefahrlose Landung zu ermöglichen. Schließlich an Stellen, an denen sich die für die Seefahrer notwendigen Quellen befinden. Die Anlage der Siedlungen oder der Landeplätze entspricht oft dem Grundprinzip, nach dem die Schiffe am Tag fahren und nachts vor Anker liegen. Die antiken Schiffe konnten an

92

einem Tag zwischen 30 und 40 Kilometer zurücklegen, und unter Berücksichtigung dieser Strecke sind an der afrikanischen Küste viele phönikische und punische Siedlungen entdeckt worden.

Dies zu der Topographie der Städte. Sie sind im allgemeinen folgendermaßen angelegt: auf dem höchstgelegenen und befestigten Punkt liegt eine Akropolis und um diese herum ein Wohngebiet. Beide sind häufig von Stadtmauern – einer inneren Mauer um die Akropolis und einer äußeren um das Wohngebiet – umgeben. Die Mauern sind gekennzeichnet durch die „Rahmen-Bauweise", d.h. die Zwischenräume zwischen zwei in bestimmten Abständen aufgestellten Monolithen sind mit kleineren Gesteinsbrocken ausgefüllt sowie durch vorspringende Türme und Kasematten und durch zur Landseite hin angelegte hintereinanderliegende Wälle, wenn die Stadt mit dem Festland verbunden ist und damit von dort die größte Gefahr droht. Im Stadtinnern findet man Sakralbauten unterschiedlichen Grundrisses, unter anderem ein Gebäude mit drei nebeneinander liegenden Räumen, das direkt vom Orient übernommen ist (der Tempel Salomos). Ein besonderer Typ von Sakralbau ist der *tofet*, ein Charakteristikum der punischen Städte. Der *tofet* ist ein eingefriedeter Bezirk im Freien, der ursprünglich außerhalb der Stadtmauern oder dicht dabei angelegt wurde, und in dem die Kinderopfer dargebracht wurden.

Bei den Hafenanlagen ist der *cothon* eine weitere Konstante. Es handelt sich um ein künstlich angelegtes Becken, das die Reparatur von Schiffen ermöglichen sollte. Die Nekropolen, die großen Fundstellen in den Städten, liegen gewöhnlich außerhalb des Wohngebiets oder an dessen Peripherie; durch die Ausdehnung der Wohngebiete werden sie jedoch schließlich in diese eingeschlossen. Die Gräber haben manchmal die Form von Gruben, häufiger haben sie jedoch die *dromos*-Form, d.h. ein Treppenabgang führt in den Erdboden hinein und ist der Zugang zu einer oder mehreren Grabkammern. Es

gibt auch den Zugang in Form eines Schachtes; in diesem Fall sind die Grabkammern in verschiedener Höhe in die Wände des Schachtes eingegraben. Die Grabkammern werden von Pfeilern gestützt und haben an den Seiten Bänke für die Verstorbenen. Seltener findet man über der Erde angelegte Gräber im Stil eines Mausoleums.

Im Rahmen dieser allgemeinen Hinweise bietet jede Stadt, soweit sie erhalten geblieben ist, ganz bestimmte Zeugnisse, die zumindest in ihren Grundkomponenten untersucht werden sollen. Man kommt dabei nicht umhin, mit *Karthago* zu beginnen, obwohl in der von den Römern zerstörten und ebenfalls von diesen wieder aufgebauten Stadt nur wenig aus punischer Zeit erhalten ist. Die literarischen Quellen sind zwar hilfreich, aber auch sie beziehen sich größtenteils auf die Spätzeit. Die Anlage der Stadt liegt jedoch in ihren Grundlinien fest. Sie wurde auf dem sich zwischen den Lagunen von Sebkha er-Riana im Norden und von Tunis im Süden ins Meer hinausragenden Küstenvorsprung erbaut. Polybios beschreibt ihre Lage sehr treffend:

„Karthago selbst liegt in einem Golf und hat die Form einer Halbinsel; es ist zum Teil von Meer und zum größten Teil von Sumpfgebiet umgeben. Der Isthmus, der es mit Afrika verbindet, ist etwa 25 Stadien breit. Nicht weit davon entfernt, an der dem Meer zugewandten Seite, liegt die Stadt Utica; auf der anderen Seite in der Nähe des Sumpfes liegt Tunis".

Die Akropolis der Stadt erhob sich auf der Anhöhe der Byrsa und hatte eine befestigte Mauer; eine weitere größere Mauer umgab das ganze Wohngebiet. In dem südlich der Stadt gelegenen Gebiet lag der künstliche Hafen *(cothon),* der aus einem rechteckigen Becken für die Handelsschiffe und einem runden Becken für die Kriegsschiffe bestand; in der Mitte lag die Insel, auf der die Admiralität residierte. In der Stadt lagen verschiedene Heiligtümer, darunter das von Eschmun auf der Akropolis; der *tofet* lag bei dem rechteckigen Becken. Das Nekropo-

Kerkouan. Das Ausgrabungsgebiet mit dem Missionsgebäude im Hintergrund. Dieser Ort ist von größter Bedeutung für Erkenntnisse über die Bauweise punischer Privathäuser.

len-Gebiet lag dicht bei der Byrsa (an deren Hängen kürzlich bei französischen Ausgabungen eine Schicht aus dem 7. Jahrhundert freigelegt wurde), und die Wohnhäuser lagen nach Süden hin. Den französischen Ausgrabungen verdanken wir auch die Entdeckung eines Wohngebiets aus dem 2. Jahrhundert. Der Bericht von Appianus ergänzt die archäologischen Funde besonders in Bezug auf das Hafengebiet:

„Die Häfen waren so angelegt, daß die Schiffe vom einen in den anderen fahren konnten; vom Meer her gelangte man durch eine 70 Fuß [etwa 21 Meter] breite Einfahrt hinein, die mit Eisenketten abgesperrt wurde. Der erste Hafen, der den Kaufleuten vorbehalten war, hatte zahlreiche und unterschiedliche Trossen. Mitten im weiter innen gelegenen Hafen lag eine Insel. Die Insel und der Hafen waren von großen Molen umgeben. Auf diesen Molen lagen große Hallen, die 220 Schiffe aufnehmen konnten; über den Hallen befanden sich Magazine. Vor jeder Halle erhoben sich zwei ionische Säulen, die der Einfassung des Hafens und der Insel das Aussehen einer Säulenhalle verliehen. Auf der Insel war ein Pavillon für den Admiral errichtet, aus dem die Warnsignale des Trompeters und die Rufe des Herolds ertönten; von hier aus konnte der Admiral den Hafen überwachen. Die Insel lag der Hafeneinfahrt gegenüber und war ziemlich hoch gelegen, so daß der Admiral sah, was auf dem Meer vorging, während die vom Meer Kommenden das Hafeninnere nicht genau einsehen konnten. Auch den Blicken der mit ihren Schiffen eintreffenden Kaufleute blieben die Arsenale zuerst verborgen. Diese waren nämlich von einer zweifachen Mauer und von den

Karthago. Mauer in „Rahmen-Bauweise" auf dem Hügel der Byrsa. Bei dieser Technik sind eine Reihe von vertikalen Mono-lithen in geringem Abstand voneinander aufgestellt und die Zwischenräume mit kleineren Gesteinsbrocken ausgefüllt.

Toren umgeben, durch die die Kaufleute vom ersten Hafen in die Stadt fahren konnten, ohne die Arse-nale durchqueren zu müssen".

Hinweise auf den Wohnhausbau, die in Karthago fehlen, bietet Kerkouan, die von tunesischen Archäologen ausgegrabene Stadt am Kap Bon. Der Prototyp des punischen Hauses hat einen „Bajonett-eingang", der auf einen Hof führt, um den sich die Zimmer des Erdgeschosses gruppieren; neben dem Eingang kann ein Raum mit separatem Zugang als Laden benutzt werden. Vom Hof führt eine Treppe zum oberen Stockwerk oder auf das Dach. In Ker-kouan kann man auch die Anlage der Straßen erken-nen, die in Längs- und Quer-Richtung gerade und parallel zueinander verlaufen und sich rechtwinklig schneiden. Es handelt sich im Wesentlichen um das „Hyppodamia" genannte griechische System und ist

daher nicht als originärer Zustand zu betrachten.

Bei unseren Ausgrabungen auf Malta ist ein groß-es, auf einem Küstenvorsprung liegendes Heiligtum in der Ortschaft Tas Silg im Süden der Insel entdeckt worden. Die Karthager besetzten eine frühere prähi-storische Siedlung und bauten deren charakteri-stische gekrümmte Mauern in gerade Mauern um, wobei sie jedoch einen großen Teil der Grund-mauern verwendeten. In diesem Bezirk hat man neben Fragmenten von Votivgefäßen mit Hera gewidmeten griechischen Inschriften auch punische Inschriften gefunden, die Astarte – der mit der grie-chischen Hera und der römischen Juno identifizier-ten Göttin – gewidmet waren. Auf diese Weise ist das Heiligtum der Juno auf Malta entdeckt worden, das durch die zweite Rede Ciceros gegen Verres berühmt wurde:

95

S. Paolo Milqi (Malta). Das Ausgrabungsgebiet, in dem eine punisch-römische Siedlung unter der Kirche entdeckt wurde.

„Die Insel Malta, ihr Richter, ist von Sizilien durch einen stürmischen und ziemlich breiten Meeresarm getrennt. Auf der Insel liegt eine Stadt gleichen Namens, wohin der [Verres] nie gegangen ist, die jedoch gut drei Jahre lang eine Weberei war, die ihm Frauenkleider liefern konnte. Nicht weit von dieser Stadt entfernt liegt auf einem Küstenvorsprung das alte Heiligtum der Juno. Dieses wurde immer so verehrt, daß es nicht nur während der Punischen Kriege – als die Seeschlachten fast ausschließlich in diesem Gebiet stattfanden – von Freveltaten verschont blieb, sondern auch stets von den zahllosen Piraten geachtet und nicht zerstört wurde. Es ist sogar folgendes überliefert: ein anderes Mal näherte sich die Flotte des Masinissa diesem Ort und der Kommandant des Königs holte Elfenbeinzähne von unglaublicher Größe aus diesem Heiligtum, brachte diese nach Afrika und schenkte sie Masinissa. Der König fühlte sich zuerst durch das Geschenk geehrt, als er jedoch hörte, woher die Zähne stammten, schickte er sogleich Männer mit einem Fünfruderer aus, damit sie die Zähne wieder zurückbrächten. Deshalb stand auf den Zähnen in punischen Buchstaben, daß der König Masinissa sie unvorsichtigerweise angenommen hatte, als ihm jedoch alles ausführlich berichtet worden war, hatte er dafür gesorgt, daß sie zurückgebracht und wieder an ihren Platz gestellt wurden. Es gab außerdem eine riesige Menge von Elfenbeinarbeiten und viele kostbare Schmuckstücke, darunter Viktorien in antiker und kostbarer Ausführung.

Um es kurz zu sagen, jener [Verres] ließ durch eigens vom Tempel der Venus entsandte Sklaven in einem einzigen Handstreich und aufgrund eines einzigen Befehls alle diese Dinge entwenden. Oh, unsterbliche Götter! Was ist das für ein Mann, den

96

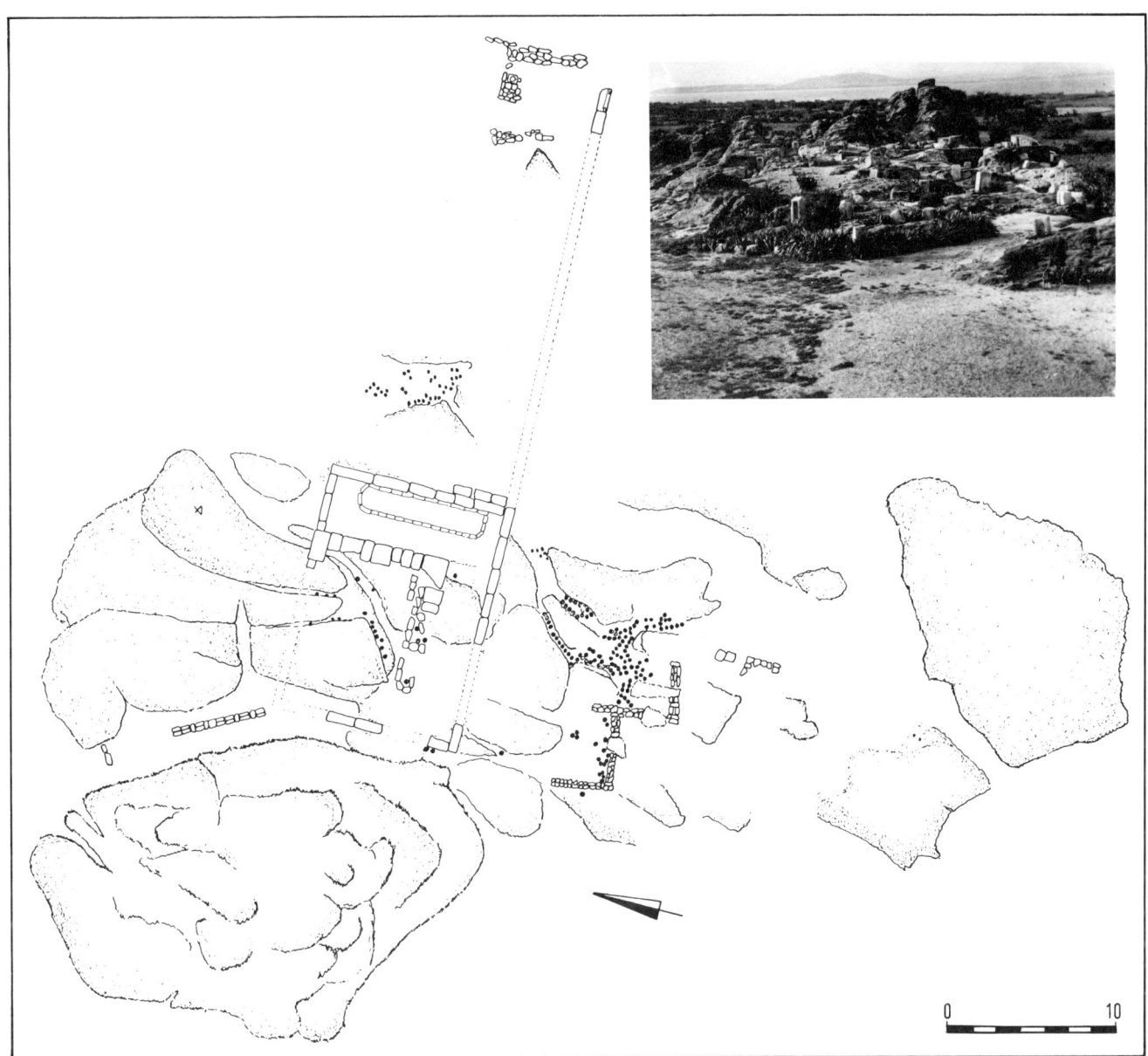

Sulcis. Plan und Ansicht des *tofet* von Süden, mit einem Teil der dort gefundenen und noch erhaltenen Stelen und Urnen

ich anklage, den ich mit den Gesetzen und dem Recht der Gerichte bekämpfe? Über wen werdet ihr euer Urteil fällen? Die Gesandten von Malta erklären öffentlich, daß der Tempel der Juno geplündert worden ist, daß jener nichts in dem hochverehrten Heiligtum zurückgelassen hat, das an einem häufig von feindlichen Flotten heimgesuchten Ort liegt, wo fast alljährlich die Piraten zu überwintern pflegen. Dieses heilige Gebäude, dem niemals zuvor Frevel angetan wurde und das kein Feind entweihte, ist von diesem allein so vollständig geplündert worden, daß nichts übrig blieb".

Ein ziemlich gut erhaltenes Beispiel, zumindest für die allgemeine Anlage einer auf einer Insel gelegenen punischen Stadt, ist Motye bei Sizilien. Sie ist umgeben von einer am Meer entlanglaufenden Umfassungsmauer mit vorspringenden Türmen. In der Mauer befinden sich zwei Tore, von denen eines nach Norden und eines nach Süden liegt. Vom nördlichen Tor aus sicherte eine heute überflutete, aber früher über dem Wasser liegende Straße die Verbindung zum Festland. Ebenfalls dicht an der Mauer, etwas westlich des Nordtores, liegen eine Nekropole und der *tofet* und etwas weiter innen das „Cappidazzu" genannte öffentliche Gebäude. Auf der gegenüberliegenden Seite lag an der Innenseite des Südtores der rechteckige *cothon*. Eine die ganze Insel durchquerende Straße verband das Nordtor mit dem Südtor. In zentraler Lage der Insel selbst sind einige Reste von Wohnungen und Läden entdeckt worden, aber die Ausgrabungen stehen hier erst am Anfang.

Nora auf Sardinien ist ein deutliches Beispiel für eine auf einem Küstenvorsprung liegende Stadt, auch wenn die inneren Strukturen durch die Überbauung in römischer Zeit nur schwer zu erkennen sind. Der ins Meer hinausragende Küstenvorsprung hatte sogar drei Häfen, einen nordöstlichen, einen südöstlich und einen nordwestlich gelegenen. Die Akropolis lag auf der schmalen Spitze zwischen den beiden Häfen im Osten. Reste von – wenn auch schlecht erhaltenen – Befestigungsanlagen umgaben sowohl die Akropolis als auch das Wohngebiet; dort sind einige Sakralbauten – z.B. ein als „ein weiterer Ort der Tanit" bezeichnetes Gebäude und ein „sa Punta 'e su Coloru" genannter Komplex – und eng zusammengedrängte, an engen Gassen gelegene und deshalb „Kasba" genannte Wohngebiete zu erkennen. Am inneren Ende des Küstenvorsprungs lagen die Nekropolen und der *tofet,* der zuerst nicht als solcher erkannt wurde, weil man ihn für eine Nekropole für Feuerbestattungen hielt.

Eine weitere, wenn auch durch einen Isthmus mit dem Festland verbundene Inselsiedlung ist Sulcis (heute Sant' Antonio), dessen Anlage – unter anderem wegen der modernen Überbauung – noch nicht

genau festliegt. Man erkennt jedoch die beiden inneren Häfen an den Seiten des Isthmus, einige Mauerabschnitte mit einem kleinen Fort, das ursprünglich als Heiligtum geplant war, und vor allem ein großes Nekropolen-Gebiet und den an einer Felsenkuppe gelegenen *tofet* im Norden des Stadtgebiets. Als Militärsiedlung von Sulcis wird die Zitadelle Monte Sirai bei Carbonia betrachtet; sie hat eine äußere Verteidigungsmauer, die an den Rändern der Anhöhe entlang verläuft, und eine innere Mauer, welche die mit dem Festungsturm gekrönte Akropolis umschließt. Außerhalb der Akropolis liegen ein Tempel, der mit diesem verbundene *tofet*, einige Wohnhäuser und die Nekropole. Monte Sirai kann als Beispiel für die kürzlich an verschiedenen Stellen des punischen Raums entdeckten Festungen betrachtet werden.

Eine weitere Ansiedlung auf einem Küstenvorsprung ist das ebenfalls auf Sardinien gelegene Tharros. Die Stadt liegt auf der langen und schmalen Landzunge, die im Norden den Golf von Oristano begrenzt und in einer strategisch beherrschenden Lage für die Schiffahrt ins westliche Mittelmeer liegt. Der erste Stadtkern entstand wahrscheinlich an der Spitze des Kaps San Marco, auf dem ein archaischer Tempel und eine ebenfalls archaische Nekropole liegen. Weiter zum Landinnern hin erweitert sich das Wohngebiet, es ist allerdings größtenteils von römischen Bauten überlagert; dort stehen einige Sakralbauten, darunter der sogenannte „monolithische Tempel". Am inneren Ende des Küstenvorsprungs liegt der *tofet* an der Stadtmauer, die in hintereinander liegenden Zwischenwällen zur Basis des Isthmus hinunterführt. Es handelt sich um die mächtigsten Verteidigungsanlagen, die die Archäologie für den gesamten punischen Westen nachweisen konnte. Sie sind nicht zerstört worden, so daß wir annehmen, daß Tharros in die Hände der Römer fiel, als und weil die Karthager Sardinien verlassen mußten.

Auf der Iberischen Halbinsel ist Cadiz an der Südwestküste eine typische Inselsiedlung; es liegt an einer dem Südwestwind ausgesetzten Bucht. Eine weiter von der Küste entfernt liegende Insel ist Ibiza. Von Cartagena, der im Jahr 221 v.Chr. von Hasdrubal gegründeten Stadt in der Nähe eines natürlichen Hafens an der Küste von Murcia gibt es eine ausführliche Beschreibung des Polybios:

„Cartagena befindet sich ungefähr in der Mitte der Küste der Iberischen Halbinsel an einer dem Südwestwind ausgesetzten Bucht, die an der Stelle an der sie sich öffnet, 20 Stadien tief und 10 Stadien breit ist. Die ganze Bucht sieht wie ein Hafen aus, weil an ihrer offenen Seite eine Insel liegt, die an beiden Seiten eine schmale Zufahrt freiläßt. An dieser Insel bricht sich die Flut, so daß das Meer im Hafeninnern ruhig ist, falls nicht der Südwestwind die Wellen aufwühlt und die Fluten durch die beiden Zufahrten beiderseits der Insel hineindrückt. Die Stadt ist jedoch vor allen anderen Winden geschützt, weil sie von allen Seiten vom Festland umgeben ist. Am innersten Punkt der Bucht liegt ein halbinselförmiger Küstenvorsprung auf dem die Stadt liegt, die im Osten und im Süden vom Meer und im Westen vom Sumpfgebiet, das sich auch nach Norden hin ausdehnt, umgeben ist. Somit ist der restliche Teil des Küstenvorsprungs, der das Meer auf der anderen Seite berührt und die Stadt mit dem Festland verbindet, nur zwei Stadien breit".

Die Großplastik und das Großrelief

Es gibt nur sehr wenige Großplastiken im punischen Raum und ebenso selten findet man Großreliefs, die nicht unter die sehr verbreitete Kategorie der Stelen fallen. Ähnlich ist die Lage in Phönikien und im Osten, so daß die Seltenheit dieser Erzeugnisse nicht nur dem Zufall bei den Ausgrabungen zuzuschreiben ist: es zeigt sich vielmehr, daß das Kunsthandwerk vorwiegend am Handel interessiert war, weshalb die Werkstätten sich auf die Produktion wertvoller Kleinobjekte konzentrierten, die leicht von einem Ende des Mittelmeers zum anderen transportiert werden konnten. Dazu kommt die fehlende figürliche Tradition im syrisch-palästinensischen Raum, die zumindest teilweise mit der Vorstellung vom Göttlichen zusammenhängt.

Aus der frühesten Zeit der afrikanischen Metropole – zwischen dem 7. und dem 6. Jahrhundert – sind noch ein von Cintas in Karthago entdeckter Marmorkopf und einige kleine Köpfe aus Kalkstein erhalten, während einige weitere späte Zeugnisse aus der Hauptstadt und dem afrikanischen Gebiet aus der Blütezeit des Hellenismus stammen. Als Beispiel einer nicht-figürlichen Plastik ist ein etwa eineinhalb Meter hohes *Baitylion* zu erwähnen, das in den ältesten Schichten von Mogador gefunden worden ist. Bei den Reliefs gibt es einige späte aber noch zu der Produktion phönikischen Ursprungs gehörende Sarkophage, auf denen der Tote liegend dargestellt ist. Die aus der Nekropole von Santa Monica stammende, auf das 4. bis 3. Jahrhundert zu datierende Gruppe ist dafür ein gutes Beweisstück. Es handelt sich um zwei in lange Tuniken gekleidete bärtige Priester mit Schalen in der Hand, die ganz der griechischen Ikonographie entsprechen. Hinzu kommt eine weibliche Gestalt, die nach einem ursprünglich ägyptischen Motiv in zwei große übereinandergeschlagene Flügel eingehüllt ist; das Motiv des ihren Kopf bekrönenden Falken ist ebenfalls ägyptisch. All das ändert jedoch nichts an dem allgemeinen hel-

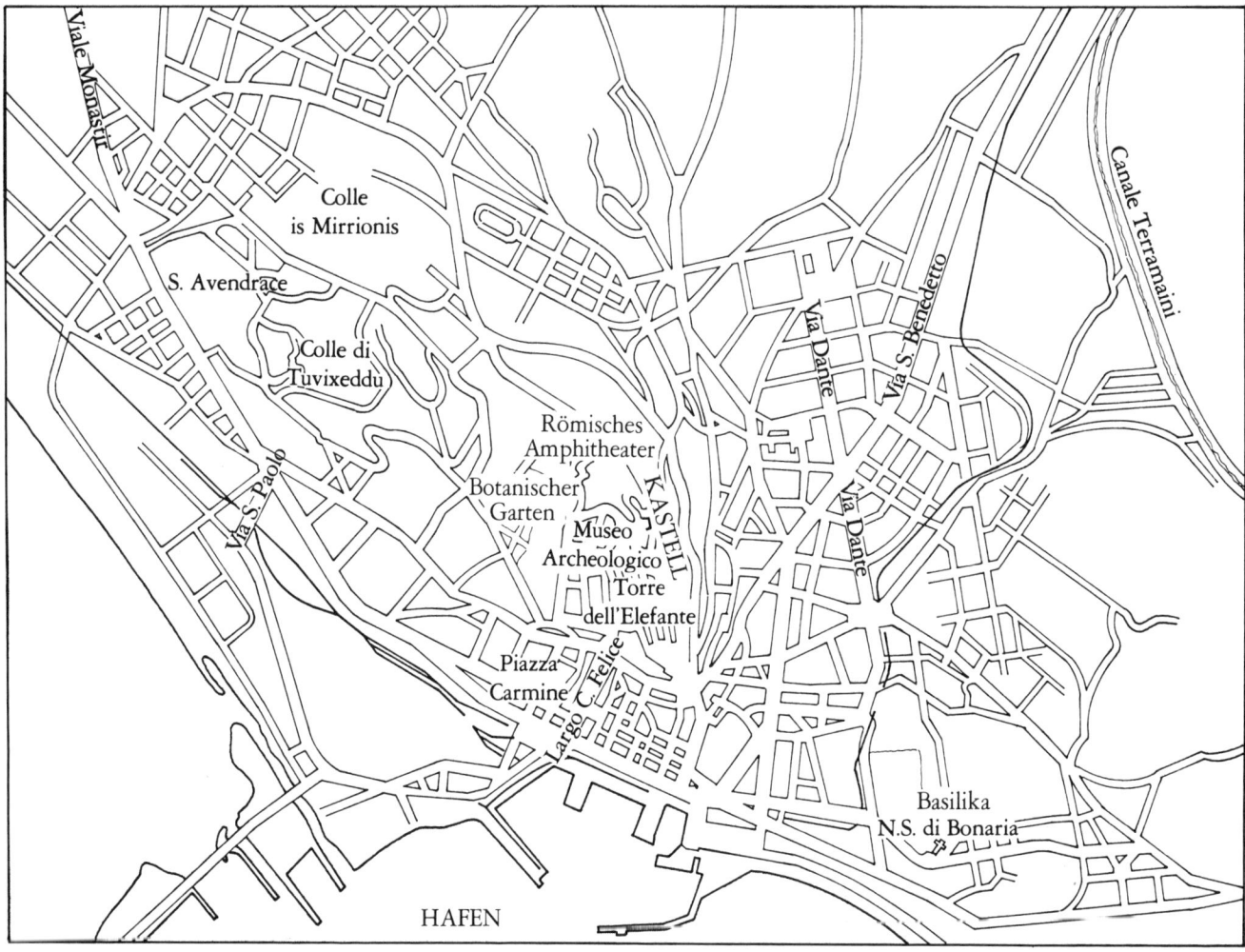

Cagliari. Plan der Stadt

lenistischen Charakter der Gestalt. Eher phönikisch dagegen ist die abgeflachte, von vorn dargestellte Gestalt eines karthagischen Priesters, Baalschillek, auf einem kleinen Sarkophag, der eigentlich eher eine Graburne ist.

Angesichts der insgesamt bescheidenen Zahl großer Plastiken und Reliefs liefern die Kolonien eine umfangreiche Dokumentation. Auf Malta erinnert eine in dem Heiligtum von Tas Silg entdeckte Steinbüste direkt an zypriotische Vorbilder, und drei Sarkophage, einer davon aus Terrakotta, bestätigen die Kontinuität dieses Genres. Auf Sizilien zeigt ein großer Torso aus dem Teich von Marsala eine ägypti-

sierende Ikonographie, und eine weibliche Statue, die von Sphingen und einer aus einem Löwen im Kampf mit einem Stier bestehenden Gruppe flankiert ist, spiegelt die sikeliotische Komponente mit deren Vorliebe für Kompositionen wider. Auf Sizilien gibt es auch zwei in Cannita entdeckte Sarkophage, bei denen die Typologie der Gestalten noch einen primär ägyptischen Ansatz aufweist, deren Gesichtsausdruck jedoch schon eindeutig griechischen Charakter hat. Dazu weisen diese Werke eine provinzielle oder volkstümliche Komponente auf, die sich sehr wohl aus der Randlage erklärt, die das Gebiet im Falle dieses „Genres" einnimmt.

Der größte Teil der Funde wurde bei den früheren und neueren Ausgrabungen auf *Sardinien* entdeckt. Herausragend ist dabei die von uns in Monte Sirai entdeckte weibliche Skulptur, deren grob ausgearbeiteter Körper im Gegensatz steht zu dem sorgfältig ausgearbeiteten Kopf mit der Kalottenhaartracht, die in Locken hinter den Ohren herabfällt, den wulstigen Augenbrauen, die in der Linie der Nase verlaufen, und der vollen Wangen- und Kinnpartie. Es ist ein direkt auf syrisch-palästinensische Vorbilder zurückgehendes Werk, bei dem kleine Zwischeneinflüsse feststellbar sind. Dazu kommen sechs weitere einander ähnliche Skulpturen, die die meist als Bes bezeichnete Gestalt darstellen. Hier ist der Einfluß des hellenistischen Silens offensichtlich. Ebenfalls hellenistisch dürfte die Sphinx aus rosa Granit sein, die im Areal des Botanischen Gartens von Cagliari entdeckt wurde; ein aus dem großen Tempel von Tharros kommender steinerner Löwe ist dagegen älter und durch orientalische Vorbilder geprägt. Ein weiteres Exemplar einer nicht-figürlichen Plastik ist das Baitylion mit Basis von Monte Sirai, das mit dem von Mogador – wenn es auch kleiner ist als dieses – übereinstimmt.

Auf der Iberischen Halbinsel wurden Skulpturen aus Stein mit der thronenden weiblichen Gestalt, die vor kurzem bei Granada gefunden wurde, und mit der aus Galera stammenden, von Sphingen umgebenen und eine Muschel haltenden Gottheit aus Alabaster nachgewiesen. In beiden Fällen handelt es sich um eine typisch orientalische Ikonographie, deren provinzielle Ausführung aber nicht durch Elemente aus verschiedenen Kulturen verändert wurde. Bei den Sarkophagen kannte man bis vor kurzem nur ein einziges Werk mit männlicher Gestalt und ganz in hellenistischem Stil gearbeitet; man hielt es deshalb für ein Importprodukt.

Inzwischen wurde jedoch ein zweiter, älter erscheinender Sarkophag mit weiblicher Gestalt entdeckt, der mit Sicherheit aus einer lokalen Produktion stammt.

Die Stelen

Eine für die punische Welt bezeichnende Kategorie großer Skulpturen, die weit verbreitet waren und in den letzten Jahren – in dem Gebiet außerhalb Karthagos – in großer Zahl gefunden wurden, sind die *Votivstelen,* die zur Erinnerung an die Kinderopfer neben die Urnen in den *tofet* gestellt wurden. Es handelt sich um durchschnittlich zwischen einem halben Meter und einem Meter hohe Steinsäulen, die jedoch manchmal stark von diesem Maß abweichen; manchmal sind sie kleiner (bis zu etwa 20 cm), manchmal größer (bis zu 2 Metern, wie die neuesten Funde von Tharros). Man muß unterscheiden zwischen Cippi und eigentlichen Stelen. Erstere haben einen quadratischen, letztere einen rechteckigen Querschnitt. Die Cippi sind manchmal einfach gearbeitet oder sie haben einen thronförmigen Giebel. Die eigentlichen Stelen haben eine erhabene Vorderseite, in die eine Nische für den als Relief oder als Malerei ausgeführten Kultgegenstand skulptiert ist. Die Stele wird gewöhnlich von einer mehr oder weniger vorspringenden Basis gestützt, und ihr oberer Teil ist von einem Giebel gekrönt.

Die große Zahl der im punischen Raum gefundenen Stelen steht in keinem Verhältnis zu der sehr geringen Zahl der im phönikischen Raum gefundenen. Es ist jedoch gesichert, daß die Vorläufer dieser Produktion in Phönikien zu finden sind, wie einige vereinzelte und die kürzlich auf Zypern ausgegrabenen Funde beweisen. Die etwa tausend Stelen von Karthago kann man chronologisch in zwei verschiedene Gruppen einteilen. Die erste stammt aus der Zeit zwischen dem 7. und 6. Jahrhundert v. Chr. und besteht sowohl aus Cippi als auch aus eigentlichen Stelen; diese Stelen haben einen flachen Giebel. Die zweite, aus der Zeit zwischen dem 5. und 2. Jahrhundert stammende Gruppe besteht nur aus Stelen mit dreieckigem Giebel.

Das wichtigste Element der Stelen ist das in der Nische der erhabenen Seite dargestellte Kultbild.

Mozia, Sizilien. Stele
aus dem *tofet,* aus
kalkhaltigen Stein-
block, mit weibli-
cher Gestalt und
Lotosblüte.

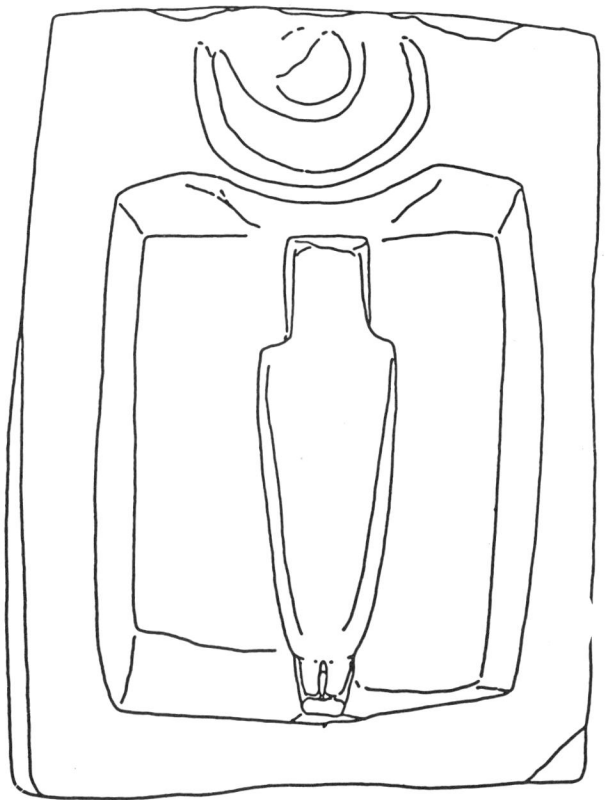
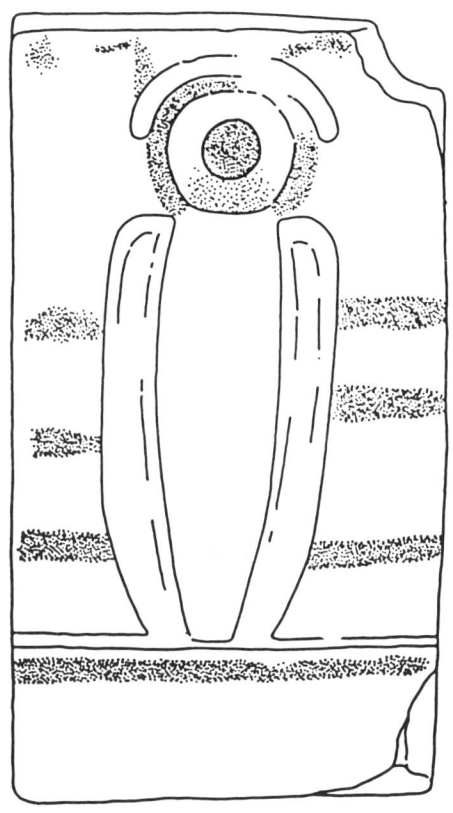

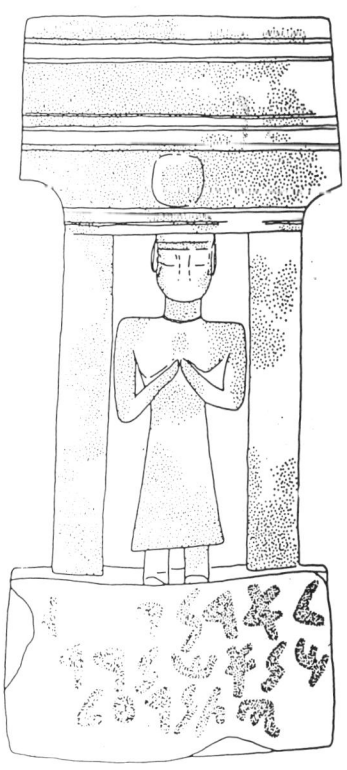

Mozzia, Sizilien.
Oben: Zwei Stelen
aus dem *tofet*, aus
kalkhaltigem Stein-
block, mit „Flaschen-
idol". Unten: Zwei
Stelen aus dem *tofet,*
aus kalkhaltigem
Steinblock, mit von
vorn dargestellter
weiblicher Gestalt.

Die Nische selbst kann jedoch von zwei Eckpfeilern eingerahmt sein, die ein Gesims in Form einer ägyptischen Hohlkehle tragen. In der Mitte über diesem Gesims befindet sich oft eine Sonnenscheibe, die ihrerseits von einem Fries überragt wird. Bei dem Kultobjekt unterscheidet man geometrische und anthropomorphe Motive. In der ersten Periode überwiegen bei den geometrischen Motiven das Baitylion oder der heilige Pfeiler (einzeln oder in Gruppen), das sogenannte „Flaschenidol" und die Raute. Bei den anthropomorphen Motiven überwiegt die menschliche Gestalt mit am Körper herabhängenden Armen und geschlossenen Beinen. In der zweiten Periode taucht von Anfang an das sogenannte „Tanit-Zeichen" auf, ein Dreieck, über dem sich ein Querbalken und eine Scheibe befinden und in dem wahrscheinlich die schematisierte Abbildung einer Frauengestalt mit ausgestreckten Armen und ausgestelltem Rock zu erkennen ist.

Das Tanit-Zeichen ist in jüngster Zeit in Phönikien entdeckt worden, so daß kein Zweifel an seiner orientalischen Herkunft besteht. Das gleiche gilt für andere Zeichen und Gestalten, die in der zweiten Periode der Dokumentation auftauchen und sich nach und nach im figürlichen Bereich verbreiten; diese Zeichen und Figuren treten nebeneinander auf und spielen bald eine größere, bald eine geringere Rolle. Dazu gehören die zum Gebete erhobene Hand, das äolische Kapitell und die Palme; bei den menschlichen Gestalten der opfernde Priester und der anbetende Gläubige. Gleichzeitig ist die Ikonographie jedoch eindeutig von griechischen Motiven wie der ionischen oder dorischen Säule, dann dem Caduceus, Blumenranken, dem Delphin und verschiedenen Vögeln durchsetzt. In der Endphase der zweiten Periode, zwischen dem 3. und dem 2. Jahrhundert v. Chr., wird die Ornamentik noch stärker und komplexer. Es entwickeln sich geometrische Motive (Ring- und Fischgrätenmuster, kleine Eier und Netze), animalische Motive (Stiere, Widder, Tauben, Hähne, Schwäne, Fische, Elefanten, Hasen,

Pferde, Panther und andere) und mit liturgischen Gegenständen zusammenhängende Motive (Opfertische, kleine Särge, Gefäße, Messer usw.). Bei den menschlichen Gestalten fallen der Spender und der sorgenannte *temple-boy* ins Auge; letzterer ist ein Knabe, der mit untergeschlagenem rechtem Bein auf seinem linken Bein sitzt.

Außerhalb Karthagos kommen die meisten und ältesten Funde aus *Sousse* (Hadrumetum). Auf den aus dem 6. Jahrhundert stammenden Stelen wiederholen sich die von Karthago her bekannten Motive, sie weisen jedoch einige Besonderheiten auf, wie z.B. die kannelierten Säulen, die die Baitylien einrahmen, die doppelte Trias von Baitylien und die verformten Flaschen.

Andererseits fehlen einige für Karthago bezeichnende ikonographische Motive wie die Raute, die Hand und die Palme. Einige Stelen – beiläufig sei auf das absolute Fehlen von Cippi hingewiesen – haben ganz eigenen Charakter und gehen direkt auf phönikische Vorbilder zurück, z.B. eine Stele mit einem Gläubigen vor einem thronenden Gott und zwei Stelen mit einer auf einem Hocker sitzenden und in ein langes Gewand gekleideten Frauengestalt, die eine Kugel in der Hand hat und diese zu einem Räuchergefäß hinhält.

Auch in *Cirta* (Constantine) gibt es eine Gruppe von Stelen, die jedoch frühestens aus dem 3. Jahrhundert v. Chr. stammen. Es sind einige Hundert und sie gliedern sich in zwei Gruppen. Eine stammt aus der Zeit vor und eine aus der Zeit nach dem Fall Karthagos. Man bemerkt hier eine zunehmend lokal geprägte Entwicklung, z.B. das stark vermenschlichte Tanit-Zeichen, das den Caduceus oder einen Zweig in der Hand hält; Waffen verschiedenster Art; häufig stilisierte Blätter, Rosetten und Palmen; Astralzeichen und geometrische Zeichen in symbolischen Formen. Aus viel späterer – bereits römischer – Zeit stammen andere Arten von Stelen, von denen man die von Dougga als Beispiel nehmen kann; davon weist ein aus dem zweiten bis ersten Jahrhun-

Vorhergehende Seite:
Galera. Alabaster-
statuette einer weib-
lichen Gestalt mit
einem konkaven
Gefäß zwischen den
Armen auf einem
von Sphingen flan-
kierten Thron.
Madrid, Museo
Arqueológico Nacio-
nal (Foto Mas,
Barcelona).

Links: Karthago.
Grabfigur; von vorn
dargestellte Gestalt,
deren rechte Hand
im Grußgestus erho-
ben und die linke
zur Brust hin abge-
winkelt ist und eine
Scheibe hält. Kartha-
go, Nationalmuse-
um. (Foto G. van
Raepenbusch,
Tunis).

Rechts: Karthago.
Stele aus dem *tofet*.
Votivinschrift mit
dem oberen Teil und
hellenisierende Dar-
stellung eines Man-
nes mit am Hals
zusammengehalte-
nem Umhang auf
dem darunterliegen-
den Teil. Karthago,
Nationalmuseum
(Foto G. van Rae-
penbusch, Tunis).

Rechts außen: Kar-
thago. Stele aus dem
tofet mit dreieckigem
Giebel, Votivin-
schrift im unteren
Teil und von der
Sonnenscheibe und
der Mondsichel
überragtem Blumen-
motiv im oberen
Teil. Bardo, Natio-
nalmuseum (Foto
des Museums).

Links: Constantine.
Stele mit dreiecki-
gem Giebel und
Votivinschrift im
oberen Teil. Auf
dem unteren Teil
sind von links nach
rechts die Motive
des Unterarms mit
geöffneter Handflä-
che, das „Tanit-Zei-
chen" und der Cadu-
ceus abgebildet.
Paris, Louvre (Foto
des Museums).

Rechts: Constantine.
Stele mit dreiecki-
gem Giebel; sie ist
mit einem „Tanit-
Zeichen" mit Cadu-
ceus, einem Delphin
und einer Votivin-
schrift dekoriert.
Paris, Louvre.

Links: Karthago.
Stele aus dem *tofet*
in Form des „Tanit-
Zeichens" mit Votiv-
inschrift. Bardo,
Nationalmuseum
(Foto G. van Rae-
penbusch, Tunis).

Rechts: Sousse. Stele
aus dem *tofet* mit
doppelter Trias von
Baitylien. Bardo,
Nationalmuseum.

Links: Sousse. Stele
aus dem *tofet* mit
weiblicher Gestalt
im Profil vor einem
Räucheraltar bei der
Opferhandlung.
Sousse, Museum.

Rechts: Karthago.
Stele aus dem *tofet*
Von vorn darge-
stellte menschliche
Gestalt mit körper-
fernen Armen und
gespreizten Beinen.

Links: Mozia. Stele aus dem *tofet*. Weibliche Gestalt im Profil mit helmartiger Haartracht, deren rechter Arm nach oben abgewinkelt ist, während der linke Arm am Körper herabhängt. Mozia, Museo Whitaker.

Rechts: Mozia. Stele aus dem *tofet*. Männliche Gestalt im Profil mit hoher Kopfbedeckung, spitzem Bart, nach vorn ausgestreckten Armen und über das hintere Bein fallendem Gewand. Mozia, Museo Whitaker.

Links: Mozia. Stele aus dem *tofet*. Stark schematisierte weibliche Gestalt von vorn in einer Ädikula mit ägyptischer Hohlkehle. Die Arme sind zur Brust hin abgewinkelt, das Gewand ist lang und unten ausgestellt. Mozia, Museo Whitaker.

Rechts: Mozia. Weibliche Gestalt im Profil mit Scheibe in der Hand, langen Haaren und am Körper anliegendem Gewand. Mozia, Museo Whitaker.

Links: Mozia. Stele
aus dem *tofet*.
„Flaschen-Idol“ in
einer von der Son-
nenscheibe bekrön-
ten Nische. Mozia,
Museo Whitaker.

Rechts: Mozia. Stele
aus dem *tofet* auf
einer gekehlten Basis
in einer Ädikula mit
ägyptischer Hohl-
kehle. Mozia, Museo
Whitaker.

Links: Mozia, Sizilien. Stele aus dem *tofet*, aus kalkhaltigem Steinblock, mit leeren Ädikula.

Rechts: Mozia. Doppelstele aus dem *tofet* mit zwei einander entgegenkommenden Gestalten im Profil. Mozia, Museo Whitaker.

Links: Lilybaeum, Sizilien. Grabädikula aus Kalkstein mit gemalter Leichenschmausszene. Palermo, Archäologisches Museum.

Rechts: Lilybaeum, Sizilien. Grabädikula aus Kalkstein mit gemalter Leichenschmausszene. Palermo, Archäologisches Museum.

Links: Monte Sirai,
Sardinien. Stele aus
dem *tofet,* aus Tuffge-
stein, mit schemati-
sierter menschlicher
Figur. Rom, Wissen-
schaftliche Universi-
tät der Weisheit.
(Foto Petruccioli).

Rechts: Monte Sirai,
Sardinien. Stele aus
dem *tofet,* aus Tuffge-
stein. Weibliche
Gestalt mit Scheibe
vor der Brust.
Cagliari, National-
museum. (Foto
Petruccioli).

Links: Tharros, Sar-
dinien. Stele aus
Sandstein mit „Fla-
schenidol". Cagliari,
Nationalmuseum.
(Foto Petruccioli).

Rechts: Monte Sirai,
Sardinien. Stele aus
dem *tofet,* aus Tuffge-
stein. Gravur einer
grob dargestellten
menschlichen Figur.
Cagliari, National-
museum (Foto
Petruccioli).

Links: Sulcis, Sardi-
nien. Stele aus dem
tofet, aus Tuffgestein.
Weibliche Gestalt
mit Scheibe vor der
Brust. Cagliari,
Nationalmuseum
(Foto Petruccioli).

Rechts: Monte Sirai,
Sardinien. Stele aus
dem *tofet,* aus Tuffge-
stein. Weibliche
Gestalt mit Lotos-
blüte. Cagliari,
Nationalmuseum
(Foto Petruccioli).

Links: Sulcis, Sardinien. Stele aus dem *tofet,* aus Tuffgestein. Weibliche Gestalt mit Blume vor der Brust. Cagliari, Nationalmuseum (Foto Petruccioli).

Rechts: Sulcis, Sardinien. Stele aus dem *tofet,* aus Tuffgestein. Weibliche Gestalt mit Scheibe vor der Brust. Cagliari, Nationalmuseum. (Foto Petruccioli).

Links: Sulcis. Stele
aus dem *tofet*.
Menschliche Gestalt
mit langem Gewand.
Der rechte Arm
hängt an der Seite
des Körpers herab
und hält das *ankh*-
Zeichen, der linke
Arm ist zur Brust
hin abgewinkelt und
umfaßt die von der
Schulter fallende
Stola. Sant' Antioco,
Antiquarium
Comunale (Foto
Petruccioli).

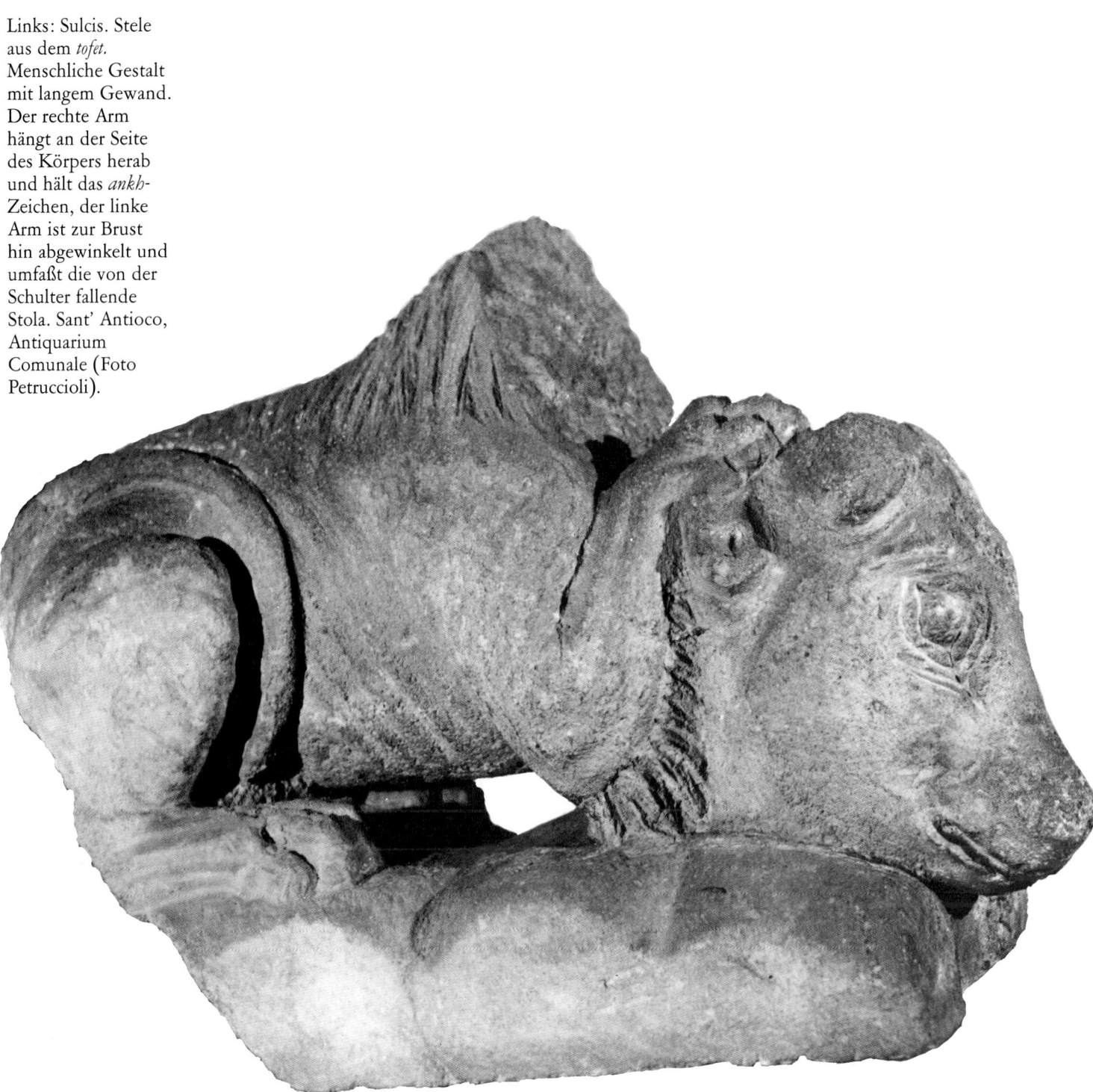

Oben: Alesa. Frag-
ment einer Skulptur,
die eine Kampfszene
zwischen einem
Löwen und einem
Stier darstellt.
Palermo, National-
museum.

Links: Karthago.
Weibliche Protome
aus Ton vom helleni-
sierenden Typus mit
lächelndem Gesicht,
bogenförmigen
Brauen, die in der
verlängerten Nasen-
linie verlaufen, man-
delförmigen Augen
und Schleier oder
Perücke. Bardo,
Nationalmuseum.

Rechts: Karthago.
Weibliche Protome
aus Ton vom rhodi-
schen Typus mit
gelassenem Ge-
sichtsausdruck,
rechtwinklig zu der
Nasenlinie verlaufen-
den Brauen und stili-
siertem gelocktem
Haar, das hinter den
Ohren herabfällt.
Karthago, National-
museum.

Links: Mozia. Weib-
liche Protome aus
Ton vom ägyptisie-
renden Typus mit
gelassenem Ge-
sichtsausdruck,
rechtwinklig zur
Nasenlinie verlaufen-
den Brauen, Perücke
und Fragmenten der
hinter den Ohren
herabfallenden Haa-
re. Mozia, Museo
Whitaker.

dert vor Chr. stammender Teil noch traditionelle Motive auf, während ein anderer auf das 1. bis 2. Jahrhundert n. Chr. zu datierender Teil eine eigenständige Entwicklung zeigt. So z.B. das abgeänderte „Tanit-Zeichen", bei dem sich die Scheibe von der horizontalen Linie entfernt, die Mondsichel an die Stelle der Scheibe tritt, oder die Arme fadenförmig und verlängert sind und die Scheibe einen menschlichen Gesichtsausdruck annimmt. Voll in die römische Zeit, in das 2. Jahrhundert n.Chr., werden die Stelen von La Ghorfa datiert, für die die Darstellung des Stifters im unteren Teil und zahlreiche in unterschiedlichster Weise zusammengestellte Götter-Figuren im oberen Teil kennzeichnend sind.

Außerhalb Afrikas sind die von uns auf der vor Marsala auf Sizilien gelegenen Insel *Mozia* ausgegrabenen über tausend Stelen die große Entdeckung der letzten Jahre. Diese Stelen sind auf die Zeit zwischen dem 7. und dem 4. Jahrhundert v. Chr. zu datieren, d.h. zeitlich absolut parallel mit einem großen Teil der karthagischen Produktion. Vorauszuschicken ist, daß die Merkmale der Anfangszeit weitgehend mit denen der afrikanischen Metropole übereinstimmen, während sich vom 6. Jahrhundert an eine Reihe von eigenständigen Arbeiten entwickelt, die als das Werk eines auf höherem Niveau arbeitenden Kunsthandwerks mit besserer Ausbildung zu sehen sind. Die „kleinere" Kolonie war also weiter entwickelt als die „größere" oder wichtigste Kolonie. Das sollte übrigens kein Einzelfall bleiben.

Lassen wir nun die anfänglichen Analogien beiseite und konzentrieren uns auf die Weiterentwicklung. Als erstes sei die typologisch neue Kategorie der *Doppelstelen* erwähnt, bei denen in beiden Nischen Baitylien oder – in einem einzigen aber hochinteressanten Fall – zwei aufeinander zugehende Gestalten zu finden sind, deren ägyptischer Ursprung ebenso augenfällig ist wie die fehlende Übereinstimmung mit der karthagischen Produktion. Bei der Betrachtung der gewöhnlichen Stelen bemerkt man sofort, daß sich die Ikonographie

genau umgekehrt zu der karthagischen verhält. Hier sind Darstellungen von Menschen viel zahlreicher und besser ausgearbeitet. Die üblichen Baitylien fehlen zwar nicht und ebenso wenig die „Flaschenidole", die in den unterschiedlichsten Formen und oft in eleganter Stilisierung zu finden sind. Die große ikonographische Vielfalt von Mozia zeigt sich jedoch in den Menschendarstellungen, wie etwa die frontal dargestellte Frauengestalt mit auf die Schultern fallendem Haar, unter der Brust verschränkten Armen und langem glattem, unten ausgestelltem Kleid, unter dem die Füße hervorschauen. Diese zu dieser Zeit in Karthago noch fehlende Ikonographie ist teils in sehr eleganter, teil in schematisierter oder auch deformierter Gestalt zu finden, was auf eine volkstümliche Produktion schließen läßt.

Das Schema der weiblichen Gestalt mit an die Brust gehaltener Scheibe, das sich nur wenig von der soeben betrachteten, in Karthago nahezu unbekannten Darstellung unterscheidet und in Spanien weite Verbreitung finden sollte, ist in Motye meistens als Profilbild zu finden. Es wurde zuvor in keiner anderen punischen Siedlung nachgewiesen, tritt jedoch hier in vielen Variationen und oft recht eleganten Formen auf. Auf Mozia findet man auch von vorn dargestellte männliche Gestalten, wenn auch nur wenige Einzelexemplare. Ein besonders interessanter Fall ist eine von vorn dargestellte nackte Gestalt mit ägyptischer Perücke, deren rechter Arm am Körper anliegt, während der linke an der Brust ruht. Bemerkenswert ist dabei der direkte ägptische Einfluß, das – neuerliche – Fehlen jeder Beziehung zu Karthago und der Nachweis einer nackten männlichen Gestalt, die im punischen Raum sehr selten vorkommt. Häufiger findet man die im Profil dargestellte männliche Gestalt mit hoher Tiara, nach vorne ausgestreckten Armen und langem Gewand, das auf das hintere Bein herabfällt. Auch diese Darstellung, die ebenso originär ist wie die anderen, unterliegt der in anderen Fällen festzustellenden Schematisierung.

Zusammenfassend sei festgestellt, daß die in Mozia entdeckten Stelen durch ihre große Zahl und ihre hohe Qualität sowie durch die neuen typologischen und vor allem ikonographischen Elemente gekennzeichnet sind. Interessanterweise fehlt selten ein Motiv. Wenn dies der Fall ist – wie bei dem bekannten „Tanit-Zeichen" – so hat das ganz bestimmte chronologische Gründe, da die Dokumentation in Motye aufhört, wenn diese Ikonographie einsetzt. Durch eine Reihe von Zufällen, die es für Karthago – zumindest soweit bisher bekannt – nicht gibt, sind im übrigen die direkten Beziehungen zu den phönikisch inspirierten Ursprüngen klar erkennbar. Zweifellos durch seine Werkstätten, die meist auf unterschiedlichem Niveau – sowohl in eleganterem als auch in volkstümlichen Stil – arbeiten, nimmt Mozia jedenfalls eine unabhängige Entwicklung, auch wenn es gemeinsame Ausgangspunkte gibt. Im Vergleich mit den anderen Kolonien – vor allem mit Sardinien – spielt Mozia wahrscheinlich die Rolle eines ihm durch seine geographische Lage zugefallenen Bindeglieds; dabei findet man jedoch stets einige Merkmale, die woanders nicht zu finden sind.

In dem Ort Lilybaeum – dem heutigen *Marsala* – der nahe Mozia an der Küste Westsiziliens liegt und nach der Zerstörung von Syrakus (397 v. Chr.) durch Dionysios von Syrakus der Zufluchtsort der Bewohner von Motye war, sind einige späte Stelen gefunden worden, die offensichtlich Ableger des entsprechenden Genres von Motye sind, sich jedoch stark weiter entwickelt haben. Wenige ältere Exemplare, die zwischen dem 4. und dem 3. Jahrhundert anzusetzen sind, zeigen reliefierte Anbetungs- und Libationsszenen, die inzwischen charakteristisch für das hellenistische Repertoire geworden waren, jedoch mit Elementen der punischen Ikonographie wie dem Caduceus und dem „Tanit-Zeichen" durchsetzt sind. Die anderen, auf die Zeit zwischen dem 2. Jahrhundert v. Chr. und dem 1. Jahrhundert n. Chr. zu datierenden Exemplare sind Grabstelen;

sie zeigen das in Stuck und verschiedenfarbiger Aquarellmalerei ausgeführte Begräbnisbankett für den heroisierten Toten in einer einfachen oder ausgearbeiteten Nische, die etruskische Säulen an den Seiten und ein Tympanon hat.

Bei einer weiteren aus Selinunt kommenden Gruppe sizilianischer Stelen steht nicht fest, ob sie zum punischen Raum gehören oder nicht. Es handelt sich um nichtbearbeitete Stelen, deren Giebel aus einem oder zwei Menschenköpfen besteht. Diese Köpfe sind zum kleineren Teil in griechischem Stil, zum größeren Teil in volkstümlicher Manier gearbeitet, stark schematisiert und auf wesentliche Merkmale reduziert, wobei einige dieser Merkmale – wie die Kalottenhaartracht und der Bart – auf eine orientalische Tradition zurückgehen könnten. Früher hielt man diese Stelen für Erzeugnisse einer lokalen Volkskunst; nicht zuletzt aufgrund der erwiesenen Präsenz der Karthager in Selinunt sieht man heute jedoch sowohl in der Verwendung als auch in der Ausführung der Stelen einen – wenn auch geringen – Einfluß der punischen Welt.

In *Nora* auf Sardinien sind 83 von den 157 früher ausgegrabenen Stelen erhalten. Das Interessanteste an ihnen ist die enge Beziehung ihrer Merkmale zu denen der karthagischen Stelen. Geometrische Motive sind hier nämlich häufiger zu finden als anthropomorphe. Das Baitylion tritt sowohl einzeln als auch – und das vorwiegend – in Form der Trias auf, bei der das mittlere Element die seitlichen überragt. Das sogenannte „Flaschen-Idol" erscheint in zahlreichen Variationen. Das Kunsthandwerk von Nora weist nämlich eine gewisse Freiheit in der Ausarbeitung auch der einfachsten Motive auf. Interessant ist vor allem die Vermenschlichung dieses Symbols, die durch Abrundung und Betonung der Schulter erreicht wird. Das gleiche gilt für das „Tanit-Zeichen", das in seiner häufigsten, der geometrischen Version, aber auch in der vermenschlichten Version vorkommt, die durch die Vergrößerung des oberen Kreises zur Form eines Kopfes und die nach oben gebogenen seitlich herausragenden armförmigen Teile entsteht.

Anthropomorphe Formen sind in Nora entschieden in der Minderheit, und sie sind meist sehr grob ausgeführt. Es gibt jedoch auch einige feiner ausgearbeitete Gestalten, wie die einer Frau, die eine Scheibe an die Brust hält; niemals wird jedoch das Niveau von Motye erreicht. Ein Beispiel dafür ist die sehr viel einfachere Ausführung der im Profil dargestellten weiblichen Figur mit Scheibe. Das Handwerk von Nora ist also bescheiden, von konservativem Geist geprägt und hat eine Neigung zum Uniformen, Starren und Summarischen. Trotz einer gewissen freieren Ausführung der sekundären und ergänzenden Elemente besteht eine vollkommene Übereinstimmung mit Karthago. Das ist damit zu erklären, daß Nora ein relativ isoliertes in einem Randgebiet liegendes Produktionszentrum ist, in dem die in Motye erfolgte Entwicklung fehlt, die jedoch in der im folgenden behandelten Siedlung *Sulcis* wieder anzutreffen ist.

Die im *tofet* dieser Stadt gefundenen etwa 1000 Stelen sind die einzige sardische Gruppe, die quantitativ und qualitativ einen Vergleich mit Motye und außerdem mit Karthago aufnehmen kann. Ein Kunsthandwerk von hohem Niveau und mit guter Ausbildung, dem auch volkstümliche Anstöße nicht fehlen, produziert Erzeugnisse, deren neue Komponente sofort deutlich wird, wenn man z.B. die originäre Typologie der in Sandsteinblöcke eingefügten kleinen Marmorstelen oder die nicht weniger originäre Typologie der Stelen mit überwölbendem Bogen, mit oder ohne Akroterien, betrachtet; auch deren Ikonographie, nämlich das schreitende Tier, ist neu. Im allgemeinen dominiert bei den Stelen von Sulcis die figürliche über die nicht-figürliche Darstellung und der griechische Einfluß, der zum ersten Mal bei diesem Genre festzustellen ist und eine wesentliche Rolle spielt, herrscht vor.

Die nicht-figürlichen Stelen oder gar die Stelen mit leerer Nische machen weniger als ein Zehntel

der Produktion aus; außerdem beschränken sich die nicht-figürlichen Motive auf das fast immer einzeln und nur selten doppelt auftretende Baitylion, wofür es in keiner anderen großen Siedlung Parallelen gibt. Bei den Menschendarstellungen gibt es eine archaische Phase, in der das bereits von Motye bekannte ägyptische Motiv der von vorn dargestellten männlichen Gestalt und die – auch in eigenen Formen auftretende – im Profil dargestellte Männergestalt zu finden sind, die zeigen, daß sich auch hier direkt von Phönikien beeinflußte ikonographische Strömungen auswirkten. Es dominiert jedoch die von vorn dargestellte weibliche Gestalt, z.B. die Frau mit der Lotosblüte in der Hand, dann die nackte, aber vor allem die bekleidete Frau mit an die Brust gehaltener Scheibe. Die von vorn dargestellte weibliche Gestalt ist die eigentliche Konstante der Stelen von Sulcis, zumal sie von den frühesten bis hin zu den spätesten Produktionsphasen mit all ihren vom ägyptisierenden bis zum hellenisierenden Stil reichenden Varianten nachgewiesen ist.

Als von dieser Ikonographie abgeleitet und dieser auch zeitlich nachgeordnet wurde die Gestalt betrachtet, deren rechter Arm am Körper herabhängt und das ägyptische *anch*-Zeichen in der Hand hält, während der linke Arm zur Brust hin abgewinkelt ist und eine von den Schultern fallende Stola hält. Die Gewänder einiger Priestergestalten auf den Sarkophagen von Karthago stellen diese Interpretation jetzt jedoch in Frage und lassen bezweifeln, daß es sich um die Darstellung einer Frau handelt. Diese Ikonographie ist jedenfalls nur in Sulcis nachgewiesen worden. Das gleiche gilt für die weibliche Gestalt, die in der rechten Hand eine Schale und in der linken Hand eine Lotosblüte hält. Sie ist eindeutig als griechisch einzuordnen, womit sich in diesem wie im vorhergehenden Fall bestätigt, daß es sich um späte Werke handelt.

Die bereits erwähnten Stelen mit der Darstellung eines schreitenden Tieres sind gekennzeichnet durch die originäre Typologie des überwölbten Bogens und auch durch ihre originäre Ikonographie, die nur noch bei einigen afrikanischen Exemplaren in Sousse zu finden ist. Auch in diesem Fall zeichnet sich das Kunsthandwerk von Sulcis durch seine Originalität sowohl in der Auswahl als auch in der Gestaltung aus. Es handelt sich um ein hoch entwickeltes Kunsthandwerk, das diesbezüglich nur mit dem von Motye vergleichbar ist. Da Daten von der Ausgrabungsstelle fehlen, liegt die Chronologie nicht genau fest. Es gibt jedoch genügend Hinweise für die Annahme, daß hier wie in Motye die nichtfigürlichen Darstellungen im allgemeinen älter sind als die figürlichen und die ägyptisierenden – die damit phönikischen Ursprungs sind – älter als die hellenisierenden.

Monte Sirai, der von uns bei Carbonia entdeckte Vorposten von Sulcis im sardischen Binnenland, bietet eine einmalige Gelegenheit zur Untersuchung des Kunsthandwerks einer Subkolonie. Es ist in erster Linie gekennzeichnet durch die Ikonographie der weiblichen Gestalt mit an die Brust gehaltener Scheibe in ihrer ägyptisierenden Version und mit ausgeprägter Tendenz zur Geometrisierung der Silhouette der Gestalt. Dazu kommen weitere Ikonographien von Sulcis, wie die der Frau mit der Lotosblüte. Auch hier ist die Tendenz zur Geometrisierung und gleichzeitig zur Vereinfachung und Abflachung der Gestalt festzustellen. Noch auffallender ist die Vereinfachung der Darstellung bis hin zum Verlust ihrer ursprünglichen Konnotionen, deren Ergebnis eine äußerst grob dargestellte nackte Gestalt ist, bei der jedoch die Scheibe nicht fehlt.

Hier handelt es sich nochmals um ein Relief, oder besser gesagt um eine Skulptur. In anderen Fällen besteht die Technik jedoch in schlichter Gravierung und damit dominiert wirklich die volkstümliche Komponente des Kunsthandwerks, so daß von den ursprünglichen Motiven wenig oder nichts mehr zu erkennen ist. Es gibt auch Fälle, in denen man für Stelen unübliche, anspruchsvollere Motive in volkstümlicher Version findet, wie die *kourotrophos,* die auf eine stark schematisierte weibliche Gestalt mit einem ebenso so stark schematisierten Kind an ihrer Seite reduziert ist. Diese und andere ähnliche Stelen stammen aus der letzten Entwicklungsphase oder – wenn man so will – aus der Zeit des Niedergangs des Kunsthandwerks punischen Ursprungs, das sich inzwischen lokale Meister angeeignet haben und das sich in der Spätzeit verbreitete. Die Datierung dieser Stelen fällt nämlich etwa auf die Zeit zwischen dem 5. und dem 1. Jahrhundert v. Chr..

Anders ist die Situation in *Tharros.* Im *tofet,* wo gerade Ausgrabungsarbeiten stattfinden, wurde eine Produktion entdeckt, die wegen ihrer engen Beziehungen zu Karthago an die von Nora erinnert. Es sei hier vor allem auf die große Zahl von Cippi verwiesen, angefangen von den viereckigen Cippi mit „ägyptischer Hohlkehle" bis zu den Thron-Cippi mit Räuchergefäßen an den Seiten, zwischen denen einige Stufen liegen, die zu dem – eventuell vorhandenen Kultgegenstand führen. Große Bedeutung kommt dabei den im Jahr 1980 durchgeführten Ausgrabungen zu, bei denen drei jeweils fast zwei Meter hohe Cippi gefunden wurden, die absolut größten im ganzen punischen Raum. Es sind Thron-Cippi, über deren Stufen sich ein mehr oder weniger abgerundetes Baitylion befindet. Mit den Cippi wurden aus kubischen Kalksteinblöcken bestehende kleine Altäre gefunden, aus deren Basis eine Stufe herausragt; es handelt sich um ein absolutes Novum; wahrscheinlich dienten die Altäre den Gläubigen dazu, an das Kultbild oben auf den großen Cippi heranzukommen.

Die Verwendung unterschiedlichen Materials für die Stelen, die wir in Sulcis bei den in Kalksteinblöcke eingefügten Marmorkuben festgestellt haben, wiederholt sich in Tharros, jedoch in ganz anderer Form. Hier besteht die Gestalt in der Mitte der Nische aus wertvollerem Material (Kalkstein), und der übrige Teil der Stele aus weniger wertvollem Material (Sandstein). Bei den ikonographischen Motiven bemerkt man eine starke Übereinstimmung mit Karthago, vor allem weil die nicht-figürlichen Darstellungen vorherrschen. Es gibt das Baitylion („Kultstein"), das manchmal Besonderheiten aufweist, wie das von zwei geflügelten Scheiben mit Mondsicheln überragte Exemplar, oder das meist in bauchigen Formen mit kurzem Hals ausgeführte „Flaschen-Idol" und schließlich die Raute. Diese ist nach Karthago nur in Nora erhalten, da dieses Motiv woanders verloren ging, unter anderem weil es leicht in das Baitylion oder in das „Flaschen-Idol" zu adaptieren ist.

Einige Übergangsformen zeigen die Angleichung nicht-figürlicher Formen an die Grundlinien der menschlichen Silhouette, wie das „Flaschen-Idol", aus dem seitlich eine Art Füße herausragen. Menschengestalten fehlen nicht, wie in Karthago sind sie jedoch meist sehr grob gearbeitet. Das ist jedoch nicht immer der Fall. Einige Ikonographien sind vielmehr absolut originär, wie etwa die einer Person mit spitzem Hut (wahrscheinlich ein Priester) vor einem Kind (wahrscheinlich das im *tofet* darzubringende Opfer). Mit diesem Werk können wir die bisher in Tharros gefundene Dokumentation abschließen, durch die die eigenständige Entwicklung einer Produktion bestätigt wird, die allerdings im wesentlichen mit den Hauptmerkmalen der Produktion von Nora und außerhalb Sardiniens mit der von Karthago verbunden bleibt.

Späte Stelen, die ganz oder teilweise Grabstelen sind und die ursprünglich punische Motive aufgreifen, diese dann allerdings zu Formen weiterentwickeln, die oft nicht einmal wiederzuerkennen sind, waren schon in Afrika zu finden und kommen auch auf Sardinien vor. So zum Beispiel einige Exemplare aus Castelsardo, auf denen die Köpfe der Verstorbenen grob schematisiert auf hohem Hals und von stilisierten Palmwedeln umgeben dargestellt sind. Weitere – alles späte – Stelen dieses Genres kommen aus Cagliari, Viddalba, Tergu, Sant'Imbenia und Porto Torres. Die in Phönikien entstandene Produktion der Stelen-Figuren wird also im punischen Westen

stark weiter entwickelt und zwar nicht nur in Karthago, sondern überall dort, wo es für Kinderopfer bestimmte Stätten gibt. Zweifellos gibt es ein typologisches und ikonographisches Repertoire, sozusagen „Vorlagen", die im ganzen Mittelmeerraum zirkulierten. Dazu kommen eigenständige Entwicklungen, die auf Sizilien und auf Sardinien stärker ausgeprägt sind als in Karthago und je nach den Umständen mehr oder weniger stark zum Ausdruck kommen. Motye und Sulcis zeigen die am weitesten fortgeschrittene Entwicklung, während in Nora und in Tharros Konstanz und manchmal ein späteres Auftreten der Grundkomponenten festzustellen sind. Besser als gegenwärtig wird die Zukunft die Gründe für die unterschiedliche Entwicklung zeigen können.

Die Terrakotta-Figuren

In allen Teilen des punischen Raums werden Terrakotta-Figuren produziert, die sich auf zweifellos phönikischen Grundlagen eigenständig entwickelt haben und zwar entweder durch Eigenentwicklung, durch direkten ägyptischen oder vor allem durch griechischen Einfluß. Von Anfang an soll zwischen den verschiedenen Techniken unterschieden werden. Es gibt mit dem *Model* geformte und mit der *Töpferscheibe* gefertigte Figuren. Bei letzteren sind die phönikischen Ursprünge klarer zu erkennen. Sie wurden vor allem – jedoch nicht ausschließlich – durch die auf Zypern gefundenen sogenannten Pfeiler-Figuren nachgewiesen, während die mit dem Model geformten Figuren vor allem griechischen Einfluß aufgenommen und sich zu einer Reihe von Spielarten entwickelt haben, die auf diesen zurückzuführen sind.

Bei der Herstellung mit der Töpferscheibe – die Herstellung mittels Model ist eindeutiger – wird ein als Körper dienendes umgedrehtes Gefäß verwendet, auf das ein handmodellierter Kopf aufgesetzt ist.

141

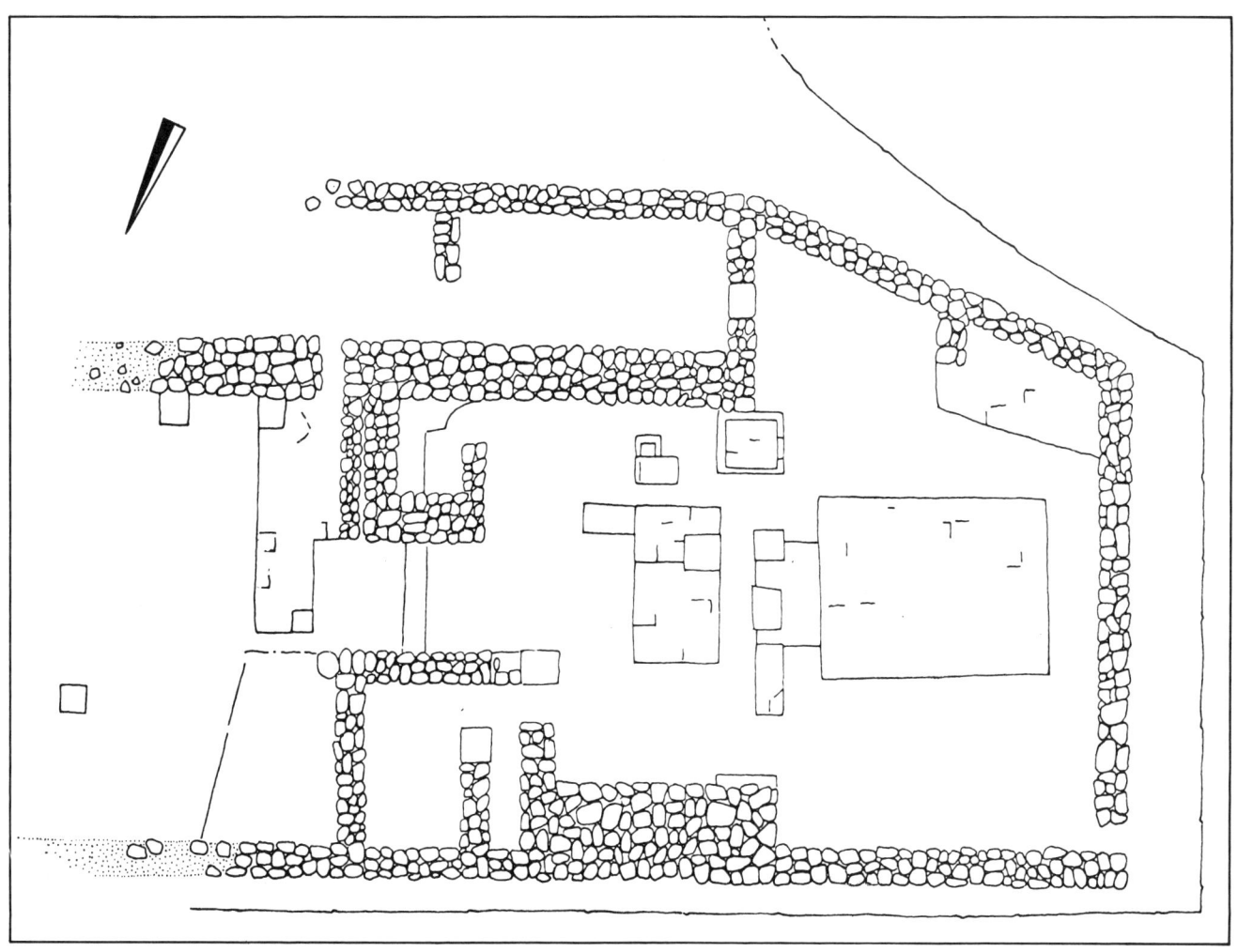

Bitia. Plan des Tempels

Ein weiteres Kennzeichen sind eingeritzte, mit den Fingern eingedrückte oder mit der Hand modellierte, aufgesetzte kleinere Elemente. So konnte man z.B. die Augen, den Mund, den Bart usw. einritzen; die Brust, die Vertiefung des Brustkorbs, den Nabel usw. mit dem Finger eindrücken und die Ohren, die Augen, die Nase, den Mund, das Kinn, die Brüste, das Geschlecht, die Arme usw. aufsetzen. Dazu kommt die Malerei, die manchmal in Form von – meist gekreuzten – rötlichen Streifen auf der vorderen und auch auf der hinteren Seite des Gefäßkörpers zu finden ist.

Die unterschiedliche Anwendung dieser Techniken führt zu einer grundlegenden typologischen Unterscheidung der mit der Töpferscheibe gefertigten Figuren in glocken- und eiförmige Körper. Die glockenförmigen Figuren haben eine offene und ausgeweitete Basis, vom Körper abgehobenen Kopf mit deutlicher Einkerbung des Halses, über der Brust gekreuzte oder seitlich oder über den Kopf ausgestreckte Arme, die Lampen halten. Die eiförmigen Figuren haben eine geschlossene und sich verjüngende Basis, einen zum – immer männlichen – Geschlechtsteil hin ausgestreckten Arm, wobei der andere Arm etwas höher liegt, eine Kette, einen stark schematisierten Kopf ohne oder mit stärkerer Einkerbung des Halses. Innerhalb dieser grundsätzlichen Unterscheidung gibt es leichte Abweichungen und es wird sich zeigen, daß auch die in den einzelnen Gebieten verwendeten unterschiedlichen Materialien eventuell eine chronologische Gliederung ermöglichen.

Im Rahmen dieser allgemeinen und grob skizzierten Charakteristik gibt es in den einzelnen Gebieten eine differenzierte Produktion, bei der man zu der Unterscheidung zwischen der mittels Model geformten und mit der Scheibe gefertigten Figuren zurückkehren muß. In Karthago und in Afrika gibt es eine große Menge mit Model geformter Exemplare, bei denen der phönikische Ursprung in der Figur der *pregnant woman* (schwangere Frau) und der Figur im Priestergewand aus Utica zum Ausdruck kommt, während sich der wahrscheinlich direkte ägyptische Einfluß bei den mumienförmigen Figuren zeigt. Viel stärker ist jedoch die Verbreitung der unter griechischem Einfluß entstandenen Werke, von denen vielleicht ein kleinerer Teil importiert sein mag, deren größerer Teil jedoch bestimmt am Ort hergestellt ist. Es sind thronende weibliche Figuren mit hoher Tiara oder mit Schleier und auf den Knien ruhenden Händen, aufrecht sitzend, mit reich drapierten Gewändern, eine Scheibe oder eine Taube an die Brust haltend, ein Kind oder ein Gefäß auf der Schulter tragend usw.; eine umfangreiche Serie, die auf noch zahlreichere Vorbilder zurückgeht.

Ebenfalls von Griechenland beeinflußt sind die charakteristischen Gefäße mit dem Gesicht der Göttin *kernophoros*. Die mit der Scheibe gefertigten Figuren, deren Zahl wesentlich geringer ist, sind alle glockenförmig. Die Köpfe mit markanten Gesichtszügen tragen in einigen Fällen eine Öllampe. Auffallend sind die Farbstreifen auf den Körpern. Die Datierung auf das 7. Jahrhundert zeigt das Alter dieser Produktion.

Auf Sizilien sind zahlreiche mit dem Model geformte Figuren nachgewiesen, die sowohl importiert als auch am Ort hergestellt sind. Es handelt sich vorwiegend um Göttinnen, z.B. eine thronende Göttin mit Schleier oder einer aus Ähren bestehenden Kette, Demeter mit einem Ferkel, *kore* mit Tamburin und ähnliches. Eine größere Zahl mit der Scheibe gefertigter Figuren ist bei unseren Ausgrabungen in den Jahren 1970/71 entdeckt worden. Wie in Afrika handelt es sich in allen Fällen um den glockenförmigen Typus. Bei diesen Figuren sind einige Körperteile aufgesetzt, eingeritzt, durchgestochen oder mit den Fingern eingedrückt. Manchmal tragen sie eine Öllampe auf dem Kopf und sind mit gekreuzten roten Streifen bemalt.

Eine eingehendere Betrachtung erfordert *Sardinien*, woher eine sehr große Zahl von Figuren kommt. Es sind vor allem mit dem Model geformte Werke, von denen die meisten aus Tharros stammen. Auch hier gibt es eine direkte, von Phönikien beeinflußte Produktion, wie die stehende nackte Göttin mit den Händen an der Brust. Wir finden auch den ägyptischen Einfluß, wie bei der mumienförmigen Göttin und bei der als Bes bezeichneten Figur. Der griechische Einfluß, der wahrscheinlich über Sardinien nach Sizilien gelangte, überwiegt jedoch, z.B. die stehende Göttin mit den Händen an der Brust, wobei eine Hand eine Lotosblüte hält; die Göttin mit glattem Gewand und an den Hüften anliegenden Armen; die thronende Göttin und mehrere andere Typen. Dazu kommt eine große Zahl, die manchmal durch lokale freie Gestaltung originäre Konnotationen erzielt, wie etwa die Räuchergefäße mit dem Antlitz der Göttin *kernophoros*.

Zu den mit der Scheibe gefertigten Figuren ist vor allem zu bemerken, daß ein aus Tharros stammendes Exemplar zum ersten Mal in der bisherigen Abhandlung die Typologie des eiförmigen Körpers aufweist, der – wie erwähnt – eine Alternative des stärker verbreiteten glockenförmigen Körpers ist. Andere Exemplare aus Narbolia und aus dem Antiquarium von Oristano, deren Herkunft aus Tharros im wesentlichen gesichert ist, passen sich an die glokkenförmige Typologie an, haben jedoch einige eigene Merkmale: z.B. ein aus Oristano stammender Kopf ohne Körper und eine am Hals abgebrochene Figur aus Narbolia, die beide sehr starke Ähnlichkeit in den modellierten, aufgesetzten und eingeritzten Bestandteilen des Gesichts aufweisen. Noch eigenständiger sind ein Exemplar aus Monte Sirai und ein Kopf aus Sulcis, die direkt an die phönikischen und zypriotischen Vorbilder dieser Produktion erinnern.

Die wichtigste Entdeckung bezüglich der mit der Scheibe gefertigten Figuren auf Sardinien sind jedoch die Votivgaben von Bitia; es sind mehrere hundert Exemplare gefunden worden, von denen keines dem anderen ähnelt. Der Einfluß einiger wesentlicher im punischen Raum zirkulierender Vorbilder ist deshalb nur schwach ausgeprägt und wird durch die freie Gestaltung der Künstler fast aufgehoben, ohne daß sich daraus große Unterschiede oder Abweichungen ergeben. Die handwerklichen Varianten werden im wesentlichen durch zwei Mittel erzielt: durch die Ausarbeitung des Gesichts und durch die besondere Gestaltung der Arme. Das handmodellierte und durch Aufsetzen oder – bei den gröberen Exemplaren – durch Einritzen der charakteristischen Merkmale ausgearbeitete Gesicht nimmt stark deformierte Züge einer volkstümlichen Primivität an. Die körperfernen und manchmal unproportioniert langen Arme – sie sind offensichtlich getrennt angefertigt und aufgesetzt – sind auf verschiedenste Art und an den verschiedensten Stellen angebracht; es ist anzunehmen, daß die Handwerker damit den Sitz der Krankheiten gekennzeichnet haben, gegen die die Stifter um göttliche Hilfe baten (oder dafür dankten).

Auch die Körper sind – soweit das möglich war – auf unterschiedliche Weise gestaltet. Es gibt glockenförmige und – seltener – eiförmige Körper; letztere sind interessanterweise unten mit Tonplatten abgeschlossen, die man auch bei den Figuren von Ibiza

wiederfinden sollte. Zusätzlich zu dieser grundlegenden Unterscheidung kommen noch zahlreiche Varianten: mal ist die Schulterpartie besonders betont, mal hat die Figur etwa die Form eines einfachen Zylinders; mal ist die Silhouette elegant geschwungen, mal ist sie eher gebrochen und die Gürtellinie ist trommelförmig; mal verläuft die Silhouette kontinuierlich, mal verengt sie sich ein- oder zweimal. Ähnliches gilt für die Basen. Es gibt wenig oder stark ausgeweitete mit Kordelmuster-Rand, mit einfachem ausgezogenem, verengtem oder zurückgenommenem zylindrischen Fuß, mit doppelter oder dreifacher Ringfassung (letzteres bei den mit Platten verschlossenen Figuren). Aus all dem geht klar hervor, daß die Handwerker die Formen nach einer Skala stets nahe verwandter aber immer unterschiedlicher Möglichkeiten zu variieren versuchten.

Bei den Figuren von *Bitia* fehlen einige Merkmale. So findet man niemals auf den ausgestreckten Armen oder auf dem Kopf getragene Öllampen; trotz der großen Zahl von Figuren fehlt jede Spur von Bemalung; bei den eiförmigen Figuren, die älter sind als die von Ibiza, findet man nie die barettartige Kopfbedeckung, die bei den iberischen Figuren charakteristisch sein sollte. All das bestätigt das Gesamturteil über diese Produktion: Das Kunsthandwerk von Bitia ist sich zwar seiner Vorbilder bewußt, es unterscheidet sich jedoch von ihnen durch seine freie Gestaltung und seine große, volkstümlich geprägte Vielfalt, zu der die erkennbare Absicht zu einer unterschiedlichen Gestaltung der Figuren kommt, um diese den besonderen Bedürfnissen der Stifter anzupassen. Es wurde behauptet und ist möglich, daß die gleichzeitige Blüte der sardischen Bronzekunst nicht ohne Einfluß auf diese Produktion blieb. Wie einige hellenistische Stelen zeigen, ist die Produktion von Bitia zudem insgesamt jünger als anderer punischer Gebiete; sie fällt nämlich in die Zeit zwischen dem 3. und dem 1. Jahrhundert v. Chr..

Im iberischen Raum hat uns das Kunsthandwerk von *Ibiza* eine große Zahl von sowohl mit Model geformter als auch mit der Scheibe gefertigter Figuren hinterlassen. Bei den mit Model geformten unterscheidet man zwischen den ägyptisch-phönikisch und den griechisch beeinflußten Figuren. Es fehlt jedoch nicht an besonderen Wechselwirkungen zwischen beiden Gruppen, die wohl auf die hier deutlich erkennbare Gestaltung durch das lokale Kunsthandwerk zurückzuführen ist. So gibt es mumienförmige Figuren mit griechischen Zügen. Darüberhinaus kommt die lokale Eigenständigkeit bei einer Gruppe, die bis dahin ohne Vorläufer war, zum Durchbruch; sie ist durch die reiche Verzierung von Kopf und Kleidung gekennzeichnet. Diese männlichen oder weiblichen Figuren stehen aufrecht, sie halten die Hände an die Brust oder haben diese im Gebetsgestus nach vorne ausgestreckt. Bei diesen Exemplaren verschmelzen phönikische und griechische Komponenten miteinander, aber die Gestaltung ist als typisch für das iberische Kunsthandwerk zu betrachten.

Ebenfalls aus Ibiza stammt eine große Zahl mit der Scheibe gefertigter Figuren, die gute Beispiele für die typologische Vielfalt dieses Genres sind. Sowohl glockenförmige als auch eiförmige Figuren sind hier nämlich in großer Zahl nachgewiesen worden. Die glockenförmigen Figuren haben eine Reihe gemeinsamer Merkmale: Der Kopf hat die Form eines flachen, oben abgerundeten Zylinders, Nase, Kinn und Ohren sind aufgesetzt, die Augen sind durchgestochen, der Mund ist gestochen oder geritzt und der Hals ist zwischen Kopf und Körper stark eingekerbt. Sie unterscheiden sich jedoch in der Haltung der Arme und in der Präsenz oder dem Fehlen von Öllampen. Die Arme sind entweder auf der Brust verschränkt – und in diesem Fall fehlen die Öllampen – oder ein Arm hält eine Öllampe auf dem Kopf und der andere eine Öllampe an der Seite; oder aber beide Arme halten zwei Öllampen an der Seite und auf dem Kopf befindet sich eine dritte Öllampe.

Ebenso vielfältig ist die Typologie der eiförmigen Figuren, die nur auf der Iberischen Halbinsel vollständig vertreten ist. Die Figuren haben mehrere gemeinsame Merkmale: z.B. eine Kette um den Hals oder die Arme auf dem vorderen Teil des Körpers liegend bzw. in Richtung des – immer männlichen und etwas höher sitzenden – Geschlechtsteils ausgestreckt; an der Schulter befindet sich ein Belüftungsloch. Bei dieser Gruppe ist jedoch der Kopf unterschiedlich gestaltet. Er ist entweder ohne Einkerbung des Halses mit dem Körper verbunden und in diesem Fall ist das Gesicht nur durch die hervortretenden Brauenbögen, die durchgestochenen Augen und die starke Nase mit breiter dreieckiger Wurzel gekennzeichnet; oder der Kopf geht aus dem eingekerbten Hals hervor und ist dann kugelförmig, wobei Augen, Nase, Ohren und großer Mund aufgesetzt sind. Bei der ersten Gruppe findet man manchmal, bei letzterer immer eine flache Kopfbedeckung.

Die vergleichende Betrachtung der punischen Figuren in den verschiedenen Mittelmeerländern erlaubt einige abschließende Bemerkungen. Bei den mit Modeln geformten Exemplaren überwiegen im allgemeinen die ägyptisch-phönikischen und griechischen Vorbilder, wobei vor allem letztere weite Verbreitung fanden. Eine umfangreiche Dokumentation zeigt den starken Einfluß hellenistischer Strömungen und deren Verbreitungswege. Nur die Produktion von Ibiza erzielt durch einige besondere Kombinationen der beiden Genres und vor allem mit der Gruppe der reich verzierten Figuren Arbeiten von beachtlicher Originalität.

Bei den mit der Scheibe gefertigten Figuren ist im wesentlichen zwischen dem glockenförmigen und dem eiförmigen Typus zu unterscheiden. Man kann nicht mit Bestimmtheit sagen, ob die beiden Typen von Anfang an nebeneinander auftraten und eine unterschiedliche Entwicklung nahmen oder ob der glockenförmige Typus originär und der andere von diesem abgeleitet ist und sich dann selbst weiterentwickel hat. Jedenfalls bleibt die glockenförmige Typologie die am stärksten verbreitete und zudem die für die früheste Zeit nachgewiesene und am längsten hergestellte, wie die riesige Zahl der in Bitia gefundenen Exemplare zeigt. Aber die umfangreiche Dokumentation des eiförmigen Typus auf Ibiza und deren Untergliederung in verschiedene klar abgegrenzte Untergruppen zeigt gleichzeitig die Originalität der iberischen Produktion und die vielfältige Entwicklung eines Genres, das die Gliederung des punischen Raumes sehr gut widerspiegelt.

Protomen und Masken

Eine Produktion, die sich deutlich von den phönikischen Vorbildern unterscheidet und sich im punischen Raum eindeutig weiterentwickelt, ist die der Protomen und Terrakotta-Masken. Bei den Protomen scheinen orientalische Vorläufer sogar ganz zu fehlen, und dieses Genre ist wohl von griechischen Vorbildern beeinflußt. Bei den Masken gibt es dagegen einige Vorläufer im syrisch-palästinensischen Raum – z.B. ein Exemplar aus Hazor – aber die eigenständige Entwicklung bleibt unbestritten. Typologisch liegen die Protomen und die Masken nahe beieinander: ein Gesicht mit Ansatz einer Büste oder nur ein Gesicht. Ikonographisch besteht dagegen ein eindeutiger Unterschied, weil die Protomen einen gelassenen oder lächelnden, die Masken dagegen einen mehr oder weniger grotesken Gesichtsausdruck haben. In beiden Fällen liegen ihre Maße nur wenig unter der natürlichen Größe. Die Maße und die Löcher zum Aufhängen zeigen, daß weder die Protomen noch die Masken auf dem Gesicht getragen wurden. Sie wurden vielmehr an die Wand gehängt; vielleicht in den Häusern, bestimmt jedoch in den Gräbern, wo sie gefunden wurden. Schließlich wurden verkleinerte Nachbildungen von Masken in Form von Amuletten und Kettengliedern hergestellt.

Was stellen die Protomen und die Masken dar? Erstere offensichtlich Göttergestalten, und deshalb dürfte es sich um Votivgaben handeln. Sie haben zwar auch magische und apotropäische Funktion, diese ist jedoch sekundär. Die Masken stellen offensichtlich Dämonen dar, da bei ihnen die magische und apotropäische Funktion im Vordergrund steht; sie dienten also zur Vertreibung und zum Fernhalten böser Geister. Beim Vergleich mit afrikanischen Masken konnte man zwar keinen genauen Zusammenhang feststellen, Merkmale wie Tätowierungen lassen einen solchen jedoch vermuten. Als Beispiel für eine typologische Übereinstimmung ohne notwendige gegenseitige Abhängigkeit der verschiedenen Produktionen sei auf die griechischen Masken verwiesen, vor allem auf die aus dem Heiligtum der Artemis-Orthia in Sparta, die auf die gleiche Zeit datiert werden (7. bis 6. Jahrhundert v. Chr.).

Bei der Betrachtung der einzelnen Gebiete des punischen Raums ist zu bemerken, daß in Karthago schon in den ältesten Gräbern eine große Zahl von Masken und Protomen gefunden wurde. Bei den Protomen überwiegen bei weitem die weiblichen Gesichter: sie sind ikonographisch in einzelne Gruppen unterteilt. Die ägyptisierende Gruppe ist gekennzeichnet durch einen gelassenen Gesichtsausdruck, hochstehende Augenbrauen, die einen rechten Winkel mit der Nasenlinie bilden, *klaft* oder ägyptische Perücke und hinter den Ohren auf die Schultern fallendes Haar. Die griechisch-phönikische Gruppe, so genannt wegen des hier zusammentreffenden zweifachen Einflusses, zeigt ein lächelndes Gesicht, große Augen, Augenbrauen, die bogenförmig in die Linie der spitzen Nase übergehen, vorspringendes Kinn, Schleier oder Perücke und stilisiertes gelocktes Haar, das hinter den Ohren auf die Schultern fällt. Schließlich gibt es eine dritte Gruppe, die rhodische, die ganz einfach die von Rhodos und später von Delos kommenden griechischen Protomen imitiert. Es gibt nur wenige Protomen mit männlichen Gesichtern. Eine aus Utica, die

146

man als ägyptisierende bezeichnen könnte, hat üppig gelocktes Haar und einen stilisierten langen dünnen Bart; diese Protome ist das genaue Gegenstück eines sardischen Exemplars, das wir in Monte Sirai gefunden haben. Eine andere Protome aus Karthago, die wir als ägyptisierend bezeichnen würden, hat in Form von kleinen Ringen stilisiertes Kopf- und Barthaar, die Augen und der Mund sind nicht durchgestochen und sie hat ein Loch zum Aufhängen.

Durch die Untersuchungen von Cintas und später von Frau Picard konnte man auch die Masken in Gruppen unterteilen. Die erste Gruppe mit negroidem Charakter ist durch ein bartloses Gesicht, durchgestochene Augen, plattgedrückte Nase, und ebenfalls gestochenem und an einer Seite nach oben verzogenem Mund gekennzeichnet. Die zweite dominierende und in anderen Gebieten weit verbreitete Gruppe ist durch ein bartloses Gesicht, starke horizontale Furchen auf der Stirn und den Wangen, große abstehende Ohren, durchgestochene Augen in Form eines nach unten zeigenden Halbmondes und einen auf den Seiten zu einer typischen Grimasse verzogenen Mund gekennzeichnet. Bei der dritten Gruppe, die Silen-Charakter hat, findet man große spitze Ohren und kleine durchgestochene Augen. Diese Gruppe stammt wahrscheinlich aus späterer Zeit, und hier setzt sich eine griechische Ikonographie durch. Schließlich sei noch die Nachbildung von Masken in Form von Amuletten und Kettenanhängern erwähnt. In der ersten Gruppe sind sie aus Elfenbein und Bein hergestellt, in der dritten Gruppe aus lackierter Silikatmasse, wobei die Übereinstimmung im Laufe der Zeit immer schwächer wird.

Einige Rest von weiblichen Protomen aus Malta und Pantelleria zeigen, daß dieses Genre überall in der punischen Welt des mittleren Mittelmeerraums verbreitet war. Die diesbezüglich wichtigsten Funde der letzten Jahre kommen jedoch aus Sizilien, wo wir im *tofet* von Mozia zahlreiche ausgezeichnet erhal-

tene weibliche Protomen gefunden haben. Sie haben eine Perücke und das Haar wird durch ein Band gehalten, wodurch die Haare hinter den Ohren auf die Schultern fallen; die Gesichtszüge sind weich und ebenmäßig und, wie es für diese Ikonographie bezeichnend ist, stoßen die Augenbrauen und die Linien der Nase rechtwinklig aufeinander. Wie in Karthago sind auch hier die Protomen mit dem Model geformt und die vollkommene Übereinstimmung mit den karthagischen Exemplaren läßt annehmen, daß die Model, wenn nicht gar die Protomen selbst, importiert sind.

Andere weibliche Protomen sind vom griechischen Typus. Neben der Hypothese vom Import oder vom karthagischen Einfluß geht man hier überdies davon aus, daß diese Protomen wahrscheinlich aus dem griechischen Sizilien kommen. Es ist nur ein Exemplar einer männlichen Protome erhalten; obwohl es sich nur um ein Fragment handelt, kann man dieses Exemplar typologisch mit dem bereits erwähnten aus Utica und dem noch zu erwähnenden aus Monte Sirai identifizieren. Schließlich gibt es in Mozia eine vollständig erhaltene Groteskmaske, die genau mit den in Karthago gefundenen Masken der zweiten Gruppe übereinstimmt. So stark und beachtlich also die Originalität der aus Mozia stammenden Funde bei anderen Genres – vor allem bei den Stelen – ist, so deutlich und total ist die Übereinstimmung mit Karthago bei den Protomen und Masken. Eine Erklärung dafür liegt wahrscheinlich in der eigenständigen Entwicklung des ersten Genres in Spezialwerkstätten, während das zweite Genre vor allem als Import der bereits fertigen Erzeugnisse oder der Model nachgewiesen ist.

Auf Sardinien sind ebenfalls zahlreiche Protomen und Masken gefunden worden und auch hier überwiegt die Ableitung von den karthagischen Vorbildern. Vor allem in Tharros hat man eine umfangreiche Dokumentation gefunden. Dort sind alle Arten weiblicher Protomen vertreten, die sich an den karthagischen Vorbildern orientieren, jedoch manchmal leichte Abweichungen aufweisen, was auf den Beitrag des lokalen Kunsthandwerks schließen läßt; es besteht ein gewisses Interesse an den Charakteristika der Physiognomie und am Gesichtsausdruck, der von Gelassenheit bis zum Lächeln reicht. Auch in Sulcis gibt es weibliche Protomen, die wegen ihrer unverkennbaren Eigenständigkeit von besonderem Interesse sind. In Monte Sirai wurde das bereits erwähnte, mit den Protomen aus Utica und Mozia übereinstimmende Exemplar gefunden.

Bei den Grotesmasken gibt es ein sehr bedeutendes Exemplar der zweiten karthagischen Gruppe aus San Sperate, das die Vorbilder genau nachahmt. Auch in diesem Fall ist Tharros jedoch die größte Fundstelle. Hier ist eine als naturalistisch zu bezeichnende Tendenz festzustellen, die die Komponenten des Grausigen und Monströsen abschwächen soll. Ebenso bemerkenswert ist die Eigenentwicklung bei den Silen-Masken, die wir von Karthago her kennen und in Tharros wiederfinden. Sie kommt hier vor allem in der häufigen Verwendung von eingeritzten Linien, z.B. bei dem auf drei unten zusammenlaufende Linien reduzierten Bart, zum Ausdruck.

Im iberischen Raum wurden Protomen und Masken auf Ibiza gefunden. Bei den weiblichen Protomen gibt es nach der für Karthago geltenden Einteilung sowohl den griechisch-phönikischen als auch den rhodischen Typus. Für beide Fälle sind die eigenständigen Merkmale bezeichnend, durch die sich diese Produktion – zweifellos aufgrund einer größeren Unabhängigkeit des lokalen Kunsthandwerks – von den bisher betrachteten Modellen am stärksten unterscheidet. Die einzige männliche Protome unterscheidet sich ebenfalls stark von den Vorbildern. Bei den Masken findet man sowohl den Typus der Grotesk-Maske als auch den der Satyr-Maske, die deutlich vermenschlichte Züge trägt, wodurch das grauenerregende Element abgeschwächt wird. Ganz eigenständig ist schließlich die negroide Maske aus Cadiz mit sehr realistischen Zügen. Bei einem durch

seine Homogenität gekennzeichneten Genre weist die Iberische Halbinsel im Vergleich mit den karthagischen Vorbildern insgesamt die stärkste Eigenentwicklung auf.

Schmuckgegenstände

Zu den wichtigsten Erzeugnissen im ganzen punischen Raum gehören die Schmuckgegenstände. Der Metallhandel zwischen Osten und Westen ist bekanntlich die Grundlage der phönikischen Diaspora. An erster Stelle des Handels steht dabei der Import von Edelmetallen von der Iberischen Halbinsel; diese werden dann bearbeitet und die daraus entstandenen Erzeugnisse wieder verkauft. Es handelt sich also um den Kern des phönikisch-punischen Handels, den wesentlichen Grund seines Erfolges und seiner Kontinuität. Im übrigen gibt es eine künstlerische Tradition im syrisch-palästinensischen Raum vor der Zeit der Phöniker, den diese rezipieren. Darin ist der ägyptische Einfluß bereits konstant, der hinsichtlich der Typen und Darstellungen auch bei diesem Genre der wichtigste gemeinsame Nenner ist. Wegen der leichten Absatzmöglichkeit der Schmucksachen, ist natürlich nicht immer festzustellen, ob sie im Westen oder im Osten hergestellt wurden und falls sie im Westen hergestellt wurden, ob sie aus dem Fundgebiet selbst oder aus anderen Gebieten stammen. Die neuesten Untersuchungen haben jedoch auch hier große Fortschritte gebracht, da dabei ziemlich hoch entwickelte Produktionszentren außerhalb Karthagos und Afrikas entdeckt wurden.

Das wichtigste Material ist zweifellos *Gold,* das gleichzeitig die größte Haltbarkeit über lange Zeiträume hinweg besitzt. Es werden jedoch auch Silber, Bronze und Edelsteine verwendet, letztere hauptsächlich für Ketten. Die Verarbeitungstechniken sind vor allem die Treibarbeit und die Granulation. Es sei vorausgeschickt, daß auch die Miniaturmasken, die Amulette und die Skarabäen thematisch zur Kategorie des Schmucks gezählt werden können, vor allem in Form von Kettengliedern oder – wie die Skarabäen – wenn sie in Ringe gefaßt sind. Es gibt also einige charakteristische Typologien im ganzen punischen Raum, die nach einem später zu untersuchenden Verhältnis mal häufiger und mal seltener zu finden sind. Sie sollen im folgenden summarisch beschrieben werden.

Es gibt *Ohrringe* in vielen Variationen, z.B. einfache mit Anhängern in Tropfenform, in Körbchenform, in Form eines Henkelkreuzes ohne dessen oberen Teil, in Form einer mit „Zitzen" besetzten Kugel (d.h. mit vier symmetrisch angeordneten erhabenen Kügelchen); weiter gibt es Kombinationen, deren oberer Teil die Form eines Blutegels hat und mit Vogelköpfen und verschiedenen, durch Ringe verbundenen Anhängern in Form von Sperbern, Tropfen und Körbchen abschließt. Die *Armbänder* sind schlicht und bestehen aus einer oder aus zwei Spiralen, die manchmal mit Tierköpfen geschlossen werden. Andere Armbänder bestehen aus mehreren miteinander verbundenen rechteckigen Bändern, die in Treibarbeit ausgeführt sind. Die ikonographischen Motive sind der Skarabäus, die Palmette, und die Lotosblüte. Die *Ringe* sind teils einfache, teils mit Fassung gearbeitet, wobei der Ringkopf verschiedene Formen haben kann – z.B. skaraboid, oval, rund, rechteckig oder quadratisch – und aus unterschiedlichem Material gearbeitet ist – aus dem gleichen Metall oder aus einem Edelstein – und es sind verschiedene meist ägyptisierende Motive eingraviert, wie der Greif, die Sphinx, der Falke und die Palmette. Die *Anhänger* bestehen entweder aus Täfelchen mit verschiedenen Darstellungen – wie die von zwei Uräusschlangen eingerahmten Darstellungen der Sonne oder eines Gefäßes, oder die Mondsichel mit der Sonnenscheibe usw. – oder sie haben die unterschiedlichsten Formen des künstlerischen Repertoires – wie das Herz, den Falken, das Horusauge, den aufgehenden Mond, das „Tanit-Zei-

chen" und die weibliche Brust, die offensichtlich von Terrakotta-Protomen übernommen wurde. Bei den *Ketten* schließlich gibt es Glieder aus Gold, Edelstein oder Glasmasse, die mit den verschiedensten Anhängern alternieren. Auch die als Amuletträger dienenden, mit einem Loch zum Aufhängen versehenen Röhren können zu den Schmuckstücken gerechnet werden.

Karthago bietet in diesem Bereich zahlreiche und vielfältige Erzeugnisse, bei denen fast alle Themenkreise vertreten sind. Auch einigen afrikanischen Siedlungen wie Tanger und Mogador kommt durch die Zahl und Vielfalt der dort gemachten Funde große Bedeutung zu. Die auf Sizilien erhaltenen Stücke sind weniger bedeutend. Spitzenerzeugnisse der Schmuckherstellung liefert dagegen Sardinien insgesamt und hier im besonderen Tharros, wo durch unsere Nachforschungen in den Museen von Cagliari und Sassari eine Reihe von bereits mehr als tausend bisher unbekannten Stücken veröffentlicht werden konnte. Daraus geht eindeutig hervor, daß es dort eine eigenständige Produktion gab; sie entstand in Werkstätten, die die Voraussetzungen für die Herstellung eleganter, verfeinerter und origineller Erzeugnisse besaßen. Anscheinend ist in Tharros die schöpferische Vielfalt wesentlich stärker ausgeprägt als in Karthago selbst. Hier gilt jedenfalls das gleiche wie für die Skarabäen; mit Sicherheit gab es eine eigenständige Produktion auf Sardinien, die eine starke Ausstrahlungskraft besaß.

Über die Schmuckherstellung in Tharros, einem der wichtigsten Kapitel der punischen Kunst, sind noch einige Bemerkungen anzufügen. Erstens erreicht hier das Kunsthandwerk eindeutig das Niveau von Kunst. Wenn edles Material verarbeitet wird, um über die schlichte Funktionalität hinaus das Bedürfnis nach Luxus und Prestige zu befriedigen, so zeigt sich damit die deutliche Absicht, den Sinn für das Schöne und Erlesene zu wecken, der den ästhetischen Genuß kennzeichnet. Zweitens erklären unsere Thesen Phänomene wie die Nachbildung von Motiven in Edelmetall, die für andere Genres typischer und dort leichter herstellbar sind – wie etwa die bereits erwähnte weibliche Büste. Drittens ist dieses Genre von einem Prozeß der Stilisierung und Ornamentalisierung gekennzeichnet, durch die das Interesse an den Bildinhalten verlorenzugehen scheint. Die Auswahl der typologischen und ikonographischen Motive erfolgt jedoch nicht willkürlich, da wir davon ausgehen müssen, daß sich die Künstler der ursprünglichen Bedeutung dieser Merkmale, die wir oft nicht kennen, stets bewußt waren. Schließlich handelt es sich hier um ein Beispiel punischer Kunst im umfassenden Sinn mit deutlich erkennbaren ägyptisch-phönikischen Vorläufern und starker Verbreitung im ganzen punischen Raum, wobei die nicht zur Tradition gehörende griechische Komponente in diesem Fall im Hintergrund bleibt.

Die in Spanien gefundenen Schmucksachen erfordern einige besondere Anmerkungen. Einige vor kurzem in den von den Phönikern kolonisierten Küstensiedlungen im Süden gefundenen Schmuckstücke stellen kein Problem dar. Darunter fällt z.B. ein aus Trayamar stammender, getriebener und mit Granulationen besetzter goldener Anhänger in Form einer Scheibe auf, der in direkter Beziehung zu den Arbeiten von Karthago und Motye steht. Anders ist das bei einigen ziemlich umfangreichen Gruppen von Schmuckstücken, die in La Aliseda, El Carambolo und Evora gefunden wurden. Es handelt sich hier um im Binnenland gelegene Orte, die nicht von den Phönikern kolonisiert wurden. Nach Ansicht vieler Wissenschaftler sind bei diesen Schmuckstücken neben dem eindeutig orientalischen Einfluß sowohl der des lokalen Kunsthandwerks als auch andere Einflüsse des Mittelmeerraums, wie der griechische und der etruskische, zu finden. Diese Wissenschaftler neigen folglich dazu, diese Arbeiten in den größeren Komplex der „orientalisierenden" Kunst einzuordnen, obwohl sie deren phönikische Komponente anerkennen. Es handelt

sich um ein bereits erwähntes, auch in Italien häufig auftretendes Phänomen, das letztlich alle regionalen Völker betrifft.

Betrachten wir nun die Gruppen im einzelnen. Das wichtigste Stück des Schatzes von La Aliseda – aus Gold und in Relief-, Treib- oder Ajourtechnik gearbeitet – ist ein Gürtel, dessen sich überlagernde Bänder mit regelmäßig alternierenden Motiven wie einer Kampfszene zwischen Mensch und Löwe, dem Greif und Palmetten, dekoriert sind. Ebenfalls aus La Aliseda stammt ein Diadem mit Palmetten und Rosetten aus gebogenem granuliertem Draht, den die Künstler in Kapseln eingelassen haben. Es gibt außerdem Armbänder mit Spiraldekor, der in Palmblätter endet; Ohrringe in Gestalt von Blutegeln mit einem Kranz aus Lotosblüten und Palmetten; und schließlich aus Elementen wie zylindrischen Behältern oder Anhängern bestehende Ketten. Schließlich seien die Siegel und Ringe in verschiedenen Formen erwähnt.

Der Schatz von El Carambolo umfaßt Plaketten, Pektorale und Armbänder aus Gold; diese sind mit Halbkugeln und in Kapseln eingelassenen Rosetten verziert, die in durch reliefierte Schnüre voneinander getrennten Reihen angeordnet sind. Bei dieser Gruppe fällt eine Kette auf, die in einer Schlaufe in Form eines Doppelkonus endet, an der sieben Anhänger in Form von Siegelringen hängen, die reich mit geometrischen und floralen Motiven verziert sind. Der Schatz von Evora schließlich umfaßt Diademe, gravierte und getriebene Goldplaketten, einige davon mit menschlichen Zügen, Ketten, Armbänder und verschiedene Anhänger.

Eine Beurteilung all dieser Schmuckgegenstände ist nicht einfach. Zweifellos wird auch bei diesen wie bei anderen Genres der iberischen Kunst die phönikisch-punische Komponente durch das lokale Element assimiliert und beeinflußt, wozu dann auch noch verschiedene andere Einflüsse – vor allem der griechische, aber auch der etruskische – kommen. Das ist das Entscheidende und deshalb kann man zu recht von „orientalisierender" Kunst sprechen. Trotzdem wird weiterhin nach ursprünglich phönikisch-punischen Motiven, d.h. nach einem Typus gearbeitet, der sich am phönikisch-punischen Ambiente inspiriert. Somit gehören diese Gegenstände zweifellos in den Rahmen einer Abhandlung über die Karthager.

Die Amulette

Mit den Amuletten befassen wir uns nach dem Schmuck weiterhin mit dem Genre der sogenannten „Kleinkunst", zu dem auch die Skarabäen oder Siegel und die Elfenbeinarbeiten gehören, die eng miteinander verbunden sind, so daß eine Unterscheidung als rein formal zu betrachten ist. Es gibt als Schmuck verwendete Amulette und Skarabäen und umgekehrt Elfenbeinarbeiten mit der Funktion von Amuletten und von Schmuck usw. Im übrigen rührt die eigenartige Unterscheidung von der Überschneidung der zur Kennzeichnung der erwähnten Genres dienenden Kriterien her. Man spricht von Amuletten aufgrund der Funktion, von Skarabäen aufgrund der Form, von Schmuck aufgrund des Wertes und von Elfenbeinarbeiten aufgrund des Materials. Die Griechen bezeichneten diese typisch phönikischen Erzeugnisse mit dem bereits erwähnten Überbegriff *athyrmata* d.h. Nippsachen; außerdem stimmt der im mittelalterlichen Latein gebräuchliche, in einem Edikt aus Tharros verwendete Begriff *iocalia* sehr gut – wenn auch rein zufällig – mit dieser Vorstellung überein.

Bekanntlich leitet sich von *iocalia* das italienische Wort „gioelli" (Juwelen) ab, das im weitesten Sinne der Überbegriff für diese Genres sein könnte.

Behält man der Einfachheit halber die herkömmliche Einteilung bei, so gilt für die im ganzen punischen Raum in großer Zahl in den Gräbern gefundenen Amulette, daß sie gewöhnlich aus lackierter Glasmasse hergestellt sind; wertvollere Stücke können jedoch auch aus einem anderen Material bestehen und sind in diesem Fall in die Kategorie Schmuck einzuordnen. Außerdem sind die Amulette durch eine eindeutig ägyptisch beeinflußte Typologie gekennzeichnet. Die wichtigsten Motive sind das *udjat*-Auge, die Uräusschlange, der Ptah-Patek, der Horusfalke, Bes und Thot. Es folgen in geringerer Zahl andere ägyptische Gottheiten, Tiere, die ebenfalls mit göttlichen Wesen in Beziehung stehen oder solche darstellen, Symbole wie das Herz, die Hand, die Lotosblüte und die Krone. Da es in Phönikien keine ebenso zahlreichen Funde dieses Genres gibt, sind die Amulette als typisches Produkt der punischen Welt zu betrachten, das direkt und eng mit Ägypten in Verbindung steht, und zwar auf Wegen, die wir zum Zweck der angemessenen Beurteilung im folgenden untersuchen müssen.

Über die Verbreitung der *Amulette* ist zu bemerken, daß sie im 7. und 6. Jahrhundert ziemlich häufig vorkommen; ihre Zahl verringert sich jedoch im 5. Jahrhundert, das wir als eine Zeit kennen, in der sich Karthago äußeren Einflüssen gegenüber verschließt. Im 4. und 3. Jahrhundert sind die Amulette wieder zahlreicher um dann allmählich zu verschwinden. Ihre Zahl ist je nach Nekropole unterschiedlich. Wie ähnliche Genres findet man auch die Amulette vorwiegend in den Gräbern der Wohlhabenden. Die über die Verbreitung dieses Genres insgesamt getroffenen Feststellungen stimmen mit einer von Vercoutter durchgeführten Untersuchung der verschiedenen Typen überein, aus der sich zwischen Ägypten und Karthago bestehende Parallelen nicht nur in der allgemeinen sondern auch in der besonderen Entwicklung ergeben. Das untermauert die These, daß der punische Raum vor allem durch Importe – jedoch nicht ausschließlich – von Ägypten abhing. Es gibt nämlich verschiedene Anhaltspunkte – wie die lokale Herstellung von Silikatmasse und die mindere Qualität einiger Exemplare – die für die lokale Produktion zumindest eines kleineren Teils der Amulette sprechen.

Es sei noch eine besondere Gruppe von Amuletten erwähnt. Es handelt sich um die kleinen Metallröhren, deren Abschluß ägyptisierende Tierköpfe bilden; diese enthalten ihrerseits kleine Metallröhrchen mit Gravierungen und manchmal mit Inschriften. Als Metall werden in der frühesten Zeit vor allem Gold und Silber verwendet, wodurch diese Stücke einen besonderen Platz unter den Schmucksachen erhalten. Später werden überwiegend Bronze und Blei verwendet. Die in den Röhren gefundenen Röllchen mit offensichtlich imitierten ägyptischen Darstellungen oder sogar mit punischen Gravierungen bestäigen, daß es auch in diesem Fall außer starkem Import eine punische Produktion gab.

Hinsichtlich der Funktion der Amulette verdanken wir wiederum Vercoutter eine genaue Untersuchung der für den Import oder für die Imitation ausgewählten Typen und der zu der Auswahl führenden Beweggründe. Dabei stellte sich heraus, daß sich Import oder Imitation auf die Amulette mit speziellen magischen Funktionen konzentrieren – vor allem das *udjat*-Auge, die Uräusschlange, der Gott Ptah und andere Motive. Bezeichnenderweise fehlen gleichzeitig die ägyptischen Amulette, die als Grabbeigaben dienten und keine magischen Funktionen hatten – wie die vier Horus-Söhne und andere. Die Karthager importierten oder imitierten also die Amulette aufgrund ihres magischen Glaubens, und dieser unter den unteren Bevölkerungsschichten stark verbreitete Glaube hing weitgehend mit dem ägyptischen zusammen.

Eine spezielle Erläuterung und eine genaue Untersuchung der Amulette, die in dem außerhalb Karthagos und des afrikanischen Gebietes liegenden Raum gefunden wurden, ist nicht erforderlich, sie würde stark vom Thema wegführen, weil der größte Teil des gefundenen Materials sowohl aus Karthago – das wahrscheinlichere – als auch aus Ägypten – das weniger wahrscheinliche, aber nicht auszuschließende – importiert wurde. Über die in diesem Fall bestehende Abhängigkeit – auch der Gebiete mit starker

Eigenproduktion – von Karthago sei das Beispiel der von Levi durchgeführten Untersuchung der für eine aus Fontana Noa in Olbia auf Sardinien kommende große Kette verwendeten Amulette angeführt. Daraus ergibt sich eindeutig die Abhängigkeit der sardischen Amulette von den karthagischen. Es gibt also bisher noch keine Gewißheit über eigene Produktionszentren außerhalb Afrikas, für das wir im übrigen festgestellt haben, daß der Import die lokale Imitation übertraf.

Die Skarabäen

Die Skarabäen oder Skaraboiden, die ebenfalls als Amulette benutzt werden und manchmal in die Goldfassungen von Schmuckstücken gefaßt sind, sind deshalb ein Beispiel dafür, wie fließend der Begriff der punischen *athyrmata* ist. Wegen ihrer offensichtlich ägyptischen Herkunft sind sie gleichzeitig ein Beispiel für den ägyptischen Einfluß auf das punische Kunsthandwerk. Aber nicht nur auf letzteres. Im Unterschied zu den Amuletten sind die ägyptischen Skarabäen, deren Rücken die Form des bekannten Käfers hat und auf deren flacher Unterseite sich Darstellungen und Gravierungen befinden, die zum Siegeln dienen – woher der ebenfalls gerechtfertigte Name Siegel für dieses Genre rührt – schon zuvor in Phönikien weit verbreitet, so daß es zwei Importwege nach Karthago und dem übrigen punischen Raum gibt: einmal aus Ägypten und da im besonderen aus dem Produktionszentrum Naukratis, zum anderen aus Phönikien. Auch bei diesem Genre gibt es lokale Erzeugnisse, ja wie wir sehen werden, kehrt sich sogar das Verhältnis zwischen Karthago und den anderen punischen Gebieten zumindest bei einem Genre um.

Die wichtigste Unterscheidung erfolgt aufgrund des jeweiligen Materials. Es gibt Skarabäen aus lakierter Glasmasse, aus Diaspor und Kornalin; außerdem aus seltener verwendeten anderen harten Mate-

Vorhergehende Seite:
Monte Sirai. Statue
aus der Kapelle des
Festungsturms.
Weibliche Gestalt
mit grob gearbeite-
tem Körper und
sorgfältig ausgearbei-
tetem Kopf. Die
Gestalt hat gelocktes
Haar, hervortretende
Augenbrauen, eine
kräftige Nase und
vorspringende Lip-
pen. Cagliari,
Nationalmuseum.

Links: Karthago.
Grabstatue in Form
einer von vorn dar-
gestellten weiblichen
Gestalt, deren rech-
ter Arm im Gruß-
gestus erhoben und
deren linker zur
Brust hin abgewin-
kelt ist und einen
nicht genau be-
stimmbaren Gegen-
stand hält. Karthago,
Nationalmuseum.

Außen links: Kartha-
go. Anthropoider
Sarkophag mit Dek-
kel in Form einer
griechisch-ägyptisie-
renden Frauenge-
stalt. Ihr Haupt ist
mit einem Falken-
kopf bekrönt, und
sie ist in eine in zwei
großen übereinander-
geschlagenen Flügeln
endende Tunika ge-
kleidet. Der rechte
Arm liegt am Körper
an und trägt ein
Räuchergefäß in
Form einer Taube,
der linke Arm ist nach
vorn abgewinkelt
und hält eine Opfer-
schale. Karthago,
Nationalmuseum.

Rechts: Karthago.
Weibliche Protome
aus Stein. Die Ikono-
graphie mit dem
gelassenen Gesichts-
ausdruck und der
Frisur mit zwei paral-
lelen Haarsträngen
erinnert an das
Genre der ägyptisie-
renden weiblichen
Protomen. Karthago,
Nationalmuseum.

Links oben: Karthago. Weibliche Protome aus Ton vom ägyptisierenden Typus. Der Gesichtsausdruck ist gelassen, Perücke und Haare fallen hinter den Ohren auf die Schultern herab, die Augen sind schräg und die Lippen vorspringend. Karthago, Nationalmuseum.

Links unten: Karthago. Männliche Protome aus Ton. Kopf- und Barthaare bestehen aus stilisierten Locken, Augen und Mund sind nicht durchgestochen und auf dem Kopf ist ein Ring zum Aufhängen angebracht. Bardo, Nationalmuseum.

Rechts: Karthago. Weibliche Protome aus Ton vom griechisch-phönikischen Typus mit lächelndem Gesicht, bogenförmigen Brauen, die in der verlängerten Nasenlinie verlaufen, großen schrägen Augen und stilisiertem, hinter den Ohren herabfallendem Haar. Bardo, Nationalmuseum.

Links: Mozia. Weibliche Protome aus Ton vom griechisch-phönikischen Typus mit hervortretenden Brauen, die bogenförmig in der verlängerten Nasenlinie verlaufen, mandelförmigen Augen und Fragmenten des stilisierten gelockten Haares. Mozia, Museo Whitaker.

Rechts: Tharros. Weibliche Protome aus Ton vom ägyptisierenden Typus mit gelassenem Gesichtsausdruck, rechtwinklig zu der Nasenlinie verlaufenden Brauen, Perücke und zwei hinter den Ohren herabfallenden Haarsträhnen. Cagliari, Nationalmuseum.

Links: Sulcis. Mit
dem Model geformte
Terrakotta-Figur.
Kopf einer ägyptisie-
renden männlichen
Gestalt, bartlos, mit
stilisiertem gelock-
ten Haar, großen
Augen, scharf
geschnittener Nase
und fein gearbeite-
tem Mund. Cagliari,
Nationalmuseum.

Rechts: Sulcis. Mit
dem Model geformte
Terrakotta-Figur.
Plakette in Gestalt
eines vielfarbig
bemalten menschli-
chen Kopfes mit sti-
lisiertem gelockten
Haar, hervortreten-
den mandelförmigen
Augen, starker Nase
und vorspringenden
Lippen. Cagliari,
Nationalmuseum.

Links: Karthago.
Tonmaske vom
negroiden Typus.
In dem bartlosen
männlichen Gesicht
sind Augen und
Mund durchgesto-
chen, die Nase ist
breit und platt und
über der Nase und
auf der Stirn befin-
den sich Tätowie-
rungen. Bardo,
Nationalmuseum.

Rechts: Tharros.
Silen-Maske aus Ton
mit durchgestoche-
nen Augen und
Mund, spitzen Tier-
ohren und mit aus
drei eingeritzten
Linien bestehendem
Bart. Cagliari,
Nationalmuseum.

Links: Mozia. Groteskmaske aus Ton. Bartloses männliches Gesicht mit starken Furchen auf Stirn und Wangen, durchgestochenen Augen und Mund und großen abstehenden Ohren. Mozia, Museo Whitaker.

Rechts: Tharros. Groteskmaske aus Ton. Bartloses männliches Gesicht mit starken Furchen auf den Wangen, theriomorphen Dekorationen über den Brauenbögen, durchgestochenen Augen und reliefartig hervortretenden Zähnen. Cagliari, Nationalmuseum.

Links: Mozia. Mit
dem Model geformte
Terrakotta-Figur.
Hellenisierender
Frauenkopf mit dich-
tem, in Form stili-
sierter Locken dar-
gestelltem Haar,
schrägen Augen, her-
vortretenden bogen-
förmigen Brauen
und vorspringenden
Lippen. Mozia,
Museo Whitaker.

Rechts: Monte Sirai.
Männliche Protome
aus Ton mit stilisier-
tem gelockten Haar,
mandelförmigen,
leicht schrägen
Augen und langem
glatten, von einer
vertikal eingeritzten
Linie geteilten Bart.
Cagliari, National-
museum.

Links: Mozia. Mit
dem Model geformte
Terrakotta-Figur.
Weibliche Gestalt
mit Kind auf der
Schulter und drapier-
tem hellenisierenden
Gewand. Mozia,
Museo Whitaker.

Rechts: Tharros. Mit
dem Model geformte
Terrakotta-Figur.
Hellenisierende
weibliche Gestalt,
mit dem *kalathos*
bekröntem Haar, am
Körper herabhän-
genden Armen, Ket-
te mit Anhängern in
Ährenform und
Peplos. Cagliari,
Nationalmuseum.

Links: Bitia, Sardinien. Mit der Scheibe gefertigte Terrakotta-Figur. Votivgabe. Glockenförmige männliche Gestalt. Die fehlende, linke musizierende Hand war nach oben gerichtet. Cagliari, Nationalmuseum.

Rechts: Bitia. Mit der Scheibe gefertigte Terrakotta-Figur. Votivgabe. Glockenförmige männliche Gestalt mit zum Scheitel erhobenen Armen. Cagliari, Nationalmuseum.

Links: Antos, Sardinien. Im Tempel vorgefundene, knieende weibliche Gestalt aus Bronze. Cagliari, Nationalmuseum. (Foto Petruccioli).

Rechts: Sardinien. Votiv-„Rasiermesser" aus Bronze mit grotesk dargestellter Figur. Cagliari, Nationalmuseum (Foto Petruccioli).

Links: Sardinien.
Votiv-„Rasiermesser"
aus Bronze mit dop-
peltem Griff in Form
eines Schwanen-
kopfes. Darstellung
einer Figur, die von
Efeutrieben erhöht
wird. Cagliari, Natio-
nalmuseum. (Foto
Petruccioli).

Rechts: Sardinien.
Votiv-„Rasiermesser"
aus Bronze mit Dar-
stellung der sog. Isis.
Cagliari, National-
museum. (Foto
Petruccioli).

Links: Antas. Mit dem Model geformte Terrakotta-Figur aus dem Tempel. Wasserspeier in Gestalt eines Löwenkopfes mit dichter Mähne und aufgesperrtem Rachen. Cagliari, Nationalmuseum (Foto Petruccioli).

Rechts: San Sperate. Groteskmaske aus Ton. Bartloses männliches Gesicht mit Nasenring, Tätowierungen auf Stirn und Kinn, starken Furchen, durchgestochenen Augen und Mund und großen abstehenden Ohren. Cagliari, Nationalmuseum.

Links: Karthago.
Groteskmaske aus
Ton. Bartloses männ-
liches Gesicht mit
starken Furchen auf
Stirn und Wangen;
Augen und Mund
sind durchgestochen
und die Zähne treten
reliefartig hervor.
Bardo, National-
museum.

Rechts: Karthago.
Groteskmaske aus
Ton. Bartloses männ-
liches Gesicht mit
starken Furchen auf
Stirn und Wangen
und großen abste-
henden Ohren;
Augen und Mund
sind durchgestochen.
Bardo, National-
museum (Foto des
Museums).

Links: Karthago.
Mit der Scheibe
gefertigte Terrakotta-
Figur. Kopf einer
Gestalt mit Resten
einer Laterne auf
dem Haupt, durch-
gestochenen Augen
und aufgesetzten
Ohren und Nase.
Karthago, National-
museum (Foto G.
van Racpcnbusch,
Tunis).

Rechts: Karthago.
Mit der Scheibe
gefertigte Terrakotta-
Figur. Kopf einer
Gestalt mit Resten
von Malerei, durch-
gestochenen Augen,
aufgesetzten Ohren
und Nase. Karthago,
Nationalmuseum
(Foto G. van Rae-
penbusch, Tunis).

Links: Ibiza. Mit
dem Model geformte
Terrakotta-Figur aus
der Nekropole von
Puig d'es Molins.
Weibliche Gestalt
von vorn mit zur
Brust hin abgewin-
keltem Arm, deren
Frisur und Gewand
reich verziert sind.
Madrid, Museo
Arqueológico Nacio-
nal (Foto des
Museums).

Rechts: Ibiza. Mit
dem Model geformte
Terrakotta-Figur aus
der Nekropole von
Puig d'es Molins.
Kopf einer männ-
lichen Gestalt
phönikisch-puni-
scher Tradition mit
Mauerkrone und ein-
geritztem Bart- und
Kopfhaar. Madrid,
Museo Arqueológico
Nacional (Foto Mas,
Barcelona).

Oben links: Ibiza.
Mit dem Model
geformte Terrakotta-
Figur aus der Nekro-
pole von Puig d'es
Molins. Nackte
männliche Gestalt
mit Mauerkrone,
gelocktem Kopf-
und Barthaar und
einer Kette um den
Hals, deren rechter
Arm im Grußgestus
erhoben und deren
linker abgewinkelt
und nach vorn aus-
gestreckt ist. Madrid,
Museo Arqueológico
Nacional.

Unten links: Ibiza.
Mit dem Model
geformte Terrakotta-
Figur aus der Nekro-
pole von Puig d'es
Molins. Weibliche
Gestalt mit fein aus-
gearbeiteter Frisur,
nach vorn ausge-
streckten Armen
und reichverziertem
Gewand. Madrid,
Museo Arqueológico
Nacional.

Oben rechts: Ibiza.
Mit der Scheibe
gefertigte Terrakotta-
Figur von der Isla
Plana. Glocken-
förmige männliche
Gestalt mit zur
Brust hin abgewin-
kelten Armen und
durchgestochenen
Augen und Lippen.
Barcelona, Museo
Arqueológico.

Unten rechts: Ibiza.
Mit der Scheibe gear-
beitete Terrakotta-
Figur von der Isla
Plana. Eiförmige
männliche Gestalt
von vorn, deren
Arme auf der vorde-
ren Körperseite in
Richtung des
Geschlechtsteils aus-
gestreckt sind.
Barcelona, Museo
Arqueológico.

Oben rechts: Ibiza.
Mit der Töpferschei-
be gefertigte Terra-
kotta-Figur von der
Isla Plana. Glocken-
förmige männliche
Gestalt von vorn mit
nach oben abgebo-
genen Armen, durch-
gestochenen Augen
und Lippen und auf-
gesetzter Nase.
Ibiza, Museo
Arqueológico.

Rechts: Ibiza. Mit
dem Model geformte
Terrakotta-Figur des
punisch-iberischen
Kunsthandwerks.
Gestalt mit nach
vorn ausgestreckten
Armen, deren
Gewand und Frisur
reich verziert sind.
Madrid, Museo
Arqueológico
Nacional.

Unten rechts: Ibiza.
Mit der Scheibe gear-
beitete Terrakotta-
Figur von der Isla
Plana. Eiförmige
männliche Gestalt
von vorn mit Kette
um den Hals und
nach unten in Rich-
tung des Ge-
schlechtsteils abge-
bogenen Armen.
Ibiza, Museo
Arqueológico.

Links außen:
Tharros, Sardinien.
Weibliche Terrakot-
tagestalt mit dem
kalkathos auf dem
Kopf und Lotosblü-
ten in der linken
Hand. Cagliari,
Nationalmuseum
(Foto Petruccioli).

Links: Nora. Mit
dem Model geformte
Terrakotta-Figur aus
der Nekropole.
Nackte weibliche
Gestalt von vorn,
die ihre Brüste mit
den Händen hält.
Cagliari, National-
museum (Foto
Petruccioli).

Oben rechts:
Karthago. Mit dem
Model geformte
Terrakotta-Figur.
Mumienförmige
weibliche Gestalt
mit roten und
schwarzen Farb-
resten. Karthago,
Nationalmuseum
(Foto D. Revault,
Tunis).

Unten rechts:
Karthago. Mit dem
Model geformte
Terrakotta-Figur.
Weibliche Gestalt
mit an den Hüften
anliegenden Armen,
am Körper anliegen-
dem Gewand und in
Strängen herabhän-
gendem gekräusel-
tem Haar. Karthago,
Nationalmuseum
(Foto D. Revault,
Tunis).

Rechts außen:
Karthago. Mit der
Scheibe gefertigte
Terrakotta-Figur.
Männliche Gestalt
vom glockenförmi-
gen Typus. Der
Brustkorb ist mit
den Fingern einge-
drückt, Brüste und
Nabel sind aufge-
setzt. Karthago,
Nationalmuseum
(Foto G. van Rae-
penbusch, Tunis).

Links: Karthago.
Räuchergefäße aus
Terrakotta in Form
eines graecisieren-
den Frauenkopfes
mit *modius*. Bardo,
Nationalmuseum
(Foto des
Museums).

Rechts oben:
Tharros. Goldener
Anhänger in Form
eines Siegels mit
Skarabäus aus
Kornalin. In einer
von der geflügelten
Sonnenscheibe
bekrönten und von
einer Reihe von
Lotosblüten gestütz-
ten Ädikula thront
eine ägyptisierende
Gestalt zwischen
zwei von kleinen
Figuren flankierten
Räucherbecken.
Cagliari, National-
museum (Foto
Petruccioli).

Mitte rechts:
Tharros. Skarabäus
aus grünem Diaspor.
Zwei ägyptisierende
Gestalten stehen auf
einem *neb* (ägyptisch;
Korb) zu beiden Sei-
ten einer in der
Mitte dargestellten
heiligen Pflanze, die
von der geflügelten
Sonnenscheibe über-
ragt ist. Cagliari,
Nationalmuseum
(Foto Petruccioli).

Rechts unten: Thar-
ros, Sardinien. Skara-
bäus aus grünem
Jaspis, in einen Gold-
ring eingefaßt. Dar-
auf wird Horus als
Falke dargestellt.
Cagliari, National-
museum.

Links oben: Olbia.
Kettenanhänger aus
polychromer Glas-
masse aus der
Nekropole von
Fontana Noa. Drei
bärtige Männerköpfe
alternieren mit zwei
zylindrischen Ketten-
gliedern mit relifier-
ten Elementen auf
der Oberfläche.
Cagliari, National-
museum.

Links unten:
Spanien. Kette aus
polychromer Glas-
masse. Sie besteht
aus Gliedern unter-
schiedlicher Form
und Größe, deren
gesamte Oberfläche
mit relifierten Ele-
menten besetzt ist.
Madrid, Museo
Arqueológico Nacio-
nal (Foto des
Museums).

Rechts innen:
Tharros, Sardinien:
Goldener Ohrring in
Blutegel-Gestalt mit
Anhängern in Form
eines Falken und
einer Eichel. Cagia-
ri, Nationalmuseum.

Mitte rechts:
Tharros. Goldener
Ohrring, dessen
oberer Teil nur teil-
weise erhalten ist.
Der Körper des
Schmuckstücks hat
die Form eines Blut-
egels, an dem ein
Anhänger in Gestalt
eines Falken hängt,
an welchem wieder-
um ein körbchenför-
miges Gehänge mit
einer in Granulati-
onstechnik gearbei-
teten Pyramide auf-
gehängt ist. Cagliari,
Nationalmuseum.

Rechts außen: Gol-
dene Ohrringe in
Blutegel-Gestalt mit
Anhängern in Form
eines Falken und
eines Körbchens
mit einer kleinen (in
Granulationstechnik
gearbeiteten) Pyra-
mide. Cagliari,
Nationalmuseum.

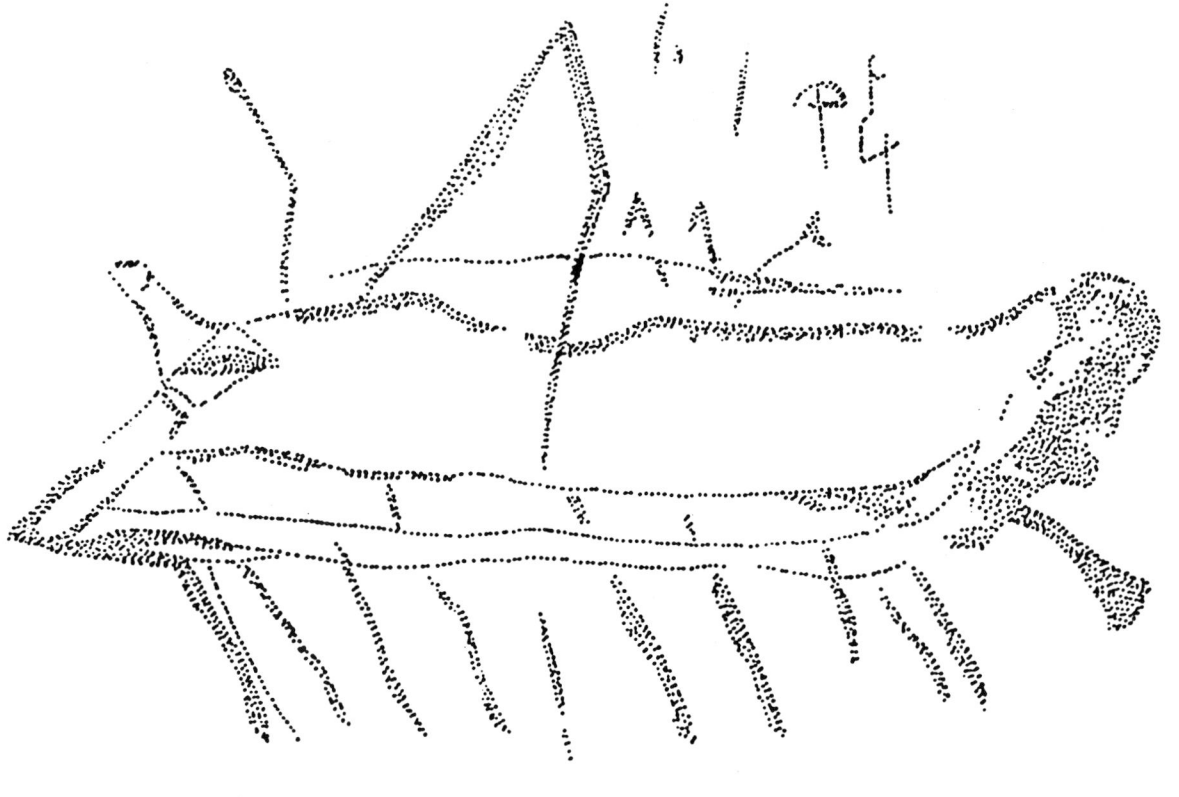

Oben: Punische
Inschrift und Schiffs-
modell. Grotta
Regina.
Unten: Punische
Inschrift und „Tanit-
Zeichen". Grotta
Regina.

Rechts: Sardinien.
Goldmünzen, auf
deren Vorderseite
ein Frauenkopf vom
Typ Kore und auf
deren Rückseite ein
stehendes Pferd
abgebildet ist.
Cagliari, National-
museum.

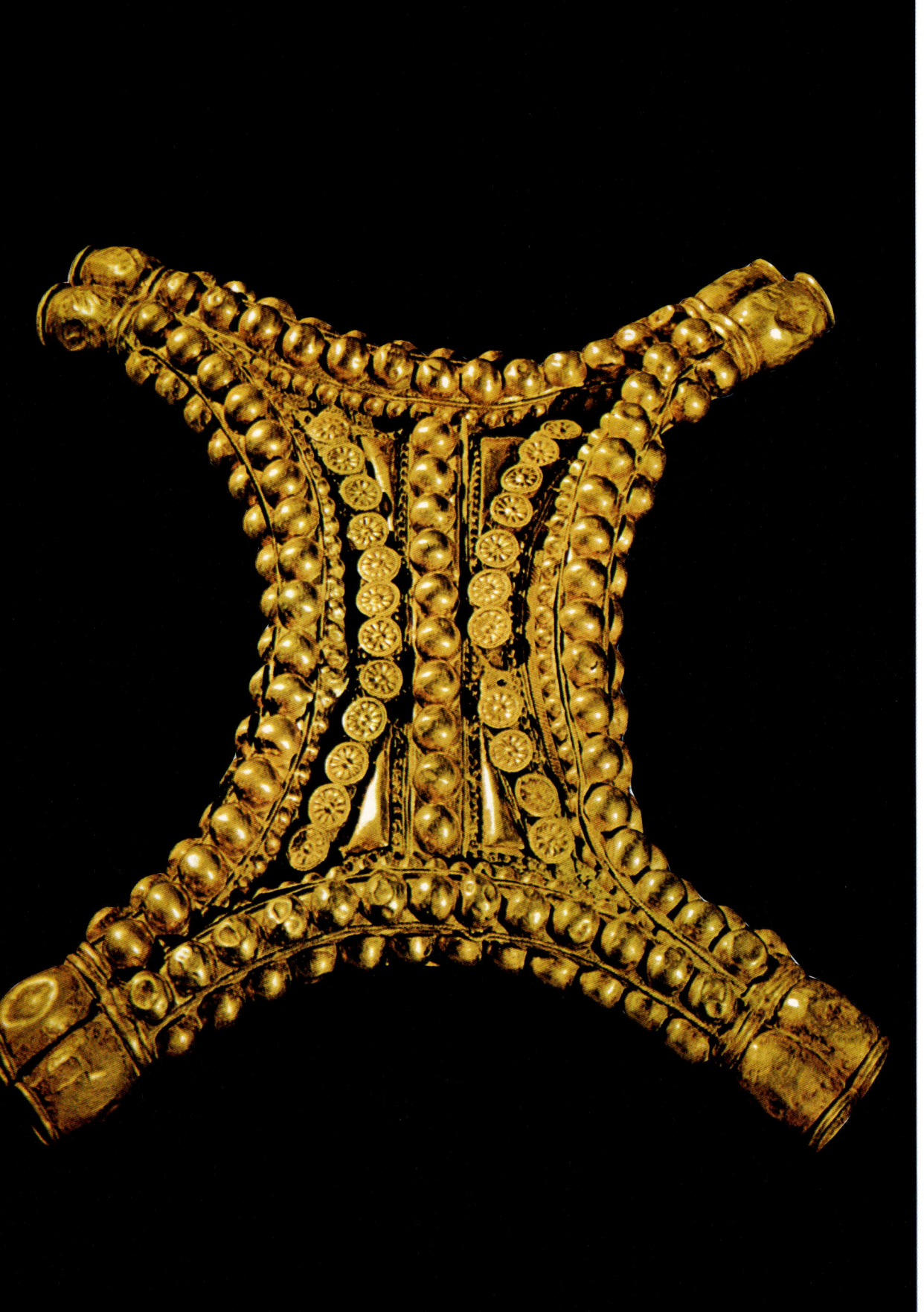

Links: El Carambolo.
Goldpektorale, das
mit in Kapseln ein-
gelassenen Rosetten
und Halbkugeln
dekoriert ist, die in
durch reliefierte
Schnüre voneinan-
der getrennten
Reihen angeordnet
sind. Sevilla, Museo
Arqueológico (Foto
des Museums).

Rechts: La Aliseda.
Goldener Ohrring in
Treibarbeit und Gra-
nulationstechnik.
Der Körper in Blut-
egelform ist von
einem Kranz aus Pal-
metten und Lotos-
blüten umgeben.
Madrid, Museo
Arqueológico Nacio-
nal (Foto des
Museums).

Links oben: La Aliseda. Golddiadem mit Rosetten. Die Pflanzenmotive sind durch gebogenen und in runden Kapseln eingelassenen granulierten Draht erzielt. Madrid, Museo Arqueológico Nacional (Foto des Museums).

Links unten: Evora. In Treibarbeit und Granulationstechnik gearbeitetes Golddiadem. Es besteht aus einer Reihe durch Scharniere verbundener Platten mit verschiedenen ikonographischen Motiven. Sevilla, Museo Arqueológico (Foto des Museums).

Rechts: La Aliseda. Ausschnitt einer in Treibarbeit und Granulationstechnik gearbeiteten Gürtelplatte. Die Dekoration besteht aus einer Kampfszene zwischen einem Helden und einem Löwen und aus Palmetten. Madrid, Museo Arqueológico Nacional (Foto des Museums).

Links: Tharros.
Goldene Ohrringe
mit tropfenförmigen
Anhängern. Der
mittlere Ohrring ist
mit geometrischen
Motiven in Granula-
tionstechnik verziert.
Cagliari, National-
museum.

Rechts oben:
Tharros. Goldene
Ohrringe mit
Anhängern in Form
einer mit „Zitzen",
d. h. mit vier sym-
metrisch angeord-
neten Kügelchen
besetzten Kugel.
Cagliari, National-
museum.

Rechts unten:
Tharros. Goldene
Ohrringe mit
Anhängern in Form
eines Henkelkreuzes.
Cagliari, National-
museum.

Links oben: Zwei
goldene Anhänger,
deren oberer Teil
Protomen mit For-
men von Tierköpfen
zeigen. Cagliari,
Nationalmuseum.

Links unten: Mozia,
Sizilien. Goldener
Anhänger mit ägyp-
tisierenden Motiven.

Rechte Seite, oben
rechts: Mozia,
Sizilien. Goldener
Anhänger mit ver-
schiedenen Motiven
verziert. Cagliari,
Nationalmuseum.

Rechts: Tharros.
Ohrgehänge. Der
obere Teil der bei-
den linken Gehänge
vom Typus Amulett-
träger hat die Form
theriomorpher Pro-
tomen; beide haben
die Form einer Chry-
salis (Puppe) bzw.
eines Cippus mit
pyramidenförmigem
Abschluß. Cagliari,
Nationalmuseum.

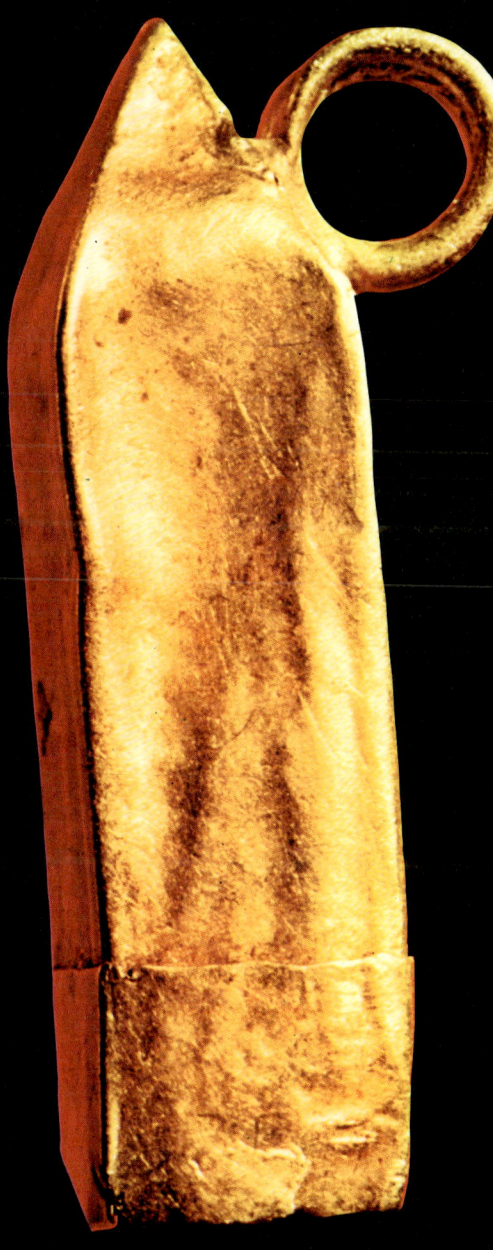

Links: Tharros. In Granulationstechnik gearbeitetes goldenes Armband, das aus mit Scharnieren verbundenen Bändern besteht. Die mittlere Platte (Detail), auf der ein geflügelter Skarabäus dargestellt ist, ist mit zwei mit Palmetten verzierten Platten verbunden, an die sich ihrerseits die kleinen mit Lotosblüten dekorierten Endplatten anschließen. Cagliari, Nationalmuseum.

Rechts: Sulcis. Ein den Gott Bes dar stellendes Amulett aus Glasmasse. Der Gott, dessen unterer Teil nicht erhalten ist, hat monströse Gesichtszüge und trägt einen auffallenden Federkopfschmuck. Sant' Antioco, Antiquarium Comunale.

Rechts außen: Tharros. Elfenbeinamulett. Hockender Affe mit Fassung und Aufhängering aus Silber. Cagliari, Nationalmuseum.

Links oben: Sardi-
nien. Amulett aus
goldgefaßter Silikat-
masse, das *udjat*-Au-
ge darstellend. Sassa-
ri, Nationalmuseum.
(Foto Petruccioli).

Links unten: Mozia,
Sizilien. Glieder
einer Kette aus
polychromer Glas-
masse.

Rechts: Olbia.
Kleiner Kopf aus
polychromer Glas-
masse, der als Ket-
tenanhänger diente.
Er stellt eine männ-
liche Gestalt mit
gelocktem Kopf-
und Barthaar dar.
Cagliari, National-
museum.

Links oben: Monte
Sirai. Gravierte
Elfenbeinarbeit aus
dem Festungsturm.
Teilweise erhaltene
Plakette mit der Dar-
stellung einer stark
stilisierten Büste von
Bes mit zur Brust
hin abgewinkelten
Armen und unter
dem Kinn liegenden
Händen. Roma, Isti-
tuto di Studi del
Vicino Oriente.

Links unten: Monte
Sirai: Gravierte
Elfenbeinarbeit aus
dem Festungsturm.
Plakette in Form
einer Palmette mit
15 Blättern, die aus
einem aus Voluten
gebildeten Kelch
herauswachsen, in
dessen Mitte sich
eine Blütenknospe
befindet. Roma,
Istituto di Studi del
Vicino Oriente.

Rechts: Sulcis. Gra-
vierte Beinarbeit aus
der Nekropole. Die
Plakette stellt einen
Vogel mit großem
Schopf dar. Cagliari,
Nationalmuseum.

Phonetische Bedeutung	'Abdo 17.-16. Jh. v. Chr.	Šapatba-'al 16.-15. Jh. v. Chr.	Azrubal 14. oder 11. Jh. v. Chr.	Ahiram 13. Jh. v. Chr.	Jehimilk 12. Jh. v. Chr.	Meša 842 v. Chr.	Mittelphönikisch 5.-3. Jh. v. Chr.	Punisch 3.-2. Jh. v. Chr.	Neopunisch bis Ende 3. Jh. v. Chr.
ʾ									
b									
g									
d									
h									
w									
z									
ḥ									
ṭ									
j									
k									
l									
m									
n									
s									
ʿ									
p									
ṣ (c)									
q									
r									
š									
t									

Phönikische Entwicklung des Alphabetes (die ersten 4 Spalten sind von Dunand, die restlichen 6 von Jensen).

rialien. In der frühesten Zeit (7. bis 6. Jahrhundert) überwiegen die Skarabäen aus lackierter Masse und sie besitzen alle Merkmale der ägyptischen Produktion: Material, Form, Fertigungstechnik und die Darstellung und Inschriften auf der Unterseite. Für diese Genre gilt also ebenfalls die für die aus der gleichen Zeit stammenden Amulette getroffene Feststellung: der direkte Import aus Ägypten ist die Regel. Ganz anders verhält es sich jedoch mit den Skarabäen aus Diaspor – die aus Kornalin haben dieselben Merkmale – aus der Zeit zwischen dem 5. und dem 2. Jahrhundert, wobei für das 5. Jahrhundert keine umfangreiche Dokumentation vorhanden ist. Die Form stimmt nicht mehr ganz mit der ägyptischen überein und zu den Darstellungen vom ägyptischen Typus kommen solche vom griechischen Typus, die in der späteren Phase überwiegen.

Besonders interessant ist dabei, daß die Skarabäen nach dem 5. Jahrhundert nicht mehr in Ägypten hergestellt werden. Folglich stellt Karthago dieses Genre entweder selbst her oder es wird in irgendeinem anderen punischen Gebiet entwickelt, von wo es dann auch nach Karthago exportiert wird. Diese zweite unwahrscheinlicher erscheinende These erweist sich jedoch als die richtige. Die starke Verbreitung der Skarabäen auf Sardinien wurde zuerst durch die Untersuchungen von Vercoutter und dann durch unsere Nachforschungen nachgewiesen, wobei die Produktion in den Werkstätten von Tharros besonders stark war. Da alle in Karthago auftretenden Motive auch auf Sardinien zu finden sind, aber nicht umgekehrt – d.h. auf Sardinien fand man größere Mengen und eine vielfältigere Ikonographie – kann man daraus mit großer Sicherheit schließen, daß das Produktions- und Exportzentrum der Skarabäen aus Diaspor auf Sardinien und hier im besonderen in Tharros lag, von wo sie nach Karthago gelangten.

Wir haben es hier also mit einem der typischsten Phänomene zu tun, die sich bei den jüngsten Untersuchungen und Funden gezeigt haben. Bei den Ska-

rabäen – jedoch nicht nur bei diesen, wenn man die bereits behandelten Stelen und Schmuckstücke bedenkt – zeigt sich, daß die einmal als „Kolonien" Karthagos betrachteten Gebiete eine so große Unabhängigkeit besitzen, daß sie häufig zu wirklich aktiven Produktions- und Exportzentren werden, während Karthago selbst eine zweitrangige und untergeordnete Rolle spielt. Zudem geht die Erörterung immer mehr ins Detail. Wie man bei den Stelen eher speziell Mozia als Sizilien allgemein nennen muß, so muß man bei den Skarabäen – und den Schmuckstücken – eher Tharros als Sardinien nennen. Es ist im übrigen einleuchtend, daß durch die verstärkte Forschung immer mehr städtische Siedlungen entdeckt werden, weil die punische Welt einmal nach Stadtstaaten organisiert ist, zum anderen, weil sich die Werkstätten offensichtlich unter dem Namen bestimmter Städte zusammenschließen.

Die Bein- und Elfenbeinarbeiten

Bei den Bein- und Elfenbeinarbeiten handelt es sich um ein Genre, das zahlreiche Vorläufer im phönikischen Raum hat. Man kann sogar sagen, daß der punische Westen in diesem Bereich eine untergeordnete Rolle spielt, da die Produktion in keiner westlichen Siedlung ein mit dem Osten vergleichbares Niveau erreicht; manchmal ist es sogar schwierig, eigene Schulen nachzuweisen. Die im Westen gefundenen Arbeiten sind also wahrscheinlich importiert; das trifft jedoch nicht immer zu und sicher nicht für die Iberische Halbinsel, wo die umfangreichste Produktion des punischen Raums zu finden ist, die nur durch den üblichen Beitrag eines eigenständigen lokalen Kunsthandwerks beeinflußt ist; es wird sich jedoch zeigen, daß dieser Einfluß weniger stark ist als bei den Schmuckarbeiten.

In Karthago ist die Dokumentation von Bein- und Elfenbeinarbeiten typologisch auf Kämme, Spiegelgriffe und Anhänger konzentriert. Auf den

Kämmen mit einer oder mit zwei Zahnreihen und halbrunden Einschnitten an den Schmalseiten – sie wurden dann auch auf der Iberischen Halbinsel gefunden und bestätigen die Kontinuität der Typologie bis ins Detail – findet man gravierte Darstellungen in typisch ägyptisierendem Stil wie Sphingen, Greifen, Palmen, Lotosblüten und anderes. Die Spiegelgriffe sind jedoch ringsherum graviert und zwar mit einer ausgeprägten Vorliebe für das Plastische. Etwa die weibliche Gestalt, die die Hände an die Brust hält – sie wurde der Typologie der Terrakotten nachgebildet – die Sphinx und die Lotosblüte. Bei den Anhänger, die als Glieder für Ketten zu den Schmuckarbeiten und für magisch-religiöse Zwecke zu den Amuletten zählen, gibt es die *oinochoe*, das „Tanit-Zeichen", kleine Tiere und verschiedene andere Motive.

Schließlich gibt es noch Einzelstücke wie Schatullen, Etuis, Löffel und Flöten. Eine gewisse Eigenständigkeit bei der typologischen und ikonographischen Auswahl – wenn auch im Rahmen eines vorhandenen Repertoires – läßt kaum darauf schließen, daß es keine lokale Produktion gab, zumal sich unter den kürzlich von einer französischen Expedition gemachten Funden einige kostbare Stücke befanden – z.B. Plaketten mit schreitenden Hirschen und ägyptisierende Gestalten neben einer heiligen Pflanze – die eindeutig die Verwendung traditioneller Motive durch spezialisierte Schulen zeigen.

Außerhalb Afrikas gibt es nur eine spärliche Dokumentation auf Sizilien, und in Tas Silg auf Malta haben wir eine große Gruppe von Elfenbeinarbeiten gefunden. Dazu gehören ein Ohr in natürlicher Größe, das zu einer Statue gehört haben muß, ein Unterarm mit rechter Hand und ein prächtiges, mit Blattgold überzogenes Halbkapitell mit einer nach unten gebogenen Palmette, die aus einem Stiel herauswächst, der an einem oben in einer über die Palmette gebeugten Volute endenden geraden Schaft anliegt. Diese und andere Beispiele sind die sichtbaren Zeichen einer originären Produktion, die

mit dem Bericht Ciceros über den Elfenbeinreichtum auf Malta übereinstimmt. Es sind keine Beziehungen zu Karthago, sondern nur direkt zum phönikischen Raum möglich.

Vielfältig und sehr eigenständig ist die Produktion auf Sardinien, weil man auch hier kaum davon ausgehen kann, daß es keine lokalen Werkstätten gegeben haben soll. Ein Papagei mit großem Kamm – wahrscheinlich ein Teil eines Spiegelgriffes – ist ein Beispiel für die Dokumentation von Sulcis. Eine Reihe von mit animalischen und geometrischen Motiven dekorierten rechteckigen Plaketten stammt aus Nora und hat durch einige besondere Zusammenhänge die Frage nach einer Beziehung zu der etruskischen Produktion aufgeworfen. Drei Täfelchen, auf denen jeweils Bes, eine Sphinx und eine Palmette dargestellt sind, kommen aus Monte Sirai, aber sie sind offensichtlich aus einer anderen sardischen Siedlung eingeführt, da nicht von einer lokalen Produktionsstätte in der kleinen Festung auszugehen ist. Quantitativ und qualitativ herausragend ist vor allem die Produktion von Tharros, die wir vor kurzem zusammengestellt und veröffentlicht haben. Es ist mit größter Wahrscheinlichkeit davon auszugehen – das gilt übrigens auch für die Schmuckarbeiten und für die Skarabäen – daß es sich hier um eine eigenständige Produktionsstätte handelt.

Hier sind die vielfältigsten und originärsten Typologien und Ikonographien zu finden. So erinnert etwa der mit konzentrischen Streifen dekorierte Deckel einer Schatulle direkt an die Vorbilder der Metallschalen. Eine sehr plastische nackte weibliche Gestalt ist mit der syrischen Gruppe der Elfenbeinarbeiten von Nimrud zu vergleichen. Ein Medusenhaupt erinnert an die Terrakotta-Masken. Bei gleicher Ikonographie findet man manchmal stilistische Unterschiede. Die Palmette kommt sowohl in plastischer als auch in linearer Form vor. Dann gibt es wieder ganz eigenständige Arbeiten, von der Flötenspielerin bis zu dem Horn, das mit aus kleinen Ringen zusammengesetzten Streifen dekoriert ist. Erfindungsgabe, verfeinerter Geschmack und eine ausgefeilte Technik kennzeichnen diese Produktion, die immer elitär bleibt, jedoch fest in sardischem Boden wurzelt und eine gewisse Unabhängigkeit erreicht.

Bei den Elfenbeinarbeiten der Iberischen Halbinsel ergeben sich die gleichen Probleme wie bei den Schmuckgegenständen. Sie kommen aus einer Reihe von über das Gebiet von Carmona verstreuten Gräbern, also aus dem Süden, jedoch von außerhalb des direkt von den Phönikern kolonisierten Gebiets. Es handelt sich meist um Kämme, die nur eine Zahnreihe haben und beidseitig mit gravierten Figuren von Kriegern, von Tieren wie Hirschen, Gazellen und Böcken, von mythischen Gestalten wie Greifen und Sphingen, und mit Blumenmotiven wie Palmetten und Lotosblüten dekoriert sind. Die Produktion wird ergänzt durch Schatullen, Schüsseln, Täfelchen und Amulette. Die vor kurzem von Frau Aubet durchgeführte Untersuchung dieser Arbeiten, vor allem der Gruppe von Cruz del Negro, Acebuchal und Alcantarilla gibt der These vom phönikischen Ursprung und der frühen Datierung (7. Jahrhundert v. Chr.) des Materials wieder Nahrung, da in diesem speziellen Fall der Beitrag des lokalen Kunsthandwerks von untergeordneter Bedeutung zu sein scheint.

Weitere Kleinkunst

Eine Reihe von anderen Erzeugnissen, die qualitativ und quantitativ nicht an die bisher nach einzelnen Genres untersuchten Arbeiten heranreichen, unter denen es jedoch einzelne beachtliche Stücke gibt und die insgesamt die Vielfalt des punischen Kunsthandwerks zeigen, soll hier zusammengestellt und erläutert werden. Außer für die Statuetten und Protomen oder Masken wurde Terrakotta z.B. zur Herstellung von sogenannten „Kuchenformen" verwendet; es handelt sich dabei meist um runde Tonplat-

ten, in die geometrische, vegetabilische, animalische und anthropomorphe Motive eingeprägt sind. Einige dieser Motive stammen aus der ägyptisch-phönikischen Tradition, wie der geflügelte Skarabäus, die Lotosblüte, das *udjat*-Auge und die Palmette. Andere orientieren sich an griechischen Vorbildern, wie dem Silen, dem Seepferdchen, dem Seekrebs und dem bewaffneten Reiter. Die Tonplatten hatten wahrscheinlich apotropäische Funktion und wurden zu diesem Zweck in den Gräbern aufgehängt.

Alle Unterschiede, die man zweifellos bei der in den einzelnen Gebieten getroffenen Auswahl feststellen kann, in denen die Produktion von – im übrigen alle aus dem punischen Westen kommenden – „Kuchenformen" nachgewiesen ist, ändert nichts an deren weitgehender Homogenität. Anders ist die Situation bei den kleinen Tonaltären, die eine Besonderheit von Mozia und Sizilien sind. Sie sind rechteckig und die Seiten sind mit reliefierten Jagd- und Kampfszenen dekoriert. Hier ist der griechische Einfluß klar zu erkennen, und geht die Datierung auf das 5. bis 4. Jahrhundert zurück. Eine Spezialität der Iberischen Halbinsel sind dagegen die Tonmatrizen in den verschiedensten Formen – häufig viereckig oder rechteckig – die mit geometrischen, vegetabilischen und animalischen Motiven dekoriert sind. Bei den animalischen Motiven überwiegen die Fische, und die Beziehung zu der ägyptisch-phönikische Tradition ist durch die üblichen Palmetten, Lotosblüten und geflügelten Sphingen dokumentiert.

Bei den *Bronzearbeiten* kommt eine Gruppe von Statuetten aus Sardinien, wo eine kürzlich in Paulilatino entdeckte Bronze einer sitzenden Gestalt auf einen möglichen Zusammenhang mit der in die gleiche Zeit fallenden Nuraghen-Kunst schließen läßt. Besonders interessant sind drei kleine in Monte Sirai entdeckte Bronzen – unter ihnen ein Zitherspieler und eine aus La Nurra kommende Gestalt mit im Gebetsgestus erhobener Hand – weil diese auf das Alter und die Originalität der Dokumentation hinweisen. Eine in Genoni entdeckte bärtige Gestalt mit einer Federtiara ist mit dem Sardus Pater, der obersten Gottheit der Insel, identifiziert worden. Zwei Fackelhalter aus San Vero Milis und Santa Vittoria di Serri greifen eine typisch phönikische Typologie auf, für die es in anderen Gebieten des punischen Raumes nichts Vergleichbares gibt. Auch auf der Iberischen Halbinsel wurden – wenn auch nur wenige – bedeutende Bronzestatuetten gefunden. Zu nennen ist vor allem die Figur der sitzenden Astarte aus Sevilla, die an die bei den Elfenbeinarbeiten festgestellte Vorliebe für das Plastische erinnert, während der sogenannten „Priester von Cadiz" – eine stehende Gestalt mit den Händen an der Brust und einer Goldmaske über dem Gesicht – zeitlich schwieriger einzuordnen ist, sich jedoch an orientalische Vorbilder anlehnt.

Eine besonders typische Kategorie punischer Bronzen stellen die „Rasiermesser" dar, zu denen es bisher kein Pendant im phönikischen Raum gibt. Diese Produktion reicht von Karthago bis Sardinien und zur Iberischen Halbinsel. Sie geht auf die Zeit zwischen dem 7. und 2. Jahrhundert zurück. Der rechteckige, sich unten erweiternde Mittelteil der „Rasiermesser" läuft oben in einen langen Griff in Form eines Schwanen- oder Ibishalses aus und ist mit den verschiedensten Darstellungen graviert. So findet man z.B. Göttermotive (wie Isis, die Nährmutter des Horus, Reschef und Hermes), anthropomorphe (der Bogenschütze, die schreitende Gestalt und der Zitherspieler), animalische (Wildschwein, Greif, Taube, Stier, Löwe), vegetabilische (Lotosblüte, Palme, Palmette, Rosette) und symbolische Motive („Tanit-Zeichen", Horus-Auge). Während sich die sardischen Erzeugnisse in ihren Merkmalen im wesentlichen an die karthagischen Vorbilder anlehnen, ist auf der Iberischen Halbinsel, vor allem in der Typologie, eine gewisse Eigenständigkeit zu erkennen.

Außer den Figuren und den „Rasiermessern" gibt es im punischen Raum noch andere Bronzearbeiten, darunter vor allem Gefäße. Auf der Iberischen Halbinsel sind die Krüge in Form eines Doppelkonus besonders bemerkenswert, deren Henkel unten in einer Palmette enden. Ebenfalls aus diesem Bereich kommen auch einige in Ajourtechnik gearbeitete Gürtelplatten mit den üblichen vegetabilischen und animalischen Motiven in ägyptisch-phönikischem Stil. Andere, nicht zu Gürteln gehörende Platten sind mit Figuren geflügelter Sphingen dekoriert. Bei all diesen Objekten ist jedoch eine lokale Konnotation, wenn auch mit phönikischem Einfluß, zu vermuten. Wir haben es hier erneut mit dem Problem des „orientalisierenden Stils" zu tun, wenn auch nicht in allen Fällen; so etwa bei einigen Räuchergefäßen aus Toscanos und Cástulo, die sich mit Sicherheit an phönikischen Vorbildern orientieren.

Reste von Malereien sind offensichtlich wegen ihrer schlechten Haltbarkeit höchst selten zu finden. In einem Grab vom Dschebbel Mlezza in Tunesien sind Zeichnungen an den Wänden gefunden worden, die mit einer tief eingedrungenen Ockerlösung aufgetragen wurden. An jeder Wand verläuft auf halber Höhe ein Fries, der aus einem Streifen von auf rotem Farbuntergrund ausgesparten Rauten besteht. Über dem Fries ist auf der dem Eingang gegenüberliegenden Wand eine zinnengekrönte Stadt abgebildet. Daneben befindet sich eine Ädikula mit dem „Tanit-Zeichen", das von einer Mondsichel und einem Hahn überragt ist. Auf der links vom Eingang liegenden Wand ist ein von einem Altar und von einem Hahn eingerahmtes Gebäude dargestellt, auf der rechten Seite ein Gebäude mit einem kleineren Gebäude daneben. Es handelt sich offensichtlich um volkstümliche Symbole. Andere tunesische Malereien am Kef-el-Blida zeigen ein mit verschiedenen Personen besetztes Boot; sie stammen jedoch bereits aus der christlichen Zeit. Außerhalb Afrikas wurden vor kurzem auf Sizilien Kohlezeichnungen in der Grotta Regina entdeckt, auf denen ein Schiff, ein Krieger mit Pferd, und das „Tanit-Zeichen" dargestellt sind. Dazu kommt die bereits erwähnte Verwendung der Malerei auf Stelen und Terrakotta-Figuren, die jedoch eine untergeordnete Rolle spielt.

Insgesamt handelt es sich also um eine recht spärliche Dokumentation, die sicher nicht die Realität widerspiegelt.

Typisch für den punischen Raum sind *bemalte Straußeneier,* da sie im phönikischen Raum nicht vorkommen – wobei nicht feststeht, inwieweit das Fehlen dieser Erzeugnisse auf die geringe Haltbarkeit des Materials zurückzuführen ist –. Es gibt vollständige Eier und oben abgeschnittene Eier, die außen mit geometrischen oder vegetabilischen Motiven dekoriert sind. Außerdem gibt es zu Masken geschnittene Eier, auf die die groben Umrisse eines Gesichts gemalt sind. Die afrikanische Dokumentation kommt aus Karthago, aber auch aus Gigelli und Guraya. Auf Sizilien gibt es nur wenige Zeugnisse. Eine größere Zahl findet man dagegen auf Sardinien, wie etwa die ausdrucksvollen kleinen *Masken,* die sich im übrigen nicht von den afrikanischen Vorbildern unterscheiden und wahrscheinlich importiert sind. Eine sehr umfangreiche Dokumentation zeigt jedoch die Iberische Halbinsel, wo man in Almuñecar bereits aus dem 7. Jahrhundert stammende Exemplare gefunden hat. Ibiza entwickelt eine eigenständige Produktion nach traditionellen Vorbildern und Villaricos liefert mit etwa 700 Eiern mit ganzen Schalen oder solchen mit abgeschnittenem oberem Drittel die umfangreichsten Zeugnisse im ganzen punischen Raum. Letztere sind mit oft viereckigen geometrischen, animalischen und vegetabilischen Motiven graviert oder bemalt.

Die ersten punischen *Münzen* werden im 5. Jahrhundert auf Sizilien geprägt, um die Söldner auf der Insel zu entlohnen. Sie sind aus Gold oder Silber und sind mit Frauen- und Tierköpfen – vor allem von Stieren und Hunden – oder mit Quadrigen graviert. Ab dem 4. Jahrhundert tauchen auf den Münzen die Namen Motye, Karthadasht (d.h. Karthago) und *mahanat* – wahrscheinlich das Militär-„Lager" – auf und auf einer Seite ist ein Frauenkopf und auf der

anderen ein Tier (Löwe und Pferd) oder eine Palme dargestellt. Inzwischen beginnt die Dokumentation von Karthago und Sardinien, wobei die sardische Produktion in den Serien sehr stark entwickelt ist, auf deren Vorderseite ein Frauenkopf und auf der Rückseite ein Stier, oder auf der Vorderseite ein bartloser Männerkopf und auf der Rückseite ebenfalls ein Stier dargestellt sind. Die Münzprägungen der Iberischen Halbinsel haben ursprünglich ihre Vorläufer in Afrika und auf Sardinien, nehmen dann jedoch ihre eigene Entwicklung. Cadiz prägt Münzen mit dem in eine Löwenhaut gehüllten Herkules auf der Vorderseite und dem Thunfisch oder später dem Delphin auf der Rückseite. Auf den Münzen von Ibiza ist durchgehend Bes dargestellt, während einige späte Serien von geringerem Wert andere punische Ikonographien wie das „Tanit-Zeichen", den Caduceus und die Pferde-Protome zeigen.

Wir wollen uns hier nicht näher mit der Keramik beschäftigen; sie nimmt jedoch einen hervorragenden Platz im punischen Kunsthandwerk ein, da sie eine chronologische Einordnung und Differenzierung ermöglicht. In der ältesten Zeit finden sich im ganzen punischen Raum einige Grundtypologien wie die Krüge mit pilzförmiger Lippe und mit kleeblattförmigem Ausguß, die „Distelblüten-Gefäße" mit hohem ausgeweitetem Hals, die einhenkligen kugelförmigen Gefäße und die mit „Triglyphen- und Metopen-"Mustern bemalten Gefäße. Die Öllampen sind zweischnäblig, die kleinen Tellerchen sind mit einer Vertiefung versehen. Weiter zu erwähnen sind die großen Amphoren mit Ständer und das besondere Genre der Gefäße in Form verschiedener Tiergestalten. Später erscheinen verschiedene Arten größerer und kleinerer, reich bemalter Krüge mit schnabelförmigem Ausguß; die Amphoren werden kürzer.

Schließlich seien noch die Glaserzeugnisse erwähnt, bei denen Gefäßformen wie das Alabastron, die Amphore, die Oinochoe und der Aryballos in Kleinformat nachgebildet sind. Durch die reiche Bemalung wirkt dieses typische Genre der „Kleinkunst" besonders ausdrucksvoll. Ebenfalls aus Glasmasse sind die eleganten Ampullen in Amphorenform, die aus mit gelben, weißen und türkisen Linien durchzogenem hellblauem Glas hergestellt sind. Außer für die verschiedenen Gefäßformen wird Glas auch für andere Erzeugnisse verwendet. Man denke an die kleinen Gefäße in Menschen- oder Tiergestalt, die kleinen Masken, die Amulette, die Skarabäen und die Schmuckarbeiten, die wir schon an entsprechender Stelle behandelt haben. Es gibt polychrome kleine Masken mit starker Farbwirkung, die zusammen mit anderen dekorativen Gliedern an kostbaren Ketten hängen.

Dritter Teil

Religion und Gesellschaft

Art der Quellen

Das religiöse Leben ist das Wesentliche, der Bezugspunkt und die Konstante der karthagischen Kultur, wie sie sich uns in den erhaltenen literarischen und archäologischen Zeugnissen darstellt. Die Inschriften beziehen sich im wesentlichen auf Glauben, Kult und Ritus. Die Architektur ist weitgehend dem Bau von Sakralbauten – Tempeln und *tofet* – gewidmet. In der Bildenden Kunst gibt es in der Tat keine profanen Themen. Sie beschäftigt sich entweder direkt mit dem religiösen Leben – wie bei den Votivstelen, den Votivfiguren usw. – oder sie spiegelt den eng damit verbundenen Bereich der Magie wider – wie bei den Masken, den Amuletten und verschiedenen Grabobjekten –. Daraus ergeben sich natürlich einige Fragen. Ist die vorhandene Dokumentation wirklich ein Spiegel der Gesellschaft? Welche Merkmale hat die Dokumentation, um in dieser oder jener Richtung Licht in das Dunkel der punischen Religion bringen zu können? Welche Beziehungen bestehen hier zwischen der punischen und der phönikischen Welt?

In der antiken Welt, und dabei ganz besonders in der punischen Welt, ist die literarische Dokumentation, die in diesem Fall eher als epigraphisch bezeichnet werden muß, der Spiegel der Gedanken und Vorstellungen einer kleinen Führungsschicht, die die Schreibkunst beherrscht und über deren Anwendung bestimmt. Zweifellos sind also die Inschriften

von Karthago und den anderen westlichen „Kolonien" aufgrund der Entscheidung einiger weniger entstanden. Das ist jedoch nicht immer der Fall. Die hunderte von Keramikscherben mit wenigen Votivbuchstaben, die wir im Heiligtum von Tas Silg auf Malta gefunden haben, sind z. B. zweifellos von einigen kleinen um das Heiligtum herum gelegenen Werkstätten für eine ziemlich einfache Schicht von Gläubigen angefertigt worden. Das gleiche gilt für die Zeugnisse des Kunsthandwerks. So etwa für die Figurinen von Bitia, die in dem Heiligtum vorbereitet oder nach und nach fertiggestellt wurden, wobei die Arme entsprechend der jeweiligen Nachfrage auf verschiedene Weise angebracht wurden. Schließlich gibt es noch den ganzen Tand mit magischer Funktion, dessen ungewöhnlich starke Verbreitung übereinstimmend zu der Beurteilung führt, daß die punische Religiosität keine elitäre Erscheinung, sondern in allen Volksschichten verbreitet war.

Zu den Eigenschaften der Dokumente ist zu bemerken, daß ihre große Anzahl – es gibt einige tausend Inschriften – keine ebenso umfassende und vor allem vielfältige Information liefert. Bei den Inschriften handelt es sich zum größten Teil um Votivinschriften, die zum Gedenken an die Kinderopfer auf die Stelen der *tofet* graviert sind und aus sich häufig wiederholenden Wendungen bestehen, wie z. B. : „Für Frau Tanit, Antlitz des Baal, und für Herrn Baal Hammon; gewidmet von Abdmilkat, Sohn des Ashtaryaton, der bei dem Personal des Tempels von Melqart erschienen ist". Oder: „Dem Herrn Baal Hammon; dies ist die Gabe, die Yakinschillim, der Sohn des Abdmelqart, gewidmet hat, weil er seine Worte gehört hat".

Gewöhnlich heißt es, daß sich aus solchen Inschriften außer den Namen der Gottheiten und der Spender wenig entnehmen läßt. Abgesehen von den vielen, aus den Eigennamen zu entnehmenden Informationen – Eigennamen haben im Punischen immer eine Bedeutung – erfahren wir etwas über Titel, Berufsbezeichnungen, öffentliche Ämter und Institutionen. So entnehmen wir einer Widmung, daß z.B. die Sklaverei durch Erbe übertragbar war oder durch Testament aufgehoben werden konnte. Der Text lautet: „Für Frau Baal, Antlitz des Baal, und Herrn Baal Hammon, gewidmet von Hannibal, der zu den Erbsklaven gehört, wegen der Handlung (seines) Herrn Eschmunhilles, Sohn des Idnibaal, Sohn des Eschmunhilles. (Er hat befreit) ohne Geld, unentgeltlich, durch das Täfelchen, das er (Eschmunhilles), für sein Haus gesiegelt hat, weil sie auf seine Stimme gehört hatten".

Die Eigennamen haben also eine Bedeutung und weisen sowohl auf einige Götternamen als auch auf die Art der Beziehung zwischen dem Menschen und der Gottheit hin. Erwähnt seien Fälle, wie Abdeschmun „Sklave von Eschmun", Bat Baal „Tochter des Baal", Mimilk „Bruder des Milk", Gemelqart „Schutzbefohlener des Melqart". Manchmal besteht der Name aus einem ganzen Satz, z.B.: Eschmunyaton bedeutet „Eschmun hat gegeben", Schafatbaal „Baal hat geurteilt", Melqartazar „Melqart hat geholfen". Dazu kommen die Analogien der zweisprachigen Inschriften, die dazu beitragen, die Art der Gottheit zu erkennen: Baal Hammon = Chronos = Saturn; Astarte = Hera = Juno; Melqart = Herakles = Herkules usw.

Die Inschriften auf Gedenktafeln stimmen nicht mit den Inschriften auf Votivtafeln überein, obwohl sie diesen ähneln. So heißt es auf der inzwischen berühmten Goldplakette von Pyrgis mit der noch umstrittenen Übersetzung: „Der Frau Astarte; dies ist der Heilige Ort, den Thefarie Velianas, Herrscher über Caere, im Monat des Sonnenopfers als Geschenk im Tempel dargebracht und gewidmet hat. Ich habe ihn gebaut, weil Astarte dies im dritten Monat meiner Herrschaft im Monat Kerer am Tag der Beerdigung der Gottheit von mir verlangt hat. Die Jahre der Götterstatue in ihrem Tempel mögen solange währen wie diese Sterne". Inschriften auf Gedenktafeln kommen selten vor und stehen meist im Zusammenhang mit dem Bau von Gebäuden. Sie liefern jedoch sicher umfangreichere und vielfältigere Hinweise als die Inschriften auf den Votivtafeln der *tofet.*

Recht zahlreich sind die Inschriften auf Grabtafeln, die in ihrer Kürze und steten Wiederholung den Inschriften auf den Votivtafeln gleichen. Aber auch daraus ergibt sich eine reiche Ausbeute der Eigennamen. In einer Inschrift aus Karthago heißt es z.B.: „Grab des Baalhanno, Sohn des Bodaschtart, Sohn des Germelqart, Sohn des Bodmelqart, Vorsteher des Tempels". Oder in einer noch kürzeren Inschrift aus Motye: „Grab von Meter, Töpfer". Als letzte sind die „Tarife" zu erwähnen. Es handelt sich dabei um Texte über die Opferhandlungen, in denen die Kompetenzen der Priester und der Opfernden in Bezug auf die Opfergaben geregelt sind, eine pedantische, aber oft aufschlußreiche Aufzeichnung, weil die genauen Einzelheiten des Opferritus daraus hervorgehen. Insgesamt ist die Dokumentation also nicht spärlich, jedoch ziemlich einseitig. Über einige Aspekte liefert sie viele und über andere nur wenige Informationen. Es fehlt vor allem jegliche Angabe über die Bereiche der Theologie und der Mythologie. Man hat jedoch in letzter Zeit darüber nachgedacht, wieweit diese Aspekte der Religion in der punischen Welt entwickelt waren.

Betrachten wir nun die Beziehung zwischen punischer und phönikischer Welt. Das Gesamturteil stimmt mit dem überein, das man auch unter anderen Gesichtspunkten über die Kultur fällen kann. Eindeutig ist der phönikische Ursprung der punischen Religion, sie ist deren Übertragung in den Westen. Durch diese Übertragung und die unterschiedlichen Gegebenheiten in den Kolonialgebieten treten jedoch einzelne Elemente stärker, andere schwächer hervor, während andere wiederum neue Konnotationen erhalten. Vergleicht man die lateinische *interpretatio* einiger Gottheiten und Riten mit der griechischen im Osten, so ist dieses Phänomen sehr gut zu erkennen. Somit scheint die punische Welt wiederum zugleich konservativ und progressiv zu sein, was aufgrund der geographischen und zeitlichen Gegebenheiten auch verständlich ist.

Die Gottheiten

Die beiden höchsten punischen Gottheiten, die gemeinsam in tausenden von Inschriften auftauchen, sind *Tanit* und *Baal Hammon*. Tanit – die Aussprache ist nicht gesichert – stellt das weibliche Element des Paares dar und hat auch den Vorrang, da sie an erster Stelle genannt wird. Sie taucht jedoch erst seit dem 5. Jahrhundert auf, d.h. Baal Hammon tritt in den vorausgehenden Jahrhunderten allein auf. Von Tanit ist vor allem ihr phönikischer Ursprung zu erwähnen, den die neuesten Funde bezeugen, auch wenn ihre Verbreitung im punischen Raum unvergleichbar stärker ist. Ihre späte Anerkennung hängt wahrscheinlich mit den zwischen Tanit und der großen phönikischen Göttin Astarte eng verknüpften Merkmalen und Funktionen zusammen. Auch Astarte wird im Westen übernommen. Wahrscheinlich dominierte sie anfänglich, später wird sie jedoch sehr viel seltener erwähnt.

Das Wort Tanit ist oft von der Bezeichnung „Antlitz des Baal" begleitet, was an die Bezeichnung „Name des Baal" für die phönikische Astarte erinnert. Das bestätigt die Verbindung zwischen den beiden Gottheiten und weist gleichzeitig auf eine mögliche frühere Abhängigkeit von dem männlichen

Element des Paares hin. Für das „Tanit-Zeichen", das im Punischen äußerst verbreitet ist und aus einem Dreieck besteht, das von einem Querbalken bekrönt wird, über dem sich wiederum ein Kreis befindet, gibt es keinerlei gesicherten Beweis für einen Zusammenhang mit der Göttin. Kürzlich ist jedoch die Hypothese aufgestellt worden, daß das Zeichen von einer auf den Stelen eingravierten vereinfachten Darstellung der weiblichen Gottheit, die die Hände an die Brust hält, herrührt. Diese Hypothese ist hinsichtlich der ursprünglichen Form hinreichend begründet, auch wenn sich das „Zeichen" im Laufe der Zeit ikonographisch unterschiedlich und manchmal widerspruchsvoll entwickelt hat.

Baal Hammon ist eine Gottheit antiken phönikischen Ursprungs. Er taucht nämlich bereits auf einer Inschrift von Zincirli im 9. Jahrhundert auf. Der erste Teil des Namens, der auch allein als Bezeichnung der Gottheit sehr bekannt ist, bedeutet „Herr". Der zweite Teil bezieht sich nach einer verbreiteten Interpretation auf den Altar, auf dem der Weihrauch verbrannt wurde, so daß die beiden Namen zusammen „Herr des Altars für die Wohlgerüche" bedeuten würden.

Nach einer anderen kürzlich aufgekommenen Interpretation bezieht er sich dagegen auf das Räucherbecken, auf dem Opfergaben verbrannt wurden, was die Bedeutung „Herr des Räucherbeckens" ergeben würde. Die zuverlässigste Ikonographie ist die – ursprünglich phönikische – auf einer Stele von Sousse. Hier sitzt der Gott auf einem von geflügelten Sphingen flankierten Thron; er trägt eine Tiara, einen Bart und ein langes Gewand. In einer Hand hält er eine Lanze und erhebt die andere Hand zum Zeichen des Segens.

Unter den anderen in Karthago verehrten Gottheiten nimmt Melqart einen wichtigen Platz ein. Er war bereits ein phönikischer Gott, der höchste Gott von Tyros, und auch hier handelt es sich um einen transparenten Namen, der „König der Stadt" bedeutet. Die Assimilation an Herakles/Herkules – die

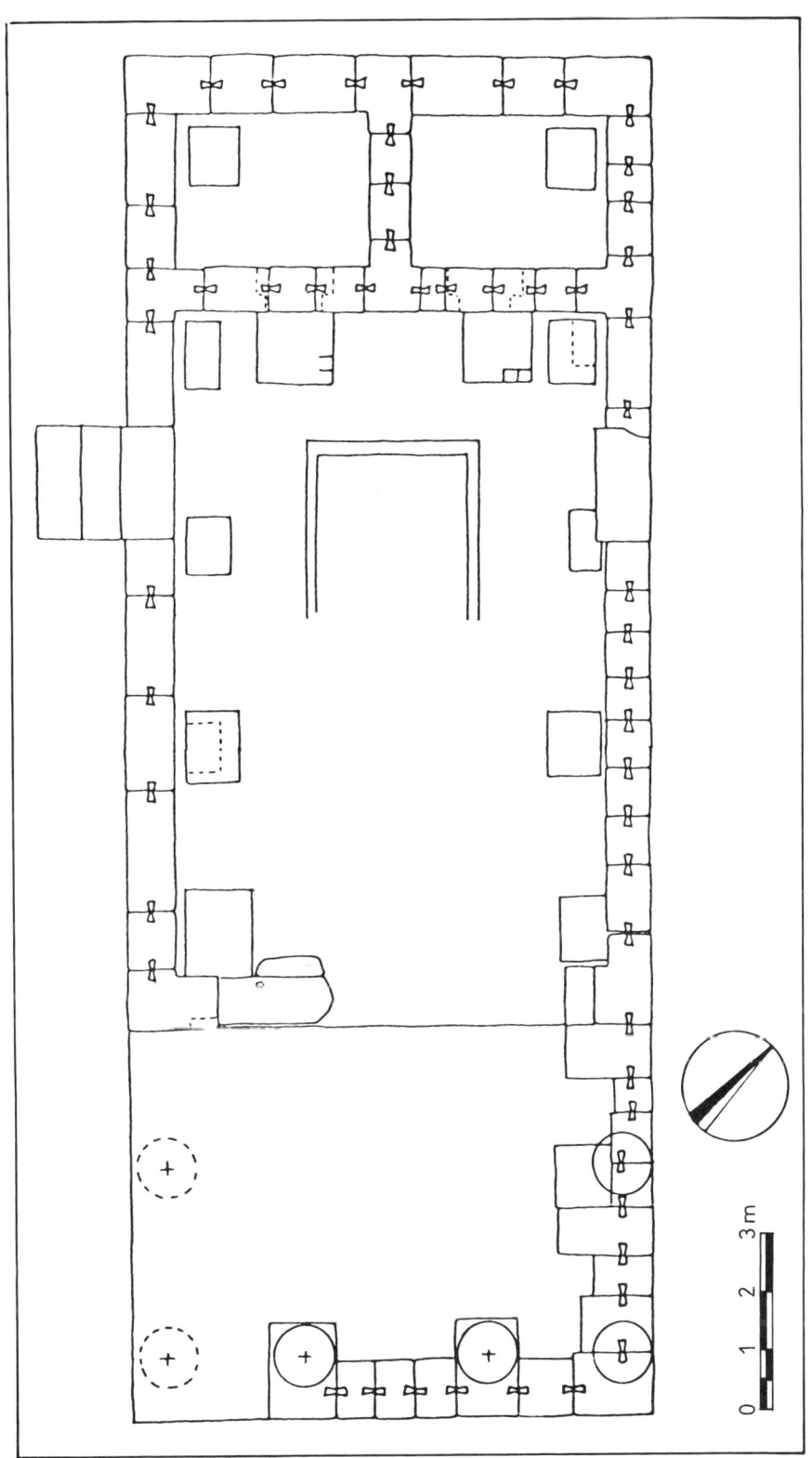

Antas. Grundriß des Tempels

klassische Interpretation im Osten und im Westen – ist allerdings eine zweitrangige Deutung. Weitere bereits in Phönikien nachgewiesene Götter sind Eschmun und Schadrafa, die beide wegen ihrer Heilkraft bekannt sind. Eschmun ist also mit Äskulap identisch. Ihm war auf der Akropolis der Byrsa der prächtigste Tempel von Karthago gewidmet. Andere Gottheiten werden durch die Inschriften oder durch die Eigennamen nachgewiesen, wie Sakon, Pumay, Reschef und Sid, der kürzlich auf den sardischen Inschriften von Antas als Analogie zum Sardus Pater wiederentdeckt wurde.

Eine sehr wichtige Erkenntnisquelle für die punische Religion im 3. Jahrhundert v. Chr. stellt der bekannte Schwur Hannibals im Vertrag mit Philipp V. von Makedonien aus dem Jahr 215 v. Chr. dar. Der Vertrag, der gegen Rom und mit dem Mittelmeer im Blickfeld konzipiert war, enthält eine Reihe von Klauseln, die Hannibal durch einen Schwur auf die wichtigsten karthagischen Gottheiten einzuhalten verspricht. Die Erzählung stammt von Polybios und deshalb treten die Götter in griechischer Gestalt auf. Das Problem ist offensichtlich, sie in ihrer ursprünglichen Gestalt zu erkennen, auch wenn das entsprechende Ergebnis manchmal zweifelhaft ist. Der Eid lautet folgendermaßen:

„In Anwesenheit von Zeus, Hera und Apollo; in Anwesenheit des Schutzgeistes *(daimon)* der Karthager, Herakles und Iolaos; in Anwesenheit von Ares, Triton und Poseidon; in Anwesenheit der mit uns kämpfenden Götter der Sonne, des Mondes, und der Erde; in Anwesenheit der Flüsse, der Seen und der Gewässer; in Anwesenheit aller Götter, die Karthago besitzen; in Anwesenheit aller Götter, die Makedonien und das übrige Griechenland besitzen; in Anwesenheit aller Götter des Krieges...".

Wie bereits erwähnt, ist es nicht immer leicht, die punischen Götter in der griechischen Adaption zu erkennen. Zeus dürfte mit Baal Hammon identisch sein (der jedoch an anderer Stelle mit Chronos identifiziert wird); Hera ist Tanit; Apoll entspricht viel-leicht Reschef; Herakles ist Melqart; Poseidon dürfte ein Meeresgott sein, dessen Existenz vor kurzem in Karthago entdeckt wurde. Nicht gesichert sind die Analogien des Schutzgeistes der Karthager – manche denken an Tanit, dann wäre Hera Astarte –, von Ares und Triton; Eschmun scheint zu fehlen.

In Bezug auf die Gottheiten stimmt die Religion der nicht-afrikanischen Gebiete der punischen Welt im wesentlichen mit Karthago überein. In Sizilien ist der Kult der Astarte vom Eryx von besonderer Bedeutung und wird als solcher – d.h. mit der näheren Bezeichnung „vom Eryx" – sowohl nach Afrika als auch nach Sardinien getragen. Dies ist ein Beweis für die von unseren Inseln nach Afrika führenden Strömungen, die bereits in dem Kapitel über die Kunst erwähnt wurden. Die vor kurzem entdeckten Inschriften auf den Wänden der Grotta Regina bei Palermo weisen wiederholt auf den Kult von Schadrapa, den Gott der Heilkunst, hin. Die Identifizierung des Namens Isis und damit ihres Kultes ist jedoch noch offen.

Auf Sardinien taucht Eschmun mit dem Beinamen *Merre* auf, der bisher nicht geklärt ist, und eine Inschrift auf Cagliari weist auf die Verehrung von Baschahamem, eine assimilierte Form von Baalschamem („Herr des Himmels"), auf der „Insel der Falken" (Carloforte) hin, die im *Poenulus* von Plautus beschrieben wird. Ein besonderer Kult, der durch die Inschrift von Nora belegt ist und damit schon aus archaischer Zeit stammt, ist der Kult des Pumay, wahrscheinlich einer Gottheit zypriotischen Ursprungs, die in Karthago von den Eigennamen und von dem Kompositum Pygmalion her bekannt ist. Die größte Neuheit auf Sardinien ist jedoch die bereits erwähnte Entdeckung der Inschriften von Antas, in denen Sid mit dem Beinamen Babay, „Vater", als Analogie zu dem lateinischen Sardus Pater erscheint. Ebenfalls in Antas ist der Kult des Schadrapa und des Horon nachgewiesen.

Auf der Iberischen Halbinsel war der größte Tempel von Cadiz Melqart gewidmet, der in römischer

Zeit zu Hercules Gaditanus und zum Gegenstand eines intensiven und wohlbelegten Kultes wurde. Astarte und Eschmun tauchen in den Eigennamen auf und über Eschmun wissen wir von Polybios, daß sein Pendant Äskulap in einem Tempel von Karthago verehrt wurde. In einer interessanten auf ein Bleiband gravierten Inschrift wird Tanit zusammen mit Gad, der „fortuna", genannt: „Diese quadratische Mauer wurde gebaut, gewidmet und wiederhergestellt von Abdeschmun, dem Sohn des Azarbaal, für unsere Herrin, die mächtige Tanit, und für Gad. Er selbst war der Erbauer, auf seine Kosten". Schließlich sei noch erwähnt, daß die Abbildung von Bes auf den Münzen auf eine besondere Beziehung des ägyptischen Gottes zu Ibiza schließen läßt.

Kult und Ritus

Dem religiösen Leben in der punischen Welt steht eine große und gut organiserte Zahl von Priestern vor. Aus den Inschriften erfahren wir, daß die Priester sowohl Männer als auch Frauen sein konnten. Aufgrund der Bezeichnungen „Oberpriester", einfacher Priester und Gehilfe und den Bezeichnungen für niedere Funktionen wie Meßdiener, Küster, Schreiber und Barbier, erfahren wir, daß es eine Hierarchie gab, daß die Ämter erblich und in bestimmten Zeiten an den städtischen Adel gebunden sein konnten. Einige weitere Angaben haben wir über die Kolonien. Silius Italicus berichtet, daß die Priester von Cadiz zur Enthaltsamkeit verpflichtet waren, keinen Bart tragen durften, während der Zeremonien eine ungegürtete Leinentunika trugen und barfuß gingen.

Die Hauptaufgabe der Priester war die Opferhandlung, die als wichtigster Aspekt des punischen Kultes zu sehen ist. Seiner Verbreitung, seiner Eigenständigkeit und seiner Bedeutung nach steht dabei das *Kinderopfer* an erster Stelle. Es erfolgt in den besonderen eingefriedeten Bezirken, die nach der

biblischen Bezeichnung *tofet* heißen und in den größten punischen Städten zu finden waren. Das Kinderopfer heißt auf Punisch *molk,* das später, als auch archäologisch die ersatzweise Opferung kleiner Tiere belegt ist, an das lateinische *molchomor* („Lämmeropfer") adaptiert und in dieses integriert wurde. Es handelte sich dabei übrigens um Einzelfälle, weil das Kinderopfer für den durch das Opfer angestrebten Zweck, sich nämlich durch die kostbarsten Erstlinge den Schutz der Götter zu sichern, zweifellos für wirkungsvoller gehalten wurde.

Es sind auch Menschenopfer bezeugt, bei denen nicht Kinder geopfert wurden. Darauf weisen nämlich mindestens zwei Ereignisse hin. Einmal die Geschichte von Hannibal, der nach der Eroberung von Himera im Jahre 409 dreitausend Gefangene opfern läßt, und die zeitlich spätere Episode nach einem Sieg über Agathokles, als nach Angaben von Diodorus zum Zeichen des Dankes gegenüber den Göttern die schönsten Gefangenen den Flammen geopfert werden. Tieropfer kommen sehr häufig vor und sind durch Inschriften belegt. So gab es die Opferung von Stieren, Lämmern, Hammeln, Schafen und Vögeln. Besonders den „Gebührentabellen" entnehmen wir die genaue Einteilung der Tieropfer und die damit verbundenen Bedingungen. So gibt es das Brandopfer, bei dem das ganze Tier verbrannt wird; dann das Kommunionopfer, bei dem der Priester einen Teil und der Opfernde einen Teil des Tieres erhält; und schließlich eine dritte Art von Opfer, bei dem der Priester alles erhält.

In der bedeutendsten „Gebührenordnung", die in Marseille gefunden wurde, jedoch sehr wahrscheinlich aus Karthago stammt, beginnt die genaue Aufzählung folgendermaßen: „Tempel des Baal Safon. Liste der Anteile, die die dreißig Gebührenbeamten festgelegt haben...

Für jeden als Sühneopfer, Friedensopfer oder Brandopfer dargebrachten Ochsen erhalten die Priester jeweils zehn Sekel Silber; für ein Sühneopfer stehen ihnen außer dieser Zahlung dreihundert

Sekel Fleisch zu; für ein Friedensopfer oder ein Brandopfer stehen ihnen die Fußknöchel (?) und die Gelenke (?) zu, während das Fell, die Schenkel (?), die Pfoten und der Rest des Fleisches dem Opfernden zustehen...".

So geht es weiter in der Aufzählung, die für eine als äußerst pedantisch zu bezeichnende Kasuistik spricht, die wohl die Perfektion dieses Rituals unterstreichen sollte. Die „Gebührenordnungen" haben ihre Vorläufer im Osten, wo z.B. eine Inschrift aus Zypern die Aufzählung einer Reihe von in einem Heiligtum gemachter Ausgaben enthält und deshalb die Bezeichnung „Buchführung des Tempels von Kition" erhielt. Neben den Tieropfern, die in den „Gebührenordnungen" aufgeführt sind, gibt es noch die Trankopfer mit Milch und Opfer von Öl und Mehl. Auf die Räucheropfer mit Weihrauch weist unter anderem die bereits erwähnte Deutung des Namens Baal Hammon hin.

Reichlich wenig wissen wir über die Feste. Eine karthagische Inschrift aus dem 4. Jahrhundert überliefert uns die Erinnerung an eine Frühlingsfeier für die Opferung der Erstlinge, die sich über fünf Tage erstreckte. Es handelt sich um eine Einzelangabe, die jedoch gut in den Rahmen dessen paßt, was wir über ein typisch semitisches Fest wissen. Etwas unklarer ist die Erwähnung eines „Tages der Beerdigung der Gottheit" auf den Goldplaketten von Pyrgi. Sie weist vielleicht auf eine Analogie des im Osten üblichen Adoniskultes hin. Die Annahme, daß die Inschriften und Malereien in der Grotta Regina auf Sizilien auf das Fest des *navigium Isidis* hindeuten, ist jedoch reine Hypothese. Hier zeigt sich nämlich wieder der große Informationsmangel, der unser Wissen auf diesem Gebiet kennzeichnet.

Von der Religiosität des Volkes haben wir bereits im Zusammenhang mit den Masken, den Amuletten, den Rasiermessern und den bemalten Straußeneiern gesprochen, deren Verwendung bei Begräbnissen sicher magische und besonders apotropäische Funktionen hatte. Berichte über die Wahrsagekunst

sind auch offiziell überliefert. Dio Cassius bestätigt, daß Hannibal ein Experte in der Wissenschaft war, mit der man durch Lesen in den Eingeweiden die Zukunft deuten kann; und Cicero berichtet, daß ebenfalls Hannibal die ihm im Schlaf von den Göttern erteilten Befehle gedeutet hat. Experten der Wahrsagekunst begleiten auch Hanno auf seiner berühmten Reise. Hamilkar stürmt Syrakus, weil ihm ein Wahrsager prophezeit hat, daß er dazu bestimmt sei, in dieser Stadt zu Abend zu essen. Wir verfügen also über eine Reihe von Berichten über die faktische Existenz der Wahrsagekunst, ohne viel über deren Ausübung zu wissen. Schließlich bestätigen die Bestattungsbräuche den Glauben an ein überirdisches Leben, von dem wir im übrigen recht wenig wissen. Dieser Glaube kommt wahrscheinlich durch den manchmal in den Inschriften benutzten Begriff „Geist" zum Ausdruck.

Das politische System

Die karthagische Verfassung ist uns viel eher aus den klassischen Quellen bekannt als aus den direkten Dokumenten. Interessant ist dabei, daß sich diese klassischen Quellen intensiv mit ihr beschäftigen und sie als eine der besten der Welt darstellen. Wir verfügen also über eine große Zahl von Angaben, das Problem ist jedoch deren Interpretation, da die Adaptation eine exakte Beurteilung erschweren kann. Außerdem ist es problematisch, sie zu historisieren, da die systematische Darstellung die im Laufe der Zeit erfolgte natürliche Entwicklung nivellieren kann. Es sind im wesentlichen drei Institutionen, auf die sich die klassischen Quellen, vor allem Aristoteles, beziehen: Zwei oberste Richter oder Sufeten, ein Senat mit dreihundert Mitgliedern, dessen Organ ein kleinerer Rat mit hundert oder hundertvier Mitgliedern zu sein scheint, und die Volksversammlung. Jede dieser Institutionen wirft hinsichtlich ihrer Strukturen, wie ihrer Geschichte, Fragen auf.

Die Sufeten haben einen typisch semitischen Namen, den schon die „Richter" *(shofetim)* in Israel trugen. Mindestens sei dem 3. Jahrhundert, wahrscheinlich jedoch schon seit dem 5. Jahrhundert, wird das Amt jährlich besetzt und ist gekennzeichnet durch das Dualitätsprinzip wie bei den römischen Konsuln. Es ist ein Wahlamt und kein erbliches Amt und wahrscheinlich waren die Mitglieder der Versammlung die Wähler. Die Sufeten haben die Aufgabe, den Senat einzuberufen, dort den Vorsitz zu führen und diesem die anstehenden Probleme vorzutragen. Sie berufen auch die Volksversammlung ein, die – wie wir sehen werden – eine Reihe von Entscheidungen zu fällen hat. Vielleicht haben die Sufeten auch richterliche Funktion. Sie scheinen jedoch keine militärische Funktionen zu haben; diese werden vielmehr von den durch die Versammlung gewählten Generalen ausgeübt. Das Amt hat eine Analogie im Osten, wo wir von Sufeten von Tyros wissen und es ist auch in den verschiedenen Kolonien zu finden. Dies ist der Beweis für ein organisches System und auch für eine zumindest formale Autonomie der einzelnen Städte gegenüber Karthago. Im übrigen haben auch die auf karthagischem Territorium liegenden Städte Utica und Hadrumetum eine autonome Verwaltung.

Nun ist noch die Frage des karthagischen Königtums offen. Waren die Sufeten selbst jene „Könige", von denen uns die klassischen Autoren nach der verständlichen Adaptation an ihre Sprache berichten? Oder gab es unabhängig davon in Karthago ein Königtum, zumindest in der frühesten Zeit seiner Geschichte, wie der Bericht über Malchos (der Name ist semitisch und bedeutet „König") annehmen läßt, der nach Angaben von Justinus eine Erbdynastie schuf? Eine Theorie von Picard unterscheidet zwischen Sufeten und Königen, deren Existenz in Karthago wird bejaht und es wird ihnen große Autorität bis zum 4. Jahrhundert nachgesagt. Man nimmt an, daß das Sufetat erst im folgenden Jahrhundert durch eine demokratische Revolution ein-

geführt worden ist. Aber diese Theorie ist ziemlich anfechtbar. Eine Unterscheidung ist schwierig und Einwände sind nicht widerlegt. Auch wenn die Geschichte von Malchos auf die Gründung einer Dynastie hinweisen mag, so ist sie doch eine Einzelangabe. Die Sufeten üben jedoch im Verlauf der ganzen karthagischen Geschichte die Funktionen von obersten Staatsbeamten aus.

Der Senat ist eine Wahlversammlung, die sich aus Vertretern der Kaufmannselite zusammensetzt, denen die wichtigsten Entscheidungen in Politik und Verwaltung obliegen. Die Quellen zeigen, daß der Senat über Krieg und Frieden entscheidet, die Tätigkeit der Heerführer und die Disziplin des Heeres überwacht, Gesetze erläßt und die Verwaltung und die Finanzen kontrolliert. Das Gericht der Hundert ist wahrscheinlich als Organ des Senats zu betrachten. Aristoteles berichtet, daß es von den Pentarchien gewählt wurde, d.h. von den aus fünf Mitgliedern bestehenden Ausschüssen, die für einzelne Fragenkomplexe zuständig waren. Anscheinend übte das Gericht der Hundert vorwiegend richterliche Funktionen aus. Es muß sich also um einen ständigen Rat handeln, der im Rahmen des Senats in Vertretung der Gesamtversammlung sehr weitgehende Machtbefugnisse innehat.

Über die Volksversammlung berichtet Aristoteles, daß die Sufeten und der Senat dieser die Probleme vortragen konnten oder auch nicht, wenn sie jedoch nicht einig waren, mußten sie die Probleme vortragen und die Versammlung diese diskutieren, alle Ansichten frei äußern und endgültige Entscheidungen fällen: „Die Könige entscheiden mit den Ältesten, dem Volk ein Problem vorzutragen oder nicht, wenn sich alle einig sind; andernfalls entscheidet auch das Volk über diese Probleme. Aber wenn sie dem Volk eine Angelegenheit vortragen, erteilen sie diesem nicht nur das Recht, die Entscheidungen der Regierenden anzuhören, sondern auch die Urteilsbefugnis und es ist jedem erlaubt, sich gegen den gemachten Vorschlag zu äußern. Dieses

Verfahren findet keine Parallele in den anderen Verfassungen".

Aber wer gehörte der Versammlung an? Wahrscheinlich alle freien Bürger – also weder Sklaven noch Ausländer – die ein gewisses Alter erreicht hatten und über ein Mindestvermögen verfügten. Auch die Wahl der Sufeten und der Generale scheint ein Vorrecht der Versammlung gewesen zu sein. Das größte Problem ist jedoch, wie sich die Funktionen und die Befugnisse im Laufe der Zeit entwickelt haben, da es sicher abwechselnde Phasen mit stärkeren und solche mit weniger starken Auswirkungen auf das Leben der Stadt gab.

Insgesamt ist das politische System von Karthago durch zwei unterschiedliche und anscheinend gegensätzliche Aspekte gekennzeichnet. Auf der einen Seite besteht die Kontinuität der phönikischen Tradition, auf der anderen Seite die Analogie mit dem griechischen und dem römischen System – man denke an die Aufgliederung in Konsuln, Senat und Volksversammlungen im römischen System –. Der Unterschied ist nicht mehr so groß, wenn man an die grundsätzliche Übereinstimmung der politischen Systeme in den wichtigsten Gebieten der antiken Mittelmeerwelt denkt, wo der Stadtstaat mit seinen prägenden Eigenschaften bis zur Vereinigung unter römischer Herrschaft dominiert. Daher rührt die Beschäftigung der klassischen Autoren mit dem punischen System und dessen positive Bewertung. Es ist ihnen jedoch auch eine gewisse Nivellierung und eine unbewußte Anhäufung von Analogien anzulasten, die heute unser Urteil beeinflussen. Als Beispiel sei Aristoteles zitiert:

„Die Karthager sollen eine gute Verfassung haben, die den anderen unter vielen Aspekten überlegen ist und vor allem der Verfassung von Sparta ähnelt. Tatsächlich sind die drei Verfassungen von Kreta, Sparta und Karthago einander ähnlich und unterscheiden sich sehr stark von den anderen. Viele Institutionen in Karthago sind gut und es ist ein Zeichen für eine gut abgefaßte Verfassung, wenn das Volk mit der eigenen Verfassungsordnung verbunden bleibt und wenn es erstaunlicherweise nie einen Umsturzversuch oder einen Tyrannen gegeben hat".

Nachdem Aristoteles daran erinnert hat, daß das Gericht der Einhundertvier dem Ephorat ähnelt, fährt er fort: „Die Könige und der Ältestenrat ähneln den Königen und dem Ältestenrat von Sparta, jedoch mit dem Vorteil, daß die karthagischen Könige nicht stets derselben Familie noch irgendeiner bestimmten Familie angehören und wenn es eine bedeutende Familie gibt, werden sie eher durch Wahl als aufgrund ihres Alters aus dieser ausgesucht. Wenn sie sich einmal beträchtliche Befugnisse angeeignet haben, können sie sehr viel Schlimmes tun, wie sie es schon im Staat Sparta getan haben".

Es ist jedoch bemerkenswert, daß sich die klassischen Autoren einer mit der Zeit erfolgten Entwicklung und vor allem der Verfallserscheinungen bei der Anwendung der Verfassung von Karthago bewußt sind. Polybios äußert sich folgendermaßen: „Die karthagische Verfassung scheint mir ursprünglich in ihren wesentlichen Punkten gut abgefaßt gewesen zu sein. Es gab die Könige, der Ältestenrat war eine aristokratische Institution und das Volk war souverän in den Fragen, die es selbst betrafen. Die Gesamtstruktur des Staates war also der von Rom und Sparta sehr ähnlich. Aber zu der Zeit, als der Krieg Hannibals begann, war die Verfassung Karthagos heruntergekommen, während die römische Verfassung besser war ... Die Karthager hatten Macht und Wohlstand früher als Rom erlangt und da begann bereits der Niedergang, während Rom gerade den Höhepunkt erreicht hatte, zumindest was sein Regierungssystem betraf. Deshalb hatte in Karthago die Stimme des Volkes bei den Entscheidungen das Übergewicht erhalten, während in Rom noch der Senat die Oberherrschaft hatte. Da im einen Fall die Massen entschieden, im anderen die hervorragendsten Männer, waren die römischen Entscheidungen in politischen Dingen besser; und durch ihre weisen

Vorhergehende Seite:
Lilybaeum. Grabädikula mit gemalter
und stukkierter
Bankettszene zwischen Säulen mit
religiösen Symbolen.
Palermo, Nationalmuseum (Foto
Sopritendenza
archeologica,
Palermo).

Links: Lilybaeum.
Stele mit Abbildungen eines Priesters
vor einem Räucherbecken, „Tanit-Zeichen", Caduceus,
Trias von Baitylien
und Votivinschrift
im unteren Teil.
Palermo, Nationalmuseum (Foto
Sopritendenza
archeologica,
Palermo).

Rechts: La Cannita.
Anthropoider Sarkophag mit Deckel in
Form einer weiblichen Gestalt mit
hellenisierendem
Gesicht und anliegendem Gewand.
Palermo, Nationalmuseum (Foto
Sopritendenza
archeologica,
Palermo).

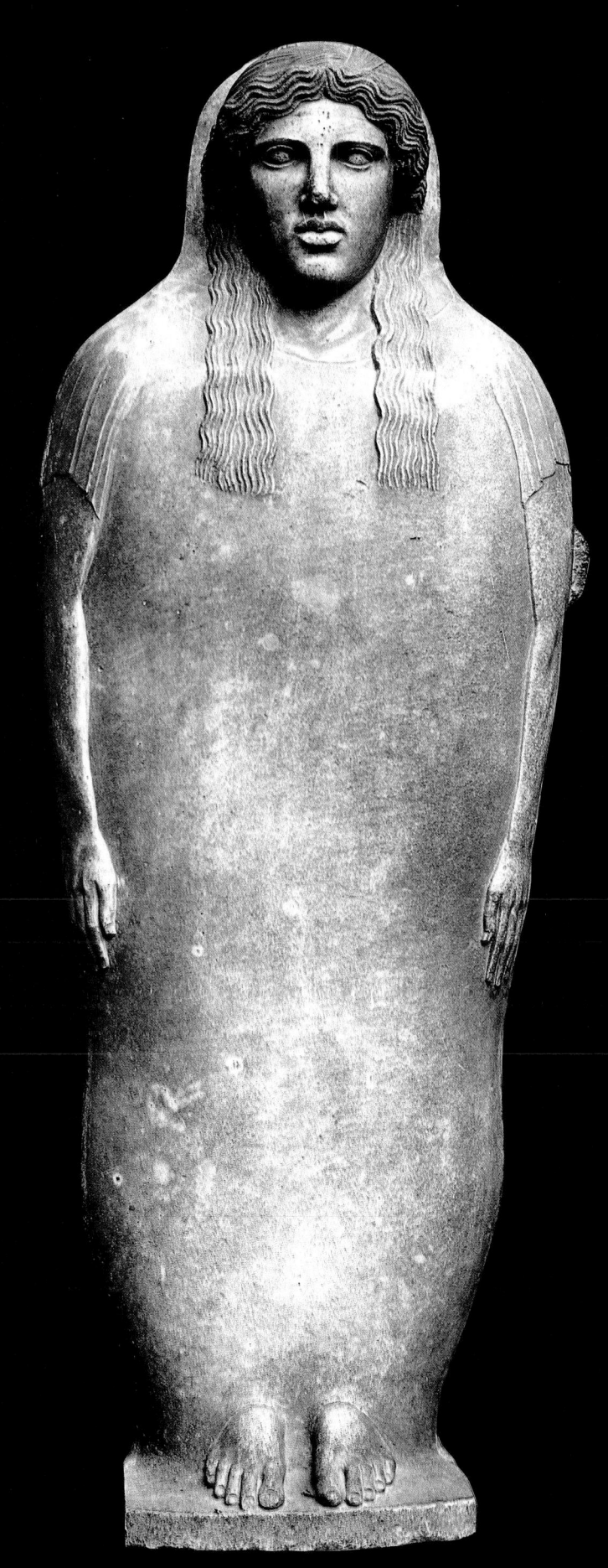

Links: Tharros, Sardinien. Räuchergefäß aus Terrakotta mit dem Antlitz der Göttin *Kernophoros*. Caglieri, Nationalmuseum. (Foto Petruccioli).

Rechts: Tharros. Schwarzfigurige Amphore mit Pflanzenmotiven auf dem Hals und einer Chimäre mit Löwen- und Ziegenkopf unter dem Henkel. Cagliari, Nationalmuseum.

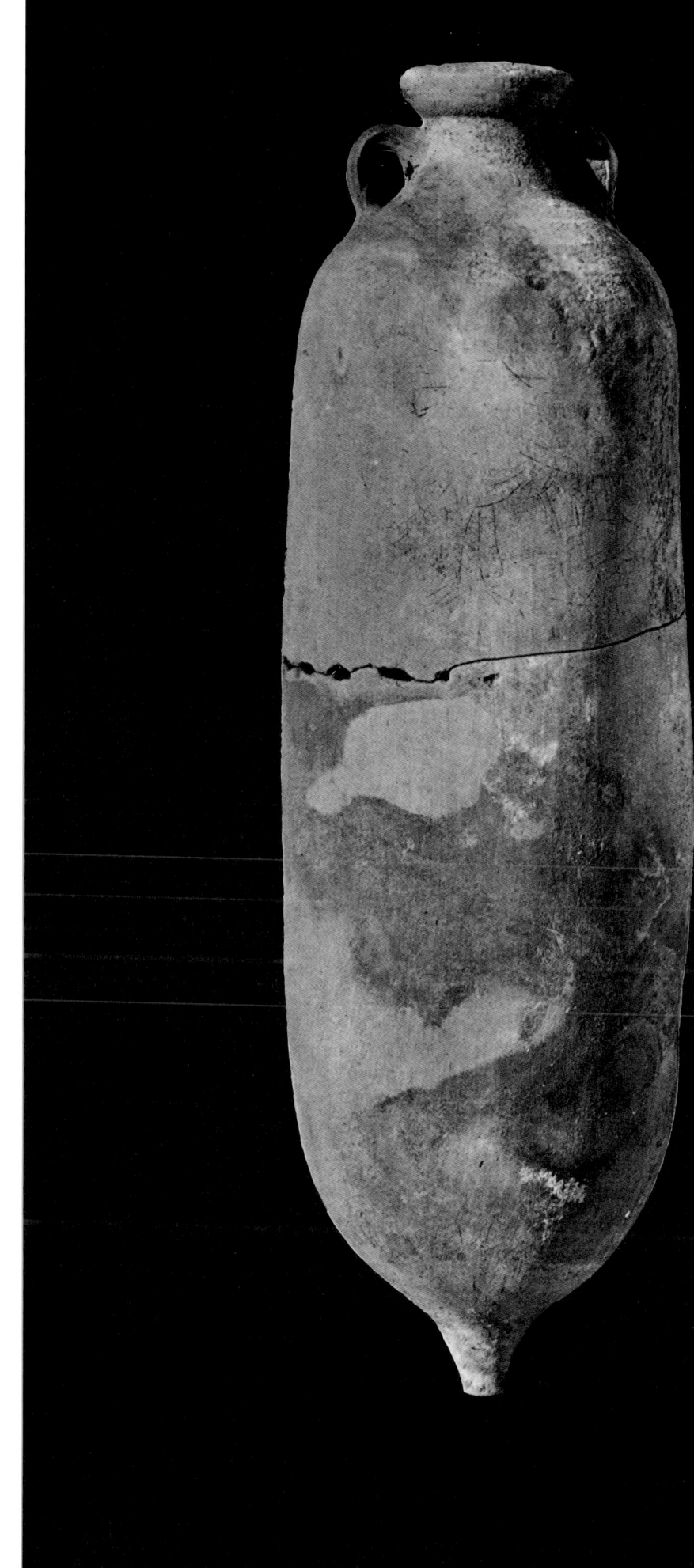

Links: Monte Sirai.
Krug und Oinochoe
aus der Nekropole.
Der linke Behälter
gehört zum Typus
mit weit ausgezoge-
ner Lippe, der rechte
hat einen kleeblatt-
förmigen Ausguß.
Körper in Form
eines Doppelkonus,
der mit einem aufge-
malten weißen Strei-
fen dekoriert ist.
Cagliari, National-
museum (Foto
R. Buffa, Cagliari).

Rechts: Karthago.
Torpedoförmige
Amphore. Das
Gefäß ist gekenn-
zeichnet durch einen
wulstigen ausgezoge-
nen Rand, kleinen
runden am Gefäß-
hals angebrachten
Henkeln, leicht abge-
rundeten Schultern
und parallel verlau-
fenden Längs-
wänden. Karthago,
Nationalmuseum
(Foto G. van Rae-
penbusch, Tunis).

Beschlüsse gingen die Römer trotz der erlittenen Niederlagen letztlich siegreich aus dem Krieg gegen die Karthager hervor".

Die Verwaltung

Mit der Gründung eines großen Reiches stand Karthago vor umfassenden Verwaltungsproblemen, für die es geeignete Einrichtungen schaffen mußte. Die entsprechenden Informationen liefern uns größtenteils wieder die griechischen und lateinischen Autoren. Aber es handelt sich nur um vereinzelte Angaben, da sie bei bestimmten Anlässen und nicht im Rahmen einer systematischen Rekonstruktion gemacht werden. Sie führen auch zu Mißverständnissen, nicht weil die Autoren diese Absicht hätten, sondern weil ihr Wissen objektiv begrenzt ist, und weil in der klassischen Zeit die verständliche Tendenz bestand, das Beschriebene an die eigenen Institutionen zu adaptieren. Auch in diesem Fall sind die Quellen wieder sehr spärlich. In den „Buchhaltern" einer vor kurzem in Karthago entdeckten Inschrift sind Verwaltungsbeamte zu sehen und die Tätigkeit der mehrfach erwähnten Schreiber war zweifellos nicht auf die Abfassung von Schriftstücken beschränkt.

Eine unklare aber gleichzeitig bedeutsame Bemerkung von Aristoteles wirft die Frage nach der Verwaltung des afrikanischen Territoriums auf. Der Autor bezieht sich auf das in Karthago herrschende System der Oligarchie, in dem die öffentlichen Ämter eher aufgrund des Vermögens als aufgrund von Verdiensten verteilt wurden, so daß die Beamten dazu verleitet werden, wirtschaftliche Vorteile aus den Ämtern zu ziehen. Er stellt weiter fest, daß „ein Teil des Volkes" von Karthago in die anderen Städte geschickt wurde, offensichtlich um daraus Gewinn zu ziehen. Die Formulierung „ein Teil des Volkes" ist zu allgemein für jede Schlußfolgerung über die Art der Beamten. Zweifellos handelt es sich hier aber um

einen der Hinweise, die zu der verbreiteten Meinung geführt haben, daß sich Karthago nur aus steuerlichen Gründen um die Verwaltung seiner Gebiete gekümmert hat.

In diesem Urteil steckt sicher ein Körnchen Wahrheit, und zwar weniger moralisch – welche andere Macht der Antike tat nicht das gleiche? – als vielmehr verwaltungstechnisch gesehen, da Karthago den unterworfenen Volksstämmen weitgehend fremd blieb und die Gründung einer punischen „Nation" nicht einmal in Erwägung zog. Das war sicher zum Teil darauf zurückzuführen, daß Karthago ursprünglich eine Handelsstadt war; dazu kam die extreme Dezentralisation des von ihm kontrollierten Territoriums. Unsere Wissenslücken bedeuten jedoch nicht, daß es keine Institutionen gegeben hat. Eine lateinische Inschrift von Maktar, in der die *pagi* oder Distrikte Tusca und Gunzuzi erwähnt sind, weist darauf hin, daß das afrikanische Gebiet verwaltungsmäßig in dieser Art aufgeteilt gewesen sein muß – wenn auch erst in der Spätzeit. Der Franzose Picard hat in einer Untersuchung im afrikanischen Territorium oder zumindest in dem Karthago nahegelegenen Gebiet sieben Distrikte oder Bezirke mit jeweils einem Präfekten an der Spitze festgestellt. Für das außerhalb der Distrikte gelegene Gebiet – z. B. das Gebiet von Cap Bon – ist dagegen eine solche Gliederung nicht festgestellt worden.

Über den Status der Bürger der einzelnen Städte im Bereich des karthagischen Territoriums ist zu sagen, daß sie wohl die gleichen Bürgerrechte gehabt haben wie die Bewohner der Hauptstadt und auch eine ähnliche Verwaltung, was durch die Erwähnung der Sufeten belegt wird. Karthago übte jedoch seinen Einfluß auf verschiedene Weise aus: durch Steuererhebung, durch die Verteilung der Militärgarnisonen und durch eine zentralisiert geführte Außenpolitik. Es gibt mehrere Angaben über die Steuerlast und die daraus resultierende Unzufriedenheit. Die Garnisonen wurden wahrscheinlich in

Kriegszeiten eingerichtet. Nach allem, was wir wissen, entschied Karthago in der Außenpolitik auch für die restliche punische Welt. Die bisher erwähnten Merkmale der Verwaltung waren natürlich mehr oder weniger zeitweiligen Änderungen unterworfen. Das zeigt vor allem die Sondervollmacht, die die Heerführer in Kriegszeiten auch für zivile Angelegenheiten hatten.

Ein Passus von Diodorus klärt uns ein wenig über die Lage der im karthagischen Reich lebenden Stämme oder besser gesagt über die zwischen ihnen bestehenden Unterschiede auf: „In Libyen konnte man vier ethnische Gruppen unterscheiden. Die Phöniker, die damals Karthago bewohnten, die in vielen am Meer gelegenen Städten lebenden Libyphöniker, die mit den Karthagern die Epigamie gemein hatten und diesen Namen aufgrund ihrer verwandtschaftlichen Beziehungen erhielten und die große Masse der Eingeborenen, die die älteste seßhafte Bevölkerung in diesem Gebiet war und als ‚libysch‘ bezeichnet wurde. Wegen der Unterdrückungsherrschaft der Karthager empfand diese Bevölkerungsgruppe ihnen gegenüber unversöhnlichen Haß. Schließlich gab es die Nomaden, die einen großen Teil Libyens bis zur Wüste bewohnten."

Grundlegend ist jedoch zu unterscheiden zwischen Phönikern, die Vollbürger waren, und Libyern – d.h. Afrikanern – die keine politischen Rechte hatten und unter einer erbarmungslosen Steuerlast litten. Neue Untersuchungen zeigen, daß man unter „Libyphönikern" den gehobenen, Phönikisch sprechenden Stand an der Spitze der städtischen Hierarchien verstand, die das eigentliche Rückgrat der Verwaltung waren. Es handelt sich also um einen aristokratischen Staat, der die Eingeborenen als Untertanen ohne rechtliche und politische Autonomie betrachtet und sich auf eine auf die neuralgischen Punkte seines Territoriums verteilte Führungsschicht stützt, die das Recht auf Steuererhebung hat.

Im Bereich der überseeischen Kolonien legte Karthago ähnliche Maßstäbe wie im afrikanischen Gebiet an, jedoch mit einigen wesentlichen Unterschieden. Dabei hob sich der Status von Sardinien ab, der demjenigen „Libyens", d.h. Afrikas, und damit den Normen des Stadtgebietes gleichgestellt war. Karthago unterhielt dort feste Truppenkontingente, hatte dort ähnlich wie in „Libyen" – einen Gouverneur (den „boetarca") und es verlangte hohe Naturalabgaben, vor allem Getreide. Einige Anbausorten wurden dort verboten, um Konkurrenz und Formen eines eigenständigen Handels zu unterbinden. Trotzdem zeigen die einzelnen Städte eine beachtliche Unabhängigkeit in ihren Verwaltungseinrichtungen, die jedoch die karthagischen und afrikanischen nachahmen. Bei den jüngsten Entdeckungen wurde eine häufigere Erwähnung von Sufeten festgestellt und wir wissen auch von einem „Senat" und von einem „Volk", d.h. von einer Volksversammlung.

Auf Sizilien übte Karthago sicherlich eine ständige Kontrolle im militärischen Bereich aus und es wurden auch ständig Steuern erhoben. Es gibt jedoch keinerlei Hinweis auf einen Sonderstatus wie ihn Sardinien hatte. Auch fehlt jegliche Angabe über ein Befestigungssystem und feste Militärgarnisonen, auch wenn sich die Soldaten wegen der ständigen Kriege wohl kaum für längere Zeit haben entfernen können. Die Erwähnung von zwei Sufeten mit punischen Namen in Eryx läßt darauf schließen, daß die lokale Regierung denen der anderen Kolonialstädte glich. Über die unter punische Herrschaft geratenen griechischen Städte berichtet Diodorus, daß sie ihre eigenen Verwaltungssysteme behielten und Karthago sich darauf beschränkte, das Niederreißen der Mauern zu fordern. Auch die eigene Münzprägung auf Sizilien ist ein wichtiger Hinweis auf dessen Unabhängigkeit von der Zentralmacht.

Auf der Iberischen Halbinsel betreffen die vorhandenen Angaben die letzte Periode, die der Barkiden. Hier wie auch anderswo scheint sich Karthago nicht um die Einrichtung einer eigenen differenzierten Bürokratie bemüht zu haben. Was es jedoch erreichen wollte – vor allem in Notzeiten, über die wir Angaben haben – war die Steuererhebung und die Rekrutierung von Truppen für den Krieg. Der Bericht von Livius, wonach die Oretaner und die Carpetaner verzweifelt waren über die bei den Aushebungen angewandte Härte, wodurch es beinahe zu einem Aufstand kam, liefert eine hinreichende Schilderung der Grausamkeit der angewandten Maßnahmen. Wie Livius berichtet, gab es Ende des 3. Jahrhunderts v.Chr. lokale Sufeten in Cadiz. In demselben Abschnitt spricht der römische Historiker von einem *quaestor,* der zur Führungsschicht der Stadt gehörte, und an anderer Stelle erwähnt er einen *praetor,* der die Verschwörer von Cadiz hätte nach Karthago bringen sollen. Es sind Ämter, die an die römischen Bezeichnungen adaptiert sind, über die wir jedoch keine weiteren Angaben machen können.

Soweit dies möglich ist, sollen hier Art und Menge der von Karthago erhobenen Abgaben beschrieben werden. Dabei ist vorauszuschicken, daß die Vollbürger unter normalen Bedingungen davon befreit waren. Nachweislich wurde nur in einigen außergewöhnlichen und als solche anerkannten Situationen auf diese zurückgegriffen. Polybios unterscheidet die von den Bürgern bezahlten Steuern von den durch die Bauern bezahlten „Erträge". Das weist darauf hin, daß die Bauern Naturalabgaben leisten mußten. Polybios beziffert diese auf ein Viertel der Ernte und in Kriegszeiten auf die doppelte Menge. Die Hafenstädte mußten Steuern für die eingeführten und für die ausgeführten Waren entrichten. Von den überseeischen Provinzen ist bekannt, daß sie Naturalabgaben nach Karthago schickten.

Eine Ausnahme war die Iberische Halbinsel; von dort ist eine intensive Ausbeutung der Silberbergwerke belegt, die Quelle großen Reichtums waren. Die Stadt Karthago war also sehr reich. Das zeigte sich wiederholt, auch als es um den ihr nach der Niederlage auferlegten Tribut ging.

Das Recht

Über die Gesetzgebung und die Gerichtsbarkeit in Karthago und in der punischen Welt gibt es recht wenige und meist indirekte Angaben. Wir wissen, daß die Gesetze vom Senat erlassen wurden. Justinus erwähnt den Erlaß eines Gesetzes durch diese Versammlung, das die Höchstsumme festlegte, die für eine Hochzeit ausgegeben werden durfte. Er erwähnt weiter eine Verordnung, die es den Bürgern während des Wiedererstarkens Karthagos verbot, griechisch zu lernen. Wir haben keine genauen Hinweise auf die Kompetenzen der anderen Staatsorgane, aber die von Aristoteles erwähnte Prozedur, die bei Meinungsverschiedenheiten zwischen Senat und Sufeten eine Anrufung der Volksversammlung vorsieht, läßt darauf schließen, daß die Sufeten und die Versammlung das Recht hatten, Gesetze einzubringen und diese zu verabschieden. Die Einteilung der Bürger in Stände haben wir bereits erwähnt. Es sind nun noch die Sklaven zu erwähnen. Eine Bemerkung von Justinus, wonach zwanzigtausend Sklaven den Aufstand Hannos unterstützten, zeigt, wie groß die Zahl der Sklaven in den von Karthago beherrschten Gebieten war. Die Sklaven waren gewöhnlich Kriegsgefangene und wurden zu einem Handelsgut gemacht, das schon Homer in Zusammenhang mit den Phönikern erwähnt. Sie hingen meist von den Adelsfamilien ab, die diese vor allem für die Feldarbeiten einsetzten. Den klassischen Quellen ist zu entnehmen, daß sie in Gruppen arbeiteten und dabei angekettet waren. Wie aus einer bereits erwähnten Inschrift hervorgeht, konnten sie weitervererbt werden oder durch eine Willenserklärung ihres Herrn freigelassen werden.

Da der Handel die am stärksten ausgeprägte Tätigkeit der Karthager war, mußte dem Handels- und Seerecht eine besondere Bedeutung zukommen. Wir haben dafür jedoch nur wenige Hinweise in den Quellen der Klassiker. Strabo berichtet z.B., daß die Karthager die feindlichen Schiffe versenkten, wenn sie diese bei der Umsegelung der Insel Sardinien und der Säulen des Herkules ertappten. Hier kommt eine Auffassung vom Hoheitsrecht der Meere zum Ausdruck, die übrigens auch aus den bereits erwähnten Bestimmungen der Verträge mit Rom hervorgeht.

Der einzig hinreichend bekannte Teilbereich des Gerichtswesens ist die Behörde, die die Rechtsprechung ausübt. Livius berichtet, daß dies ein Vorrecht der Sufeten war und daß es einen mächtigen „Richterorden" gab, der wahrscheinlich mit dem Gericht der Hundert identisch ist. Aristoteles bestätigt, daß in Karthago „bestimmte Justizbehörden die gesamte Rechtsprechung ausüben", womit wahrscheinlich auch er meinte, daß dies Aufgabe des Gerichts der Hundert war. Ein Passus bei Livius läßt darauf schließen, daß die Gerichtsverhandlungen öffentlich waren und täglich in der Stadtmitte stattfanden.

Das Militärwesen

Das karthagische Militärwesen war gekennzeichnet durch seine klare Trennung von der politischen Macht. Der Senat übertrug einer Persönlichkeit aus dem Adel die Aufgabe, das Heer zu organisieren und, je nach den Umständen, zu führen und er behielt sich eine weitgehende Kontrollbefugnis vor, die bis zur Absetzung des Beauftragten gehen konnte. Der Beauftragte nahm die Rekrutierung vor, für die folgende Stände in Betracht kamen: Die Bürger, die in den unter karthagischer Herrschaft stehenden Gebieten geborenen Untertanen, die von den Verbündeten bereitgestellten Hilfstruppen, die eigentlich Vasallen waren, und schließlich die Söldner. Anfänglich scheint der Anteil der Bürger im Heer sehr hoch gewesen zu sein. Es lag jedoch im Interesse Karthagos, das in erster Linie Handelsstadt war, diese Bürger nicht von ihrer Tätigkeit wegzuholen, zumal sie sonst den durch ein Reich erwachsenden Anforderungen nicht gewachsen gewesen

wären. Somit setzte sich das Heer immer mehr aus Nicht-Karthagern zusammen, und den Bürgern der Hauptstadt blieben die wichtigeren Aufgaben vorbehalten.

Außer den Bürgern bestand das Heer also zum großen Teil aus von außerhalb kommenden Soldaten. Es waren vor allem Libyer, d.h. von Karthago unterworfene afrikanische Stämme. Sie nahmen an allen Kriegen mit Sizilien Teil und stellten die Mehrheit in den Schlachten der Barkiden in Spanien und dann in Hannibals Heer. Auch die Iberer spielten in der Spätzeit eine entscheidende Rolle im punischen Heer. Jedes Gebiet stellte also Soldaten für die jeweils dort stattfindenden Kriege. Die von den klassischen Autoren mehrfach wiederholte Feststellung, daß die Karthager vor allem ausländische Soldaten und Söldner hatten, ist also zutreffend. Es ist daher anzunehmen, daß der Aufbau des punischen Heeres dem der Heere der großen hellenistischen Staaten glich.

Die schwere Infanterie bestand aus Hopliten, die mit Helm, Rüstung, Rundschild, Lanze und Kurzschwert ausgerüstet waren. Die Stelen überliefern uns Abbildungen einiger dieser Waffen. Typisch für das karthagische Heer war vor allem die leichte Infanterie, bei der man zwischen Schleuderern und den mit Wurfspießen bewaffneten Iberern unterschied. Auch die Kavallerie, die vorwiegend aus Numidern bestand, spielte eine große Rolle. Auf den Stelen aus dem Gebiet von Constantine sind Abbildungen dieser flinken Reiter überliefert. Nach einer von Tertullian stammenden, d.h. späteren Angabe, sollen die Karthager den Rammbock erfunden haben. Sie haben diesen offensichtlich übernommen, weil diese Kriegsmaschine schon im phönikischen Osten weit verbreitet war.

Der Einsatz der Artillerie ist vor allem für die Kriege auf Sizilien belegt. Die Eroberung von Selinunt und Himera im Jahr 409 v.Chr. gelang vor allem durch die Belagerungstürme, von denen aus die Geschosse auf die Städte abgeschossen wurden. Die

Griechen wiederum erfanden die Wurfmaschinen und eroberten 397 Motye, indem sie dessen Mauern niederrissen. Bemerkenswert ist im übrigen die schnelle wechselseitige Anpassung an das Waffensystem des Gegners. Die Wurfmaschinen treten später in großer Zahl unter den punischen Waffen auf. Wir wissen auch, daß es Kriegswagen in Karthago gab. Seit dem Jahr 480 brachte Hamilkar einige davon nach Sizilien. Dann wurden sie durch Elefanten ersetzt, eine der typischsten Erscheinungen des punischen Heeres, das unter Hannibal in Italien einfiel. Die Führer dieser Tiere, die in großer Zahl aus Afrika kamen, werden von Polybios „Inder" genannt, und es ist tatsächlich möglich, daß man sie zumindest in der ersten Zeit des Einsatzes von Elefanten aus Indien kommen ließ.

Die Marine war eine Spezialität des karthagischen Militärwesens; sie war deren wichtigster Teilbereich, bis es den Römern gelang, Schiffe zu bauen, die es mit den karthagischen Schiffen aufnehmen konnten. Natürlich war die Vorherrschaft auf dem Meer eine Folge der Handelstätigkeit, die im punischen Reich von Anfang an kennzeichnend war. Das am meisten verbreitete Schiff war die Triere, die nach Ansicht einiger Autoren in Phönikien erfunden worden sein soll. Aristoteles hält auch die Quadrireme für eine Erfindung der Karthager, aber sie soll nur selten zum Einsatz gekommen sein. Sehr verbreitet dagegen waren die Penteren, die die Römer beim Bau ihrer Flotte nachahmten. In den Quellen werden Wachschiffe erwähnt, die kleiner und schneller waren als die anderen Schiffe, und die von Honor Frost in den Gewässern von Mozia gemachten Funde bestätigen dies. Schließlich gab es noch Frachtschiffe, die die Flotte begleiteten, und die *gauloi* genannt wurden, eine Bezeichnung, die „rund" bedeutet und auf deren Form anspielt.

Es scheint kein Zweifel daran zu bestehen, daß die Marine im Unterschied zum Heer zum größten Teil aus karthagischen Bürgern bestand. Das zeigt erneut die von der Marine eingenommene Vorrangstellung, die im übrigen in allen Quellen festgestellt wird. Berühmt ist die bereits erwähnte Beschreibung der Schlacht bei den Aegadischen Inseln von Polybios. Die karthagischen Schiffe waren wesentlich schneller und beweglicher und durch ständigen Positionswechsel waren sie in der Lage, den Feind von verschiedenen Seiten anzugreifen. Im Gegensatz dazu waren die römischen Schiffe sehr schwer, wenig wendig und nicht in der Lage, sich ebenso schnell zu bewegen. Nun muß jedoch gesagt weren, daß sich die Römer schnell anpaßten, auch weil es keine großen Unterschiede zwischen den im Mittelmeer eingesetzten Schiffstypen gab. Das größte Verdienst der Karthager lag in ihrer Geschicklichkeit, Ergebnis einer langen maritimen Erfahrung, und in ihrer Taktik, die wiederum von Polybios ausführlich beschrieben wird:

„Die Taktik bestand darin, die feindlichen Schiffe mit dem am Bug befestigten Rammsporn zu rammen und dabei zu vermeiden, daß den eigenen Schiffen das gleiche passierte. Man mußte sehr schnell steuern, um den Gegner an der Seite zu erfassen, ihn zu rammen, den Rammsporn herauszuziehen, den Bedrohungen auszuweichen und das ganze Manöver zu wiederholen. Wenn man sich in einer Position befand, die keinen direkten Stoß erlaubte, konnte man ein Schiff auch streifen, worauf dessen Ruder zerbrachen. Für eine Galeere, die viele andere Schiffe getroffen hatte und auf die sie sich konzentrierten, gab es keine Hoffnung auf Rettung. Sosilus, der Geschichtsschreiber Hannibals, erwähnte ein bevorzugtes Manöver der Karthager: Wenn sie sich einer aufgefahrenen Flotte gegenüber sahen, die mit dem Bug zu ihnen stand, fuhren sie ihr entgegen, aber anstatt sie gleich anzugreifen, fuhren sie zwischen den einzelnen Schiffen durch, wendeten, stürzten sich von der Seite auf sie und versenkten sie".

Bezüglich der Einberufung und der Bedingungen des Militärdienstes steht fest, daß Karthago allen drei betroffenen Gruppen - Bürger, Untertanen und Söldner - ein Gehalt zahlte. Die Untertanen waren nach einem strengen Einberufungssystem zum Militärdienst gezwungen; die Söldner dagegen wurden aufgrund von Verträgen angeworben, die die karthagischen Abgesandten auch in nicht zum punischen Bereich gehörenden Gebieten abschlossen (z.B. in Gallien und in Griechenland). Die Anwerbung erfolgte durch einen Vertrag, in dem von Seiten Karthagos außer dem Gehalt noch andere Bedingungen wie – anscheinend – der Preis der Pferde und des Getreides festgelegt wurden. Das forderten jedenfalls die Söldnertruppen in Sizilien nach dem ersten Punischen Krieg. Die Söldner waren echte Berufssoldaten, die für die Gesamtdauer des Krieges eingestellt waren; ihr Einsatz verbreitete sich immer mehr und erhielt in der hellenistischen Zeit entscheidende Bedeutung.

Es gibt einige Angaben über die Einberufung von Sklaven, was jedoch nur in Sonderfällen geschah. Hanno setzte z.B. während eines Umsturzversuchs im 4. Jahrhundert Sklaven ein, und im Jahr 149 ordnete der Senat deren Einberufung an und erklärte sie gleichzeitig für frei.

Über die Kommandanten wissen wir vor allem, daß die Soldaten nach Nationen zusammengefaßt waren und daß die Unteroffiziere zum gleichen Land gehörten. So beauftragte Hanno im Jahr 241 die „Führer" der Söldner, ihren Leuten seine Vorschläge zu unterbreiten, weil diese die punische Sprache nicht verstanden. Die höchsten Ämter im Heer hatten deshalb Bürger von Karthago und Angehörige des Adels inne, angefangen von den Kommandanten, die in den griechischen Quellen „Strategen" genannt werden und die bekanntlich von der Volksversammlung für die jeweiligen Kriege gewählt und streng vom Senat überwacht wurden. Unter den höheren Offizieren nahm der Kommandant der Kavallerie, zumindest in einigen Perioden, einen besonderen Rang ein. Hannibal war der Führer der Kavallerie in Spanien, als Hamilkar das Oberkommando hatte, und fungierte gleichzeitig als Vizekommandant.

Die Kampftechnik ist uns vor allem aus der Zeit Hannibals bekannt, in der diese im großen und ganzen der hellenistischen Strategie entspricht, wenn auch mit Abweichungen, die den Gegebenheiten des karthagischen Heeres Rechnung tragen, wie etwa der Einsatz von Elefanten. Gewöhnlich stellten sich die punischen Heere folgendermaßen auf: die Elefanten in der vordersten Kampflinie, die Infanterie in der Mitte und die Kavallerie an den Flanken. Diese Aufstellung wurde von Hannibal je nach den Umständen und seiner militärischen Intuition abgeändert. So stellte er bei Cannae die Infanterie im stumpfen Winkel auf, um den Großteil der römischen Truppen anzulocken und sie dann mit der Kavallerie zu umzingeln. Eine punische Spezialität war die Kunst der Belagerung mit „Widdern", an die Mauern angelehnten Türmen und unterirdischen Tunneln, die bei kombiertem Einsatz zu großen Erfolgen führten. Das Prinzip der Seegefechtstaktik war es, die feindlichen Schiffe von der Seite zu rammen, den Rammsporn herauszuziehen, dann zu wenden und erneut anzugreifen; diese Taktik beruhte wie gesagt auf Schnelligkeit.

Die Wirtschaft

Über die Wirtschaft Karthagos und der punischen Welt besitzen wir eine außergewöhnliche, weil direkte Quelle, auch wenn diese uns nur teilweise und durch Zitate klassischer Schriftsteller erhalten ist. Es handelt sich um Mago, den Autor einer Abhandlung über die Landwirtschaft zur Zeit der Punischen Kriege, auf die sich verschiedene lateinische Autoren (Varro, Columella, Plinius und andere) beziehen und Ausschnitte davon zitieren. Daraus ergibt sich ein häufig umfassendes und genaues Bild, aus dem der große Wohlstand des direkt von Karthagern bebauten Gebietes, d.h. des Hinterlandes der Hauptstadt, hervorgeht. Dazu kam die oft sehr große Wohlhabenheit der weiter entfernt liegenden Gebiete, die von den unterworfenen Völkern hauptsächlich mit Weizen bebaut wurden.

Weizen und anderes Getreide scheinen nämlich im karthagischen Reich vor allem aus den Außengebieten gekommen zu sein. Ohne daraus den von verschiedenen Seiten vorgetragenen Schluß zu ziehen, daß die Karthager deren Anbau vernachlässigten, waren doch die großen Reservate „Libyen", d.h. Afrika, und Sardinien. Wir wissen nur wenig über die Anbaumethoden. Die Stelen zeigen uns jedoch die Art des verwendeten Pfluges, einem langen gekrümmten Sterz, der an einem Stiel mit rechtwinkligem Griff am oberen Ende angebracht ist, während sich am unteren Teil die Pflugschar befindet. Bemerkenswert ist, daß ein ähnlicher Pflug heute noch in Afrika im Gebrauch ist. Eine andere auf Stelen zu findende Darstellung ist ein Wagen mit massiven Rädern und offenen Trittbrettern, der zum Transport von Futtermitteln diente. Varro berichtet uns von einer Mähmaschine, die er *plostellum Punicum* nennt. Es handelt sich um eine Art mit Zahnrädern versehenen Holzschlitten.

Wenn auch der Getreideanbau nicht ausgesprochen charakteristisch für Karthago und sein Hinterland war, so war es doch der Oliven- und Weinbau. Dem Bericht von Mago sind eine Reihe von Anweisungen für den Weinbau zu entnehmen: Die Pflanzen sollen nach Norden gepflanzt werden, um die Hitzeschäden zu verringern; auf den Boden der Gräben, in die die Pflanzen eingesetzt werden, sollen Steine gelegt werden, um sie vor dem Winterregen zu schützen, und es soll ihnen mit Mist vermischter Trester beigegeben werden, damit sich neue Wurzeln bilden können; die Gräben sollen nicht gleich mit Erde bedeckt werden, sondern nach und nach im Laufe der folgenden beiden Jahre, weil die Pflanze auf diese Weise gezwungen wird, tief zu wurzeln. Besonders genau sind die Anweisungen für die Herstellung von Wein aus getrockneten Trauben, dem *passum,* der bei den Römern sehr geschätzt war. Das

von Mago gelehrte Verfahren für dessen Herstellung ist von Columella überliefert:

„Man ernte die ersten Trauben und werfe die verschimmelten und verfaulten Beeren weg; man stelle im Abstand von vier Fuß Gabeln oder durch Stangen verbundene Pfähle auf, die Stöcke tragen sollen; dann lege man die Stöcke darüber und die Trauben darauf, damit diese in der Sonne trocknen; nachts decke man die Trauben ab, damit sie nicht feucht werden; wenn die Trauben trocken sind, pflücke man die Beeren und lege sie in einen Krug oder in eine Kanne; man gieße soviel vom besten Most darauf, daß die Trauben bedeckt sind; am sechsten Tag, wenn die Trauben diesen Most aufgesogen haben und damit durchtränkt sind, schütte man sie in einen Bottich, keltere sie und fange die Flüssigkeit auf; dann presse man den Trester aus und gebe frischen Most aus anderen Trauben, die drei Tage in der Sonne getrocknet haben müssen, dazu, vermische alles gut und keltere es. Man verschließe die durch diese zweite Kelterung erhaltene Flüssigkeit sofort in versiegelten Tongefäßen, damit sie nicht bitter wird; nach zwanzig oder dreißig Tagen, nachdem die Fermentation beendet ist, gießt man die Flüssigkeit in andere Gefäße, bestreiche deren Deckel sofort mit Gips und bedecke sie mit einer Haut".

Ebenso detailliert sind die Anweisungen für den Olivenanbau. Als Agathokles in das punische Territorium einfällt, beeindruckt ihn die große Zahl von Olivenbäumen und Weinstöcken. Als Hannibal nach Afrika zurückkehrt, beauftragt er seine Soldaten, den Boden mit Olivenbäumen zu bepflanzen, um das Untätigsein der Truppen zu verhindern. Mago gibt wieder eine Reihe von Ratschlägen und wir erfahren davon ebenfalls durch Columella, der betont, daß diese für Afrika gelten: Die Olivenbäume sollen im Herbst gepflanzt werden; die Pflanzen sollen in Abständen von etwa 22 Metern nach jeder Seite in fetten und feuchten Böden und im Abstand von ca. 13 Meter in trockenen und harten Böden gesetzt werden. Nach Angaben von Plinius sollen die afrikanischen Olivenbäume einen Ertrag von etwa tausend Pfund, d.h. 327 kg Öl im Jahr erbracht haben. Diese Zahl mag übertrieben sein, sie weist jedoch zweifellos auf Wohlstand hin.

Es gab zahlreiche Obstbäume im Hinterland von Karthago und auch im Hinterland von Palermo, das als „der Garten" bezeichnet wurde. Auch hier gibt Mago die Anweisung, die Gräben für die Pflanzung ein Jahr zuvor auszuheben, damit sie Sonne und Regenwasser aufnehmen können, und die Pflanztiefe nach der Beschaffenheit des Bodens zu richten. Er berichtet von Nuß-, Zeder- und Mandelbäumen. Plinius erwähnt die genauen Anweisungen für die Saat der Mandelkerne, die bezeichnend sind für die Exaktheit der Angaben und für die mit dieser Anbauweise erzielten optimalen Ergebnisse:

„Er empfiehlt, den Mandelkern nach Süden in weichen Boden zu stecken, obwohl dieser auch einen harten und warmen Boden liebt. In einem fetten und feuchten Boden wird er unfruchtbar und geht ein. Es sollen die Kerne gesteckt werden, die etwas sichelförmig gebogen sind, von einem jungen Baum stammen und drei Tage lang in unverdünntem Mist oder am Tag der Pflanzung in Honigwasser aufgeweicht worden sind.

Sie sollen mit der Spitze mit der schmalen Seite nach Norden in den Boden gesteckt werden; es sollen immer drei Kerne zusammen in den Boden gesteckt werden, und zwar im Dreieck, mit jeweils handbreitem Abstand; sie sollen alle zehn Tage gewässert werden, bis sie keimen".

Eine andere begehrte Frucht war der Granatapfel, der nicht von ungefähr bei den Römern als *malum punicum* bekannt war. Hierzu liefert Mago eine Reihe von Rezepten zur Konservierung dieser Früchte, die uns wiederum durch Plinius überliefert sind und durch ihre Genauigkeit und ihre Einzelheiten beeindrucken:

„Der Karthager Mago schreibt vor, Meerwasser gut zu erhitzen und die in Flachs oder Espartogras gewickelten Granatäpfel kurz hineintauchen, bis sie

die Farbe verloren haben. Nachdem man sie herausgenommen hat, soll man sie drei Tage lang in der Sonne trocknen lassen und sie dann an einem kühlen Ort aufhängen; wenn man sie essen will, soll man sie einen Tag und eine Nacht in frischem Süßwasser einweichen, bis sie serviert werden.

Ein weiteres Rezept desselben Autors empfiehlt: Man bedecke die frisch gepflückten Äpfel mit einer gut durchgekneteten Schicht Ton; wenn der Ton getrocknet ist, hänge man sie an einem kühlen Ort auf; vor dem Verzehr lege man sie in Wasser, um die Tonerde aufzulösen; dieses Verfahren hält sie vollkommen frisch. Mago rät weiter: Den Boden eines neuen Tontopfes bedecke man mit einer Schicht aus Sägemehl aus Pappel- oder Steineichenholz; man lege die Granatäpfel so auf diese Schicht, daß man in den bestehenden Zwischenräumen das Sägemehl gut festdrücken kann; diese erste Obstschicht bedecke man mit einer weiteren Schicht Sägemehl und verteile die Äpfel ebenso darauf, bis der Topf voll ist; man lege einen Deckel darauf und bedecke diesen gut mit einer dicken Lehmschicht".

Auch über Gemüse haben wir Angaben aus verschiedenen Quellen. So gab es Kohlsorten, Artischocken, Kichererbsen, Linsen, und die „upigli", eine besondere Lauchsorte. Sogar wilde Pflanzen waren bekannt und wurden wegen ihrer Eigenschaften verwendet. Über die Viehzucht erwähnt Polybios, daß es eine große Zahl von Pferden, Rindern, Hammeln und Ziegen auf den afrikanischen Feldern gab, wie sonst nirgends auf der Welt.

Mago läßt sich über die Rinder aus, von denen er uns eine berühmte Beschreibung hinterlassen hat. Sie sollen folgende Eingeschaften haben: „Jung, stämmig, derbe Gliedmaßen, lange schwärzliche und starke Hörner, breite faltige Stirn, behaarte Ohren, schwarze Augen und Lefzen, offene und aufgestülpte Nüstern, langen und muskulösen Nacken, volle und fast bis zu den Knien reichende Wamme, gut ausgebildete Brust, breite Schultern, dicken

Bauch ähnlich wie bei einem trächtigen Tier, langge-
zogene Flanken, breite Lenden, geraden glatten und
sogar etwas gesenkten Rücken, runde Hinterbak-
ken, dicke gerade und eher kurze als lange Beine,
feste Knie, große Hufe, langen und behaarten
Schwanz, am ganzen Körper glattes und kurzes Fell,
von rotbrauner Farbe und weich anzufühlen".

Offensichtlich scheinen Tiere dieser Beschaffenheit das Ergebnis systematischer Zucht gewesen zu
sein. Widder und Hammel tauchen häufig in den
Darstellungen auf den Stelen auf. Von den Haustie-
ren nennt Mago Hühner und Tauben und auf Stelen
sind auch noch einige andere abgebildet. Eine aus-
gedehnte Bienenzucht sorgte für den Honig; zusätzlich wurde ein berühmtes Wachs für die Heilkunst
und für die Malerei gewonnen. Honig war auch die
Basis eines typischen Gerichts, wozu noch Mehl,
Käse und Eier kamen: Die von Cato beschriebene
puls punica.

Da die Wohnsiedlungen an den Küsten lagen,
war der Fischfang weit verbreitet. Vor allem in Cadiz
und auf der Iberischen Halbinsel wurde *garum* hergestellt, eine aus den Innereien der Fische gewonnene Soße, die bei den Römern berühmt wurde.

Das Kunsthandwerk war eine allgemein verbreitete Tätigkeit, die sich in den zahlreichen im Kapitel
über die Kunst behandelten Erzeugnissen widerspiegelt.

So gab es steinerne Stelen, Terrakotta-Figuren,
Schmuck aus Edelmetall und Edelsteinen usw. Weit
verbreitet war die Webkunst und typisch für die phönikisch-punische Welt war das Färben der Kleider
mit Purpurfarbe. Große Ablagerungen von Purpur-
muscheln sind in der Nähe der Wohnsiedlungen
gefunden worden. Die Verarbeitung von Holz wird
von den klassischen Autoren durch den Hinweis auf
die *fenestrae Punicanae* und die *lectuli Punicani* belegt.
Zulieferer der wichtigsten Tätigkeit, des Handels,
war also ein großer, gut ausgebildeter Handwerker-
stand, der in einzelne Fachrichtungen und Spezialwerkstätten gegliedert war.

Der Handel

Der karthagische Handel führt den von den phönikischen Städten begonnenen Handel fort und baut
ihn im Mittelmeerraum erfolgreich aus. Viele
Berichte darüber findet man bei den Propheten des
Alten Testaments, die die Gottlosigkeit des Handels
verdammen und damit indirekt hervorheben, wie
reich die phönikischen Städte waren und wie aus-
gedehnt ihre Seereisen. Es gibt dazu zahlreiche Text-
stellen bei den Propheten, die Sidon und noch häufiger Tyros betreffen, wie z. B. bei Jesaja, Jeremias und
Hesekiel. So lautet die Weissagung Jesajas über
Tyros:

„Die Einwohner der Insel sind still geworden, die
Kaufleute zu Sidon, die durchs Meer zogen, füllten
dich und was von Früchten am Sihor und von
Getreide am Nil wuchs, brachte man zu ihr hinein
durch große Wasser und du warst der Heiden Markt
geworden ... Sobald es die Ägypter hören, erschrek-
ken sie über die Kunde von Tyrus. Fahret hin gegen
Tharsis, heulet, ihr Einwohner der Insel! Ist das eure
fröhliche Stadt, die sich ihres Alters rühmte? Ihre
Füße werden sie fern wegführen, zu wallen. Wer
hätte das gemeint, daß es Tyrus, der Krone, so gehen
sollte, so doch ihre Kaufleute Fürsten sind und ihre
Krämer die Herrlichsten im Lande? Der Herr
Zebaoth hat's also gedacht, auf daß er schwächte alle
Pracht der lustigen Stadt und verächtlich mache alle
Herrlichen im Lande". [Aus der Bibelübersetzung
nach Luther. Jesaja, Kap. 23, Vers 2-9]

Die Worte von Jesaja geben einen eindeutigen
Hinweis auf die große Reichweite der Handelsverbindungen: er erwähnt dabei Tarsos, das die Wissenschaftler meist mit dem Königreich Tartessos identifizieren, das in den klassischen Quellen wiederholt
als eine reiche Stadt auf der Iberischen Halbinsel
bezeichnet wird. In letzter Zeit sind diesbezüglich
starke Zweifel geäußert worden (man denkt vor
allem an Tarsos in Kilikien, das den östlichen Stütz-
punkten der Phöniker wesentlich näher lag), ohne

daß man bisher zu einer sicheren Lösung gekommen ist. Der bei weitem berühmteste Passus über den phönikischen Handel ist jedoch der von Hesekiel, der folgendermaßen beginnt:

„O Tyrus, du sprichst: Ich bin die allerschönste. Deine Grenzen sind mitten im Meer, und deine Bauleute haben dich aufs allerschönste zugerichtet. Sie haben all dein Tafelwerk aus Zypressenholz vom Senir gemacht und die Zedern von dem Libanon führen lassen und deine Mastbäume daraus gemacht. Und deine Ruder von Eichen aus Basan und deine Bänke von Elfenbein, gefaßt in Buchsbaumholz aus den Inseln der Chittiter. Dein Segel war von gestickter köstlicher Leinwand aus Ägypten, daß es dein Panier wäre, und deine Decken von blauem und roten Purpur von den Inseln Elisa. Die von Sidon und Arvad waren deine Ruderknechte. Die Ältesten und Klugen von Gebal mußten deine Risse bessern. Alle Schiffe im Meer und ihre Schiffsleute fand man bei dir, die hatten ihren Handel in dir. Die aus Persien, Lud und Put waren dein Kriegsvolk, die ihre Schilder und Helme in dir aufhingen und haben dich so schön geschmückt. Die von Arvad waren unter deinem Heer rings um deine Mauern und Wächter auf deinen Türmen; die haben ihre Schilde allenthalben von deinen Mauern herabgehängt und dich so schön geschmückt". [Aus der Bibelübersetzung nach Luther. Hesekiel, Kap. 27, Vers 3-11.]

Da Tyros als großes Schiff dargestellt ist, kann man aus den für seinen Bau verwendeten Materialien und von den als Seeleute angeheuerten Völkern auf die Art seines Handels schließen. Bezüglich des Holzes werden der Berg Hermon, (einer seiner Gipfel ist der Sanir), der Libanon, die Ebene von Basan (im Nordosten des Tiberiassee) und Zypern (Chittim) genannt. Das Leinen kommt aus Ägypten, der Purpur ebenfalls aus Zypern (Elisa ist Alashiya). Die Erwähnung der Bewohner von Sidon, Arad und Byblos unter den Seeleuten weist auf die enge Zusammenarbeit unter den phönikischen Städten hin. Manchen erscheint die in Zusammenhang mit

dem Heer genannte Bezeichnung Persien [Paras] als anachronistisch; es müßte wohl Kusch statt Paras heißen. Lud ist wahrscheinlich nicht Libyen, sondern ein libysches oder jedenfalls afrikanisches Volk. Put ist offensichtlich Numidien. Hesekiel fährt folgendermaßen fort:

„Tharsis hat mit dir seinen Handel gehabt und allerlei Ware, Silber, Eisen, Zinn und Blei auf deine Märkte gebracht. Javan, Thubal und Messech haben mit dir gehandelt und haben dir leibeigene Leute und Geräte von Erz auf deine Märkte gebracht. Die von Thogarma haben dir Rosse und Wagenpferde und Maulesel auf deine Märkte gebracht. Die von Dedan sind deine Händler gewesen, und hast allenthalben in den Inseln gehandelt; die haben dir Elfenbein und Ebenholz verkauft. Die Syrer haben bei dir geholt deine Arbeit, was du gemacht hast, und Rubine, Purpur, Teppiche, feine Leinwand und Korallen und Kristalle auf deine Märkte gebracht. Juda und das Land Israel haben auch mit dir gehandelt und haben dir Weizen von Minnith und Balsam und Honig und Öl und Mastix auf deine Märkte gebracht. Dazu hat auch Damaskus bei dir geholt deine Arbeit und allerlei Ware um Wein von Helbon und köstliche Wolle. Dan und Javan und Mehusal haben auch auf deine Märkte gebracht Eisenwerk, Kassia und Kalmus, daß du damit handeltest. Dedan hat mir dir gehandelt mit Decken zum Reiten. Arabien und alle Fürsten von Kedar haben mit dir gehandelt mit Schafen, Widdern und Böcken. Die Kaufleute aus Saba und Ragma haben mit dir gehandelt und allerlei köstliche Spezerei und Edelsteine und Gold auf deine Märkte gebracht. Haran und Kanne und Eden samt den Kaufleuten aus Seba, Assur und Klimad sind auch deine Händler gewesen. Die haben alle mit dir gehandelt mit köstlichem Gewand, mit purpurnen und gestickten Tüchern, welche sie in köstlichen Kasten, von Zedern gemacht und wohlverwahrt, auf deine Märkte geführt haben. Aber die Tharsisschiffe sind die vornehmsten auf deinen Märkten gewesen. Also bist du sehr reich und mächtig geworden mitten im Meer". [Aus der Bibelübersetzung nach Luther. Hesekiel, Kap. 27, Vers 12-25.]

Die Angabe von Tharsos als Herkunftsort der Edelmetalle unterstützt zweifellos die These von der Identität mit Tartessos. Javan ist Ionien, d.h. es bezieht sich sowohl auf die Ionier aus Griechenland als auch auf die aus Kleinasien. Tubal ist Nordkilikien, Mosoc Phrygien und Togarma ist Südarmenien.

Von diesen Gebieten liefern die ersten drei ebenfalls Metalle (Bronze) und Sklaven, während die vierte Pferde und Maulesel liefert. Dann geht es nach Arabien mit Dedan und „den vielen Inseln". Von dort kommen Elfenbein und Ebenholz. Es folgt das syrisch-palästinensische Gebiet. Aram (wenn es nicht Edom ist, wie man korrigieren könnte) liefert Stoffe und Edelsteine, Juda und Israel liefern Agrarprodukte und Duftstoffe. Mit Dan sind wahrscheinlich die Danuna aus Südkilikien gemeint und Javan ist uns schon bekannt; beide Gebiete scheinen Eisenproduzenten gewesen zu sein (das traf für Kilikien zu). Mit Uzal geht es nach Arabien zurück. Dedan wird wegen seiner Ledersättel, Kedar wegen seiner Schafe, Seba und Ragma wegen der Gewürze und Edelsteine erwähnt. Weiter geht es nach Mesopotamien, das mit Kleidern, Teppichen und Seilwerk handelt. Mag diese biblische Geographie vielleicht auch Ungenauigkeiten enthalten, so ist doch die Beschreibung des phönikischen Handels sehr eindrucksvoll.

Karthago fügt sich in dieses Bild ein und scheint in jeder Hinsicht die Erbin von Tyros und der phönikischen Städte gewesen zu sein. Die klassische Literatur greift wiederholt den Prototyp des punischen Kaufmanns auf und stellt ihn uns als listig, tüchtig und skrupellos – jedenfalls nicht unbedingt negativ – dar. Besondere Bedeutung kommt in diesem Zusammenhang dem *Poenulus* von Plautus zu, in dem genau eine solche Gestalt auftritt. Der Händler Hanno ist mit seinem komischen Gewand, den Ringen in den Ohren und dem mit Ballen von Handels-

waren bepackten Gefolge von Sklaven dazu angelegt, die Leute zum Lachen zu bringen. Aber Plautus spricht ihm positive menschliche Züge nicht ab, z.B. die durch die ständige Anrufung der Götter bewiesene Religiosität und die Familienliebe, die in der schmerzlichen Erinnerung an die noch als Kleinkinder aus Karthago verschleppten Töchter zum Ausdruck kommt.

Nach dieser Bemerkung über den karthagischen Kaufmann, der wie schon der phönikische Händler in der klassischen Überlieferung dominiert, sei über den Handel auf das verwiesen, was bereits über die koloniale Expansion Phönikiens gesagt worden ist. Deren Ausgangspunkt war die Suche nach Edelmetallen auf der Iberischen Halbinsel, aus denen dann Produkte hergestellt wurden, die man zu höheren Preisen an den Mittelmeerküsten verkaufte. In Zusammenhang mit der Bildenden Kunst haben wir die entsprechenden Produkte bereits erwähnt. Es sei nun noch etwas über die Art des Handels gesagt, über den uns ein ungewöhnlicher Passus von Herodot informiert:

„Nachdem sie angekommen sind, entladen sie diese Güter und stellen sie nebeneinander am Ufer auf; dann kehren sie auf ihre Schiffe zurück und geben ein Räucherzeichen. Die Eingeborenen sehen den Rauch und nachdem sie sich dem Ufer genähert haben, legen sie das von ihnen als Gegenleistung angebotene Gold neben die Waren und ziehen sich zurück. Die Karthager gehen wieder an Land und besichtigen (was diese hinterlassen haben). Wenn sie feststellen, daß die Goldmenge dem Wert der Güter entspricht, nehmen sie dieses mit und segeln davon; andernfalls kehren sie auf die Schiffe zurück und warten. Jene kommen zurück und legen mehr Gold hin, bis die Karthager zufrieden sind. Sie übervorteilen sich nicht gegenseitig, da die einen das Gold nicht anrühren, solange die hinterlegte Menge nicht dem Wert der Güter zu entsprechen scheint, und die anderen die Waren solange nicht anrühren, bis erstere das Gold weggenommen haben".

Schmuckwaren waren zwar das wichtigste, aber nicht das einzige Produkt des karthagischen Handels. Mit Sicherheit wurde mit Sklaven gehandelt, die seit den Zeiten der Phöniker durch Piraterie beschafft wurden. Es wurden Lebensmittel – wir haben den Weizen aus den Kolonien erwähnt – eingeführt und farbige Stoffe, Teppiche und Duftstoffe ausgeführt. Außerdem waren die Karthager oft Makler für Waren anderer Völker, vor allem für griechische Waren. Hier überrascht nur eines, nämlich die späte Münzprägung, die erst im 5. Jahrhundert auf Sizilien und im 4. Jahrhundert in Karthago beginnt. Vielleicht hatte man zu Anfang nicht die außergewöhnliche Macht des neuen Tauschmittels erkannt und vielleicht zögerten die Warenempfänger, dieses zu akzeptieren. Untersucht man jedoch die Gründe für den Niedergang des karthagischen Handels, so war neben den politischen Umständen, unter denen er stattfand, sicher die verspätete Einführung des Geldes von entscheidender Bedeutung.

Reisen und Expeditionen

Eine Reihe von eindrucksvollen Reisen der Karthager ist Grundlage und Stärkung des Handels. Um das Jahr 450 v.Chr. fährt Himilko an der Atlantikküste der Iberischen Halbinsel und Galliens entlang bis zu den Britischen Inseln. Festus Avienus berichtet davon in seinem Gedicht *Ora Maritima* und später bestätigt Plinius diese Tatsache, so daß es keinen Grund für die Skepsis gibt, die verschiedene Autoren hinsichtlich dieses Unternehmens gezeigt haben. Die Fahrt scheint auf der Zinnroute erfolgt zu sein, bis deren entfernteste Quelle erforscht waren. Die Erzählung beschreibt nämlich sowohl England als auch Irland mit einer Reihe oft sehr treffender Einzelheiten:

„Von dort bis zu der heiligen Insel, wie sie von den Alten genannt wird, braucht ein Schiff zwei Tage. Diese Insel bedeckt eine große Fläche zwischen den Meeren und wird von der Nation der Hiberner bewohnt. Wenn man in die entgegengesetzte Richtung fährt, liegt in ihrer Nähe die Insel der Albionen. Die Tartessier pflegten mit den Estremniden-Inseln Handel zu treiben. Auch die Siedler von Karthago und die um die Säulen des Herkules herum wohnenden Stämme besuchten diese Gebieten. Der Karthager Himilko, der berichtet, diese Seefahrt selbst erprobt zu haben, gibt an, daß man vier Monate braucht, um durch all diese Gebiete zu fahren. Kein Windhauch treibt nämlich das Schiff und das Wasser dieses trägen Meeres scheint eingeschlafen zu sein. Er berichtet, daß vom Meeresgrund Unmengen von Algen aufsteigen, die das Schiff oft wie eine Barriere behindern. Dennoch, berichtet er, ist das Meer ohne Tiefe und nur eine dünne Wasserschicht bedeckt den Grund. Ständig schwimmen da und dort Meerestiere herum. Die Ungeheuer schwimmen zwischen den Schiffen herum, die sich langsam und träge weiterschleppen". Noch wahrscheinlicher, wenn auch umstritten in den Einzelheiten, ist die Reise Hannos um das Jahr 425 vor Chr. an der Atlantikküste Afrikas entlang. Wie wir erfahren, hat Hanno selbst den Bericht über diese Reise eingravieren lassen, der im Tempel des Baal Hammon in Karthago niedergelegt war. Davon ist uns eine griechische Version überliefert, die nicht frei von Adaptationen, aber im wesentlichen zuverlässig ist. Hanno erzählt also, daß er die Säulen des Herkules umsegelt hat, an der afrikanischen Küste entlang gefahren ist und dabei eine Reihe von Abenteuern mit den Eingeborenen erlebt hat. Dabei sei er bis zu einem Gebiet gekommen, das einige mit Sierra Leone identifizieren, andere – was wahrscheinlicher ist – mit Kamerun oder Gabun. Der Zweck der Reise ist wiederum die Suche nach Edelmetall, in diesem Fall besonders nach Gold.

„Ein Bericht über die Fahrt Hannos, des Karthagerkönigs, in die jenseits der Straße von Gibraltar gelegenen Länder Afrikas, den er im Tempel des Baal niedergelegt hat. Folgendermaßen lautet er:

1. Die Karthager verordneten, daß Hanno über die Straße von Gibraltar hinauszusegeln und libyphönikische Kolonien zu gründen habe. Er stach in See mit 60 fünfzigrudrigen Schiffen, Männern und Frauen, dreißigtausend an der Zahl, Lebensmitteln und anderen Bedarfsgegenständen.

2. Nachdem wir die Straße durchfahren hatten und zwei Tage lang weitergesegelt waren, gründeten wir die erste Kolonie, die wir Thymiaterion nannten und in deren Nähe sich eine weite Ebene befindet.

3. Westwärts segelnd erreichten wir sodann einen Ort namens Soloeis, ein mit Bäumen bewachsenes Kap.

4. Nachdem wir dort ein Heiligtum dem Poseidon geweiht hatten, kehrten wir um und fuhren einen halben Tag lang ostwärts, worauf wir zu einer nicht weit vom Meer entfernten Lagune gelangten, die mit dichtem, hohem Schilf bewachsen war. Dort weideten Elefanten und zahlreiche andere Tiere.

5. Einen Tag hindurch fuhren wir an dieser Lagune entlang und ließen dann (neue?) Kolonisten in der Festung Carian, in Gutta, Acra, Melitta und Arambys zurück.

6. Von dort segelten wir zum Lixus, einem großen Flusse, der aus Libyen kommt. An seinen Ufern weiden die Lixiten, die Nomaden sind, ihre Herden. Wir blieben eine Zeit lang bei diesem Volk, mit dem wir Freundschaft schlossen.

7. Jenseits dieses Gebietes hausen barbarische Äthiopier in einem Land voll wilder Tiere, durchquert von hohen Gebirgsketten, in denen, wie sie sagen, der Lixus entspringt. An den Hängen leben Menschen von wunderlichem Aussehen, die Troglodyten. Die Lixiten behaupten, daß sie schneller laufen können als Pferde.

8. Nachdem wir uns von den Lixiten Dolmetscher erbeten hatten, segelten wir zwei Tage lang an einer Wüstenküste in südlicher Richtung und dann einen Tag lang in östlicher Richtung. Dort stießen wir in einem Golf auf eine kleine Insel mit einem Umfang von fünf Stadien. Wir tauften sie Cerne und

ließen Kolonisten zurück. Nach der Strecke, die wir zurückgelegt hatten, berechneten wir, sie müsse gegenüber von Karthago liegen, denn die Fahrtzeit von Karthago bis zur Straße von Gibraltar war genauso lang wie von der Straße nach Cerne.

9. Von dort aus kamen wir, vorbei an einem großen Flusse, dem Chretes, zu einer Lagune mit drei Inseln, die größer sind als Cerne. Wir verließen sie, segelten einen Tag lang weiter und erreichten das obere Ende einer Lagune, die von sehr hohen Bergen beherrscht wird. In den Bergen hausen Wilde, die mit dem Fell wilder Tiere bekleidet sind und uns, indem sie uns mit Steinen bewarfen, hinderten, an Land zu gehen.

10. Von dort aus segelten wir abermals in einen tiefen und breiten Fluß voller Nilpferde und Krokodile. Dann kehrten wir nach Cerne zurück.

11. Später segelten wir abermals von Cerne aus zwölf Tage lang südwärts an der Küste entlang; sie war durchweg von Äthiopiern bewohnt, die vor uns wegliefen. Selbst die Lixiten, die bei uns waren, konnten ihre Sprache nicht verstehen.

12. Am zwölften Tage ankerten wir unter einer hohen, bewaldeten Bergkette. Die Bäume waren wohlriechend und von vielerlei verschiedener Art.

13. In zwei Segeltagen passierten wir dieses Gebirge und gelangten zu einer riesigen Bucht, die zu beiden Seiten von tief gelegenem Land umgeben ist. Von hier aus sahen wir des nachts an allen Seiten in unregelmäßigen Abständen Feuer auflodern.

14. Nachdem wir uns mit Wasser versorgt hatten, segelten wir fünf Tage an der Küste entlang, bis wir einen weiten Golf erreichten, der, wie die Dolmetscher sagten, „Westliches Horn" heißt. In diesem Golf lag eine große Insel, und auf der Insel ein Salzsee, der seinerseits eine Insel enthielt. Als wir an ihrem Ufer landeten, sahen wir nichts als Wald, und des nachts wurden zahlreiche Feuer angezündet. Wir hörten Pfeifen, Zymbeln und Trommeln und Geschrei. Wir bekamen Angst, und die Dolmetscher rieten uns, die Insel zu verlassen.

15. Schnell fuhren wir weg und kamen an einer Gegend vorbei, in der es würzig nach brennendem Holz roch. Feuerströme stürzten ins Meer, und wegen der Hitze konnten wir uns nicht nähern.

16. Deshalb segelten wir ein wenig erschrocken hastig weiter, und nach vier Tagen sahen wir des nachts das Land in Flammen stehen. Mitten in diesem Gebiet ragte eine Feuersäule über die anderen empor und schien die Sterne zu berühren. Das war der höchste Berg, den wir gesehen haben, und er heißt „Wagen der Götter".

17. Nachdem wir drei Tage den Feuerflüssen gefolgt waren, kamen wir zu einem Golf namens „Südliches Horn".

18. In diesem Golf lag eine Insel gleich der bereits erwähnten mit einem See, der abermals eine Insel enthielt. Sie wimmelte von Wilden. Bei weitem die größte Anzahl bestand aus Weibern mit haarigen Leibern, die unsere Dolmetscher „Gorillas" nannten. Wir machten auf die Männer Jagd, konnten aber keine fangen, da sie auf steile Felsen hinaufkletterten und uns mit Steinen bewarfen. Wir fingen jedoch drei Weiber, die ihre Häscher bissen und kratzten. Wir töteten sie und zogen ihnen das Fell ab und nahmen die Häute nach Karthago mit. Weiter kamen wir nicht, weil es uns an Proviant mangelte". [Warmington, B.H., Karthago, Wiesbaden 1963. Übersetzung aus dem Englischen von P. Baudis, S. 72-74].

Die Triebfeder für einige von Karthago ins Innere Afrikas unternommene Expeditionen, die auf den Karawanenstraßen der Sahara durch die Wüste führten, war wiederum die Suche nach Gold. Mit Sicherheit unrichtig ist jedoch die sogenannte Inschrift von Parahyba, die die Ankunft der Karthager (oder der Phöniker) an den amerikanischen Küsten belegen soll.

Epilog

Wir haben festgestellt, daß Karthago den unterworfenen Volksstämmen weitgehend fremd blieb und daß es nicht einmal versuchte, eine „Punische Nation", d.h. einen organischen Zusammenschluß verschiedener Völker zu schaffen, die sich mit ganz bestimmten Rechten und Pflichten im Rahmen eines Reiches identifizierten. Wir haben weiter festgestellt, daß Karthago vielmehr einen aristokratischen Staat schuf, der sich auf eine, auf die neuralgischen Punkte des eroberten Gebietes verteilte Führungsschicht stützte, deren Hauptaufgabe die bis an die Grenzen des Möglichen gehende steuerliche Ausbeutung war. Wir haben ferner den Schluß gezogen, daß die unterworfenen Völker Karthago deshalb fremd blieben, und zwar in desto stärkerem Maße, je näher sie der Hegemonialstadt lagen; und als sich dann die Umstände ergaben, standen sie dieser sogar feindlich gegenüber.

Der Kampf um die Vorherrschaft im Mittelmeerraum mußte jedenfalls im entscheidenden Augenblick Signalwirkung auf die unterworfenen Stämme haben. Hannibal begriff das sehr wohl und versuchte bekanntlich, die italischen Stämme zum Aufstand gegen Rom anzustiften. Wie wir sahen, gelang ihm dies – mit Ausnahme einiger Einzelfälle – jedoch nicht und eben deshalb mißlang ihm die Eroberung Italiens. Für Rom war die Lage gerade umgekehrt. Nachdem die Krise einmal überwunden und der Krieg nach Afrika verlagert worden war, gab die Hilfe Masinissas und der Numidier den Ausschlag für die Niederlage Karthagos.

In der allgemeinen Geschichtsbetrachtung wird das Scheitern Karthagos vor allem seiner Unfähigkeit zugeschrieben, die antike Organisation nach Stadtstaaten zu überwinden, zwar ein Reich, aber kein Völkerrecht zu schaffen, d.h. den Charakter und die Ziele einer aus dem Handel erwachsenen, mit diesem weiter verbundenen und von ihm geprägten Politik zu ändern. Es geht hier um die bekannte, aus der modernen Geschichte stammende Definition vom „ungewollten Imperialismus"; nicht etwa, weil der Eroberungswille fehlte, sondern weil dieser nur den Schutz des Handelsverkehrs zum Ziel hatte, ohne zu dem Konzept eines organischen Reiches zu gelangen und ohne dessen unverzichtbare Strukturen zu definieren.

Die Beherrschung der Meere war also ein prägender, aber kein entscheidender Faktor. Den Römern gelang es leichter, eine Flotte zu bauen, als den Karthagern, ein Völkerrecht zu schaffen. So leitete der Erste Punische Krieg, der die punische Vormacht auf den Meeren brach, Karthagos unvermeidlichen Niedergang ein. In diesem gegebenen Rahmen bleibt das Unternehmen Hannibals letztlich eine Episode, vielleicht ein Abenteuer, das trotz seiner Großartigkeit den Lauf der Dinge nicht zu ändern vermochte. In gewissem Sinn beschleunigte es diesen sogar und zeigte es dessen Unausweichlichkeit.

Die Karthager verschwanden für immer von der geschichtlichen Bühne und hinterließen die Zeugnisse eines Seefahrer- und Handelsvolkes, vor allem die kleinen kostbaren Objekte eines Kunsthandwerks und eines Handels, die für die letzten Erben der Phöniker, die heutigen Libanesen, charakteristisch bleiben sollten. Es fehlte nicht nur ein großes Konzept in der Politik und vor allem in der Verwaltung, sondern es fehlte auch eine bedeutende Kunst, die ebenfalls zu den Merkmalen einer Reichsmacht gehört, die Karthago nicht interessierte, es sei denn zur Durchsetzung seiner Handelsinteressen. Gerade wegen ihrer günstigen Absatzmöglichkeit gelangten die punischen Erzeugnisse überall hin und nahmen sicher breiten Raum ein in dem umfassenden Phänomen mediterraner *koinè*, die durch die orientalisierende Kunst verkörpert wird.

Darüberhinaus bereicherten die von Afrika auf die Inseln des mittleren Mittelmeerraums und dann von Sizilien und Sardinien auf die Balearen und nach Spanien expandierenden Karthager die werdende Mittelmeerkultur um eine ebenso lebendige wie neuartige Komponente – die asiatische und afrikanische. Es handelt sich dabei nicht nur um die Kunst, sondern auch um Glauben und Sitten, die im großen Schmelztiegel einer von intensivem Handel geprägten Welt zusammenfließen, ihre Früchte tragen (wie in der Astarte vom Eryx) und dauerhafte Spuren hinterlassen sollten. All dies macht die von den Karthagern repräsentierte „Geschichtsepoche" aus und diese Komponente hat sich inzwischen als wesentliche Voraussetzung für das Verständnis der antiken Mittelmeerkultur erwiesen. Ob sie Sieger oder Besiegte waren, ist eine andere Frage.

Verschiedene Autoren, *La religione fenicia: matrici orientali e sviluppi occidentali,* Rom 1981.

Acquaro, E., *Cartagine: un impero sul Mediterraneo,* Rom 1978.

Blázquez, J. M., *Historia de España antigua,* I, Madrid 1980, S. 277–519.

Bunnens, G., *L'expansion phénicienne en Méditerranée,* Brüssel-Rom 1979.

Decret, F., *Carthage ou l'empire de la mer,* Tours 1977.

Decret, F. - Fantar, M., *L'Afrique du nord dans l'antiquité,* Paris 1981.

Fantar, M., *Carthage, la prestigieuse cité d'Ellissa,* Tunis 1970.

Garbini, G., *I Fenici: storia e religione,* Neapel 1980.

Granzotto, G., *Annibale,* Mailand 1980.

Gsell, S., *Histoire ancienne de l'Afrique du Nord²,* 4 Bände, Paris, 1921–1924.

Harden, D., *The Phoenicians²,* Harmondsworth 1971.

Moscati, S., *I Fenici e Cartagine,* Turin 1972.

Id., *Il mondo dei Fenici²,* Mailand 1979.

Parrot, A. - Chébab, M. - Moscati, S., *Les Phéniciens,* Paris 1975.

Picard, G. C., *The Life and Death of Carthage,* London 1968.

Bildquellen:
Die Fotografien und Pläne, deren Quellen nicht in Klammern angegeben sind,
stammen vom Centro die Studio per la Civiltà fenicia e punica del Consiglio Nazionale
delle Ricerche, dem der Autor hiermit seinen Dank ausspricht.